教育部人文社会科学研究项目

西安电子科技大学应用经济学学科发展资助项目

机构投资治理与中国的实践

申尊焕　编著

西安电子科技大学出版社

内 容 简 介

在经济全球化、投资机构化和国际化的大背景下，机构投资在资本市场的发展中起着越来越重要的作用。机构投资中相关的利益冲突关系及其影响不仅是学者、投资者、上市公司讨论的问题，也是监督机构关心的议题。本书以机构投资者为研究对象，综合运用规范分析法、实证分析法和博弈论方法，从理论和实证两方面系统地分析了机构投资中的利益关系、影响及其发展趋势。本书共分 12 章，主要包括机构投资的理论分析、机构投资的实证分析、证券投资基金的绩效分析、私募基金研究以及经济全球化背景下的机构投资发展趋势等内容。

本书适合高等院校金融学、财务管理、会计学方向学生学习使用，也可作为基金管理公司、上市公司和监管机构的参考资料。

图书在版编目(CIP)数据

机构投资治理与中国的实践 / 申尊焕编著. —西安：西安电子科技大学出版社，2019.10
ISBN 978 - 7 - 5606 - 5435 - 5

Ⅰ. ①机⋯ Ⅱ. ①申⋯ Ⅲ. ①机构投资者—研究—中国 Ⅳ. ①F832.51

中国版本图书馆 CIP 数据核字 (2019) 第 186022 号

策划编辑 李惠萍
责任编辑 唐小玉
出版发行 西安电子科技大学出版社(西安市太白南路 2 号)
电　　话 (029)88242885　88201467　　　邮　　编　710071
网　　址 www.xduph.com　　　　　　　电子邮箱　xdupfxb001@163.com
经　　销 新华书店
印刷单位 陕西天意印务有限责任公司
版　　次 2019 年 10 月第 1 版　　　　　2019 年 10 月第 1 次印刷
开　　本 787 毫米×960 毫米　　1/16　　印张　16.5
字　　数 296 千字
印　　数 1～1000 册
定　　价 40.00 元
ISBN 978 - 7 - 5606 - 5435 - 5/F

XDUP　5737001 - 1

* * * * * 如有印装问题可调换 * * * * *

前　言

　　在我国资本市场的发展过程中，上市公司数量持续增加，公司治理水平在不断提高，投资者结构也经历了以个人为主逐步转变为以机构为主的演化过程。与个人投资者相比，机构投资者具有信息优势、专业理财的丰富经验以及参与上市公司治理的内在动机，因此，社会各界都对机构投资者寄予厚望，以达到减少股票价格波动和投资风险、促进资本市场健康发展的目的。目前，在我国资本市场中，公募基金和私募基金拥有的市值不断提高，而随着人民币国际化进程的加快，境外机构投资者的影响也日益扩大，从而使得机构投资者成为资本市场的重要力量。在此背景下，如何理解和分析机构投资者在公司治理中的作用成为重要的现实议题。

　　基于以上原因，本书以机构投资者为分析对象，根据我国资本市场的发展现状，综合运用理论分析和实证分析方法，研究了机构投资者在我国上市公司治理中的作用及其影响。全书共分为 12 章，第一章是绪论，主要涉及研究的理论背景、目标、重点研究内容以及机构投资者研究综述。第二章是机构投资者的相关理论基础，简要介绍了委托代理理论以及机构投资者的起源、发展历程和类型，对机构投资者的现状进行了分析，比较研究了不同类型的机构投资者。第三章的内容包括信息和非信息事件、好消息与坏消息对机构投资者的影响，机构投资者与上市公司大股东的博弈关系，机构投资者之间进行合谋的条件，机构投资者主动收集信息的条件，机构投资者参与上市公司治理的理论分析，最后对我国资本市场的现实案例进行了简评，探析了机构投资者参与我国上市公司治理的具体实践活动。第四章主要探讨了机构投资者与资本市场功能的关系。第五章主要研究了机构投资者与投资风险的关系，具体包括机构投资者、信息披露与股价波动的关系、基于沪深 300 指数的机构投资者与投资风险的关系，机构投资者的独立性与投资风险的关系，以及国外投资者与国内机构投资者与投资风险的关系。羊群行为是资本市场的重要现象，因此，第六章对机构投资者的羊群行为进行了专项分析。第七章分析了证券投资基金绩效的不同评估方法。在此基础上，第八章度量了我国证券投资基金的绩效，并进行了比较分析。作为重要的机构投资者，基金管理公司的治理结构是影响基金绩效的重要因素，因此，第九章分别从基金管理公司的独立董事特征、基金经理个性特征、基金持有人结构和基金经理离职四个方面实证分析了其影响。第十章介绍了私募基金的起源和发展，探讨了私募基金与公募基金的区别，并分析了私募基金的类型和现状。第十一章对不同类型私募基金的收益进行了分析，分别研究了投资经理背景类、投资顾问类、投资通道类、投资范畴类和投资策略类私募基金的收益。第十二章探讨了经济全球化背景下的机构投资，主要分析了机构投资的发展趋势，具体内容包括投资的国际化和机构化，深港通和沪港通的发展现状，两类境外投资者对媒体报道和股价波动的影响分析，最后是对机构投资的研究展望。

本书的研究具有综合性、系统性和全面性的特点。在研究方法上，本书综合应用了规范分析法和实证分析法，其中在规范分析中充分利用了博弈论的分析方法。在研究内容上，不仅从宏观上研究了机构投资者对资本市场功能的影响，而且从微观上探讨了机构投资者之间的关系、机构投资者与上市公司的关系以及基金管理公司治理结构对基金绩效的影响；不仅研究了公募基金的绩效，而且分析了私募基金的收益。与此同时，本研究也探讨了机构投资的未来发展趋势，指出投资机构化、国际化是未来机构投资发展的重要方向。

本书探讨了机构投资者相关的利益冲突关系，具有一定理论价值，研究结论对个人投资者、上市公司以及监管机构都具有参考意义，同时也可供高校金融学、财务管理、会计学方向的学生学习使用。

由于编者水平有限，书中难免存在疏漏和不足之处，敬请广大读者积极批评指正。

申尊焕

2019 年 6 月

目　　录

1

第一章 绪 论

1.1 研 究 背 景

自 20 世纪 90 年代以来,我国资本市场经历了从无到有、从小到大、从存在同股不同权到实现股份全流通的历程。随着资本市场的不断发展和完善,上市公司的数量不断扩大,资本市场对经济发展的支持作用日益显现,然而,"一股独大""投机市场"等问题仍然困扰着我国资本市场的发展。国外经验表明,在资本市场中引入机构投资者是增强投资理性的有效路径。对于处于市场体系和法律体系不断完善的转型国家而言,对机构投资者的理论和实践进行全面分析,探讨其对公司治理和资本市场的影响及其发展趋势,具有重要的现实意义。

作为一类特殊的投资者,机构投资者在资本市场中拥有信息优势和规模优势,从而引起了上市公司、上市公司的股东和经理以及资本市场监管者的广泛关注。从研究层次看,关于机构投资者的文献主要从微观和中观两个层次展开。微观层次主要研究机构投资者对公司绩效的影响,而中观层次则主要研究机构投资者对证券市场稳定性的影响,但研究结果具有多样化特点。关于机构投资者对公司绩效的影响,一些研究认为机构投资者有积极监督经理人的激励(Daily 等,2003),机构投资者通过参与监督和控制公司事务使限制和部分解决代理问题成为可能(Shleife 和 Vishny,1986;Huddart,1993;Maug,1998;Noe,2002),机构投资者对公司治理绩效无任何影响(Demsetz 和 Lehn,1985;Wahal,1996),也有一些学者对机构投资者能够改善公司业绩作用的观点提出了质疑(Coffee,1991;Robert Webb,2003)。关于机构投资者与公司绩效的关系,研究结论不确定(Graves,1988;Hansen,1992)。再如,关于机构投资对证券市场稳定性的影响,一种观点认为机构投资者的交易会加剧股市波动(Scharfstein 和 Stein,1990),另一种观点则认为机构投资者的羊群行为并不一定会导致市场的不稳定(Shleifer 和 Vishny,1992),国内外的大量实证研究也没有统一结论。理论研究结论的不确定性表明需要对机构投资者的影响进行进一步分析。

从实践看,我国资本市场中的机构投资者类型不断增多,不仅有社保基金、公募和私募证券投资基金，而且合格的境外机构投资者、"沪港通"和"深港通"等也参与到上海和深圳证券市场中，如何评价其影响也就成为重要的现实问题。

基于以上认识，本研究以我国机构投资者为分析对象，以博弈理论和金融学理论为基础，从理论上分析了机构投资者之间的互动关系、机构投资者与大股东的关系、机构投资者对上市公司治理的影响以及信息的作用等问题；利用我国资本市场的大数据，实证分析了不同类型的机构投资者对投资风险和绩效、资本市场以及上市公司治理的影响及其发展趋势。考虑到证券投资基金在我国资本市场中的地位日趋重要，因此，本书以传统的证券投资基金为主要研究对象，并对新出现的合格的境外机构投资者、"沪港通"和"深港通"进行分析。

本书的研究具有一定理论意义和实践意义，这主要体现在以下几个方面：

第一，由于机构投资者的持股量介于中小股东和大股东之间，因此，它有可能在防止大股东侵害和保护中小股东利益两方面同时发挥重要作用。理论分析机构投资者的行为及其对保护中小股东利益的作用，有利于完善公司治理理论。

第二，研究机构投资者的行为有利于完善我国的投资理论，促进证券市场的稳健发展。在经济全球化和投资国际化背景下，分析机构投资者的影响作用，有利于提高公司治理水平，扩展国际经济和国际投资理论。

第三，通过分析机构投资者的影响效应及发展趋势，有利于建立和完善我国对资本市场的监管体系，提高监管效率。

1.2　研究目标与研究内容

作为资本市场的重要力量，机构投资者有其独特的特点，主要表现在：与中小股东相比，机构投资者拥有信息优势和规模优势，是中小股东利益的代理人；相对于公司大股东，机构投资者无论是在持股量还是在信息方面都处于劣势地位。那么，对于处于中间地位的机构投资者而言，它是如何参与公司治理活动的呢？它与上市公司大股东有什么互动关系？这种互动关系对公司治理和资本市场的发展有什么影响？作为机构投资者的代表，证券投资基金的绩效如何评估？投资的未来发展方向是什么？这些是本研究需要解决的问题。

本书的研究目标为：明确机构投资者之间的关系，分析机构投资者对资本市场的影响，分析机构投资者对上市公司的微观影响，并对其绩效进行评估，以全面探讨机构投资者在我国资本市场中的作用。

本书共12章。第一章为绪论，介绍研究背景、研究目标与研究内容，以及关于机构投资者的研究综述等。第二章和第三章是理论分析，内容包括信息在机构投资者决策及其影响中的作用、机构投资者与大股东的博弈关系以及机构投资者参与公司治理的理论和实践。第四至六章为机构投资者影响的实证分析，包括机构投资者对我国资本市场功能的影响、机构投资者对投资风险的影响、机构投资者的羊群行为及其影响以及基于调查的机构投资者与上市公司的关系分析。第七至九章以公募基金为研究对象，主要对其投资绩效进行了分析。第十章和第十一章以私募基金为研究对象，主要对其投资收益进行了分析。第十二章为投资机构化和国际化，探讨了国际投资的影响及发展趋势。

1.3 相 关 概 念

为便于后续分析，需要明确机构投资者和公司治理这两个核心概念。

1. 机构投资者

关于机构投资者的定义较多，可分为词典型和研究型定义两种。由于国内外相关词典较多，因此关于机构投资者的定义也就较多。例如，美国的《Black法律词典》将机构投资者定义为大的投资者，包括共同基金、养老基金、保险公司以及用他人的资金进行投资的机构等。国内学者王志强和朱春珠（2002）认为，国外比较权威和全面的说法主要是按照《新帕尔格雷夫货币与金融词典》的定义："机构投资者就是许多西方国家管理长期储蓄的专业化的金融机构。这些机构管理着养老基金、人寿保险基金和投资基金或单位信托基金，其资金的管理和运用都由专业化人员完成。因为这些机构要确保基金受益人获得满意的回报，所以他们必须根据每天的情况来考虑如何安排持有的基金结构和规模。"比较而言，国内的定义则更为详细，如严杰主编的《证券词典》认为："所谓机构投资者，又称团体投资者，与个人投资者对称，是指以自有资金或信托资金进行证券投资活动的团体，包括投资公司、投资信托公司、保险公司、储蓄银行、各种基金组织和慈善机构等。其特点是相对于个人投资者来说，一般都拥有巨额资金，收集和分析证券等方面信息的能力强，能够进行和完成分散投资。他们从投资者、保险户、储蓄户等方面吸收大量资金，并将其中一部分投放到证券市场，进行投资活动。"

关于机构投资者的研究型定义体现在理论分析中，在这方面，值得关注的是国外研究领域的界定。英国布鲁尔大学经济学和金融学教授 E. 菲利普·戴维斯和贝恩·斯泰尔的经典著作《机构投资者》认为："机构投资者可定义为一种特殊的金融机构，代表中小投资者的利益，将他们的储蓄集中起来管理，为了特定的目标，以可接受的风险形式，追求投资收益的最大化。"这种定义虽然简洁，但指出了机构投资者的关键特征，即代表中小投资者利益和争取投资收益的最大化，其前面部分内容指出了机构投资者与个人投资者和大投资者的区别，而后面部分内容则反映了资本逐利的特征，即要求投资收益最大化。

　　尽管对机构投资者的定义有所不同，但这些概念都包含机构投资者集合投资、共担风险的本质。我们认为，机构投资者是指集合分散投资者的资金，以投资收益最大化为目的，将其投资于股票、债券、期权和期货等金融产品的特殊金融机构。根据此定义，证券投资基金、社会保障基金、私募基金、券商集合理财计划等都属于机构投资者的范畴。

2. 公司治理

　　机构投资者以投资收益最大化为目的，将所集合的分散投资者的资金投资于上市公司的股票、债券、期货等金融产品。其中，投资上市公司股票是机构投资者的重要投资方式，这表明机构投资者有机会参与上市公司的治理活动。

　　国内外学者对公司治理有广泛的研究，但关于公司治理的概念，目前仍无统一的认识。李维安和武立东在《公司治理教程》中将其分为公司治理作用方面的定义、公司治理基本问题方面的定义、制度安排方面的定义、公司治理具体形式的定义以及公司治理的制度构成和制度功能的定义。根据他们的分析，从公司治理作用的角度看，奥利弗·哈特（Oliver Hart）在其著作《公司治理理论与启示》中认为，只要以下两个条件存在，公司治理问题就必然在一个组织中产生。第一个条件是代理问题，即组织成员之间存在利益冲突；第二个条件是交易费用之大使代理问题不可能通过合约解决。从公司治理基本问题方面看，科克伦（Cochran）和沃特克（Wartick）在其 1988 年发表的《公司治理——文献回顾》中指出：公司治理问题包括高级管理阶层、股东、董事会和公司其他利益相关者在相互作用中产生的具体问题。构成公司治理问题的核心是：一，谁从公司决策、高级管理阶层的行动中受益；二，谁应当从公司决策或高级管理阶层的行动中受益？当在"是什么"和"应当是什么"之间存在不一致时，公司的治理问题就会出现。从制度安排的角度看，梅耶（Myer）在其《市场经济和过渡经济的企业治理机制》一文中将公司治理定义为"公司赖以代表和服务于它的投资者的一种组织安排，包括从公司董事会到执行经理人员激励计划的一切东西——公司治理的需求随市场经济中现代股份有限公司所有权与经营权的分离而产生"。从公司治理的具体形式看，根据《新帕尔格雷夫货币与金融大词典》的"公司治理"词目，接管市场是 25 年来英美公司治理的有效方法，它的本质是使经营者忠于职责。因为没有接管市场的压力，经营者就会玩忽职守，侵蚀股东利益。从公司治理的制度构成和制度功能角度看，蒙克（Monks, 1995）把公司治理定义为"影响公司的方向和业绩表现的各类参与者之间的关系"。这一定义中的主要参与者包括股东、经理、董事会和其他利益相关者。他们之间的关系涉及主要参与者之间的权利、责任和影响。

虽然关于公司治理的定义较多，但我们赞同李维安和武立东在《公司治理教程》中的观点，即公司治理包括狭义和广义两方面的内涵。狭义上的公司治理是指所有者（股东）对经营者的一种监督与制衡机制，即通过一种制度安排，来合理配置所有者与经营者之间的权利与责任关系。广义的公司治理则不局限于股东对经营者的制衡，而涉及广泛的利益相关者，包括股东、债权人、供应商、雇员、政府和社区等与公司有利益关系的集团。公司治理通过一套包括正式和非正式的制度安排来协调公司与所有利害相关者之间的利益关系，以保证公司决策的科学化，从而最终维护公司各方面的利益。

由此可知，公司治理的本质是要解决所有者与经营者因所有权与经营权分离所产生的委托代理问题，相应的委托代理理论也就成为研究公司治理问题的基础理论。

1.4 机构投资者研究综述

由于持股数量介于大股东和个人股东之间，机构投资者的行为成为影响其他投资者决策的重要因素，因此机构投资者受到了广泛的关注。关于机构投资者的研究涉及机构投资者交易的研究假设、机构投资者的监督假设、机构投资者羊群行为的实证分析、不同机构投资者的比较分析以及机构投资者作用等方面。其中，关于机构投资者的羊群行为、证券投资基金的绩效、私募基金以及"沪港通"和"深港通"将在后续章节中专门讨论。

1.4.1 机构投资者的研究假设

为分析机构投资特征，现有文献提出了机构投资者在交易方面和监督方面的不同假设。其中，交易方面的假设包括机构复杂性假设、机构偏好假设、机构交易假设和价格压力假设，监督方面的假设包括有效监督假设、负面监督假设和无效监督假设。以下分别加以介绍。

1. 交易方面的研究假设

（1）机构复杂性假设。机构投资者持有大量公司股份，并拥有专业研究人员，所以与个人投资者相比，机构投资者有信息优势（Lin 等，2007）。由于股价包含的信息增加会降低股票回报的波动性，因此机构投资者持股越多，股票价格中包含的信息就越多（West，1988）。Rubin 和 Smith（2009）将这称为机构复杂性假设（Institutional Sophistication Hypothesis）。这种假设强调了机构投资者不仅是其所投资公司的复杂性股东，而且是资本市场中的复杂性投资者。这种复杂性意味着机构投资者对上市公司大股东的行为、公司治理活动以及股票价格的波动可能会产生不同影响。

（2）**机构偏好假设。** 由于机构投资者受分散投资者的委托进行投资活动，因此他们负有信托责任。基于这种观点，研究认为机构投资者是谨慎的，并且其较长的存续时间、低波动性和稳定的红利可作为谨慎性的研究指标（Del Guercio，1996）。据此，机构投资者所有权应与股价波动程度反向相关，Rubin和Smith（2009）将这称为机构偏好假设（Institutional Preference Hypothesis）。他们进一步分析认为，相对于有分红的公司，没有分红公司的信息不对称性程度更大，且有机会成为有良好前景的新型成长型公司。因此，机构投资者会更关注和收集不分红利公司的信息，以便拥有更多的公司所有权。这种假设体现了机构投资者的核心业务，即代替分散的投资者进行集合投资，以最大化投资收益为目标。所以，机构投资者会利用其信息分析和专业优势，努力挖掘资本市场中的潜力股，从而表现出对有发展潜力上市公司的偏好。这可以认为是机构投资者的一个重要特征。

（3）**机构交易假设。** 与以上观点不同，机构投资者所有权也可能与股价波动正相关，Rubin和Smith（2009）将其称为机构交易假设（Institutional Turnover Hypothesis），并认为由于机构投资者可能有声誉羊群行为（Reputation Herding）（Schartstein和Stein，1990）、短期羊群行为（Short Horizons Herding）（Froot等，1992）、正反馈羊群行为（Positive Feedback Herding）（De Long等，1990），因此会加剧价格的波动性，这与是否有分红无关。这种假设与机构偏好假设中的观点相反，体现出机构复杂性的假设。

羊群行为将在第六章专门讨论，此处不再赘述。

（4）**价格压力假设。** 由于负有信托责任，机构投资者会受到其分散投资者的绩效要求。Shleifer（1986）提出了价格压力假说，认为中小投资者主要根据股票市场的近期收益和波动情况来确定其对基金份额的投资，如果股票市场近期表现良好，则投资者会增加对基金的持有份额；若股票市场近期绩效不佳，投资者会赎回基金份额。基金份额的变动会打破原有的供求平衡关系，引起基金份额的超额供给或超额需求，进而迫使基金经理被动地调整其投资组合，从而引起股票市场的波动，即股票市场波动的原因是机构投资者受到了其分散投资者业绩要求的压力。这种假设体现了机构投资者负有的信托责任，因此，机构投资者应有内在动力收集并分析市场信息，以最大化投资收益。

2. 监督方面的研究假设

机构投资者持有大量公司股份，因此他们有能力对上市公司进行监督。李维安和李宾（2008）对此进行了如下总结：

（1）**有效监督假设。** Shleifer和Vishny（1996）认为机构投资者所持有的股份与公司业绩正相关。与个人投资者相比，机构投资者更有能力获取监督的回报，从而更愿意进行监督活动。为此，他们提出了有效监督假设，即拥有大量股份的机构投资者有监督管理层的足够利益激励。Bertrand 和 Mullainathan（2001）的研究认为，机构投资者能积极参与公司治理并发挥作用，而实证研究也提供了相应的证据。然而，由于投资目标不同，机构投资者能否真正对上市公司进行有效监督还有待证明。

（2）负面监督假设。研究认为机构股东的参与会干扰管理者的正常工作，并对公司产生不利的影响，这种观点包括利益冲突假设和战略同盟假设。利益冲突假设认为，机构投资者和公司间存在着其他有盈利性的业务关系，因此他们被迫投高管的票。战略同盟假设则认为，机构投资者和高管发现他们之间进行合作对双方有利，这种合作降低了机构投资者监督高管所产生的对公司价值的正效应。基于以上认识，利益冲突假设和战略同盟假设都预言公司价值与机构投资者持股比例存在着负相关关系（Coffee，1991；Webb，2003）。与有效监督假设类似，本书认为这种假设同样有待证明。

（3）无效监督假设。与前两种观点不同，第三种观点认为机构投资者对公司没有显著影响。如 Pound（1988）就认为，机构投资者不会对公司进行有效监督；Wahal（1996）的研究发现，养老基金积极参与公司治理的效果并不明显；Karpoff 等（1996）研究了股东提案与公司市值的相关性，结果表明股东提案与公司市值之间不存在显著的相关性。

由以上假设可以看出，学者们对机构投资者有不同的观点，因此提出了不同假设。虽然这些假设各有理由，但需要更多的证据加以验证。

1.4.2　不同类型机构投资者的比较分析

机构投资者在上市公司中有重要地位，因而文献也进行了较多比较分析，主要体现为对个人投资者与机构投资者的比较以及对不同机构投资者的比较两个方面。

1. 个人投资者与机构投资者的比较

关于个人投资者和机构投资者的比较，文献对他们面临的税率和获取信息方面进行比较。

从投资者面临的税率方面看，许多学者认为高红利能够吸引机构投资者，因为机构投资者面临的税率比个人低（Allen 等，2000；Redding，1997；Shleifer 和 Vishny，1986），国内学者李刚和张海燕（2009）的分析也表明，当公司出于降低代理成本目的而分红时，机构投资者会入主上市公司，且持股比例与红利水平正相关；反之，如果上市公司进行过度分红以侵占小股东利益时，机构投资者不会进行投资。然而，部分实证研究并不支持这种观点，如 Jain（2007）的研究发现个人投资者偏好投资于分红较高的公司，而相对低纳税率的机构投资者偏好于分红较低或不分红的公司。

从获取信息方面看，机构投资者是否有信息优势成为研究的重要议题。研究表明，机构投资者有获取信息的能力，并能够进行更好监督（Allen 等，2000）。进一步看，与个人投资者相比，机构投资者对信息的反应速度是否更快？对于这一问题，有两种相反的观点。一种观点认为机构投资者对信息的反应速度更快（Lee，1992），另一种观点认为机构投资者没有信息优势（Aragon等，2007），而更激进的观点则认为个人投资者比机构投资者的效率更高（Coval等，2005；San，2007；Kaniel 和 Titman，2008）。

由于拥有的信息不同，个人和机构投资者对好信息和坏消息的反应不同。Nofsinger（2001）分析了宏观经济信息和发布在《华尔街杂志》上的机构投资者和个人投资者交易行为，发现机构投资者有好信息或坏信息时都会交易，但个人投资者只有好信息时才交易。他们还发现，面对宏观经济信息，如果是好信息，机构和个人会买进大公司股票而不是小公司的股票，如果是坏信息则会卖出大公司股票。

2. 不同机构投资者之间的比较

关于不同机构投资者的比较，由于机构投资者的分类标准较多，既可按投资期限划分，也可按照所在国别等标准划分。由于其类型多，因此，文献对不同类型的机构投资者进行了比较分析。

1）短期与长期机构投资者的比较

按照投资期限的不同，机构投资者可分为短期机构投资者和长期机构投资者两种。

短期机构投资者是指偏好即期收益，而且在即期收益不好时偏好出售股份的机构投资者（Black，1998；Bushee，2001）；而长期机构投资者则相反，投资期限对他们有不同的影响。Bushee（2001）认为短期投资者看重短期收益而不重视长期价值，而长期投资者对长期收益的过渡关注会引起对管理层盈余管理行为的激励（Porter，1992；Levitt，1998）。另外，Bushee（1998）发现短期机构投资者的所有权与公司增加研发投入的概率不相关。机构投资者可能存在与公司的私下谈判（Carleton 等，1998），即机构投资者可能存在与所投资公司的合谋现象。

2）国内与国外机构投资者的比较

按照所在国别的不同，机构投资者可分为国内机构投资者和国外机构投资者两种。

由于对投资环境信息的获取和加工方式不同，国内和国外机构投资者有不同的特征。在信息的获取和加工方面，本地投资者面对的投资障碍较少，更容易得到本地公司的信息（Dvorak，2005；Parwada 等，2007），实证研究也支持本地投资者在短期内有交易优势的观点（Kalev 等，2008），这对于机构投资者来说也可能是适用的。此外，国外投资者也有自己的优势，如国外投资者的投资流程更复杂，更有投资技巧，这有助于他们分析市场条件，并依据信息做出投资决策（Karolyi，2002，Seasholes，2004）。

由于国外机构投资者可能拥有信息优势，因此不少学者对国外机构投资者与流动性的关系也进行了研究，但尚无统一结论。一种观点认为国外持股会提高流动性，也有较多的证据（Stulz，1999；Bekaert 等，2002；Bekaert 等，2007）。支持另一种观点认为国外机构投资者持股会降低流动性（Agarwal，2007；Rhee 和 Wang，2009）。

1.4.3 机构投资者与上市公司治理的关系

在资本市场中，机构投资者是上市公司的重要投资者，会影响上市公司的治理活动，甚至可能影响股票市场的稳定性。这主要表现在以下几个方面。

1. 机构投资者在公司治理中的角色

关于机构投资者在上市公司治理中的角色，可归纳为三种观点：第一种观点认为机构投资者处于监督者角色（Shleifer 和 Vishny，1986；Carleton 等，1998）；第二种观点认为机构投资者具有监督者和利益攫取者两种角色（唐松莲和袁春生，2009）；第三种观点认为机构投资者可能存在与公司的私下谈判（Carleton 等，1998），这意味着机构投资者可能与大股东或经理存在合谋行为，并损害其他中小股东利益。

2. 机构投资者在公司治理中的作用

关于机构投资者在公司治理中的作用，可归纳为两种观点：一种观点认为机构投资者的频繁交易使他们只关注当期利润，不能发挥积极的公司治理作用，并且机构投资者行为会刺激被投资公司行为的短期化（Porter，1992；Graves，1988）。究其原因，分析认为机构投资者通过各种操纵行为对公司治理产生不利影响，操纵行为可分为基于行动的操纵、基于信息的操纵和基于交易的操纵（Allen 和 Gale，1992），或洗售、对敲、拉高出货等 9 种主要的股价操纵方法（刘胜军，2001）。

另一种观点认为机构投资者能够积极参与公司治理，这表现为：首先，机构投资者能够更好地监督公司（Allen 等，2000；Chung 等，2002；Koh，2003；Mitra 和 Cready，2005；Chen 等，2007）。姚姬和刘志远（2009）的研究也发现，在市场对再融资行为持反对意见时，基金持股与再融资决策结果显著正相关。其次，机构投资者能够积极进行提案。根据 Dalen（1998）的分析，机构投资者先与公司经理进行谈判，如果经理没有做出足够的反应，机构投资者就会提出提案。Gillan 和 Starks(2000)进一步指出，机构投资者的提案通过率高于个人投资者和其他投资者。第三，机构投资者能够减少关联交易(王琨，肖星，2005)。第四，机构投资者能够减少代理成本，提高绩效(李维安，李滨，2008)。第五，机构投资者具有传递信息的功能(Chakravarty，2001)。

3. 机构投资者与盈余管理

盈余管理是造成会计信息质量低下的重要原因，它是指经营者运用会计手段或者安排交易来改变财务报告以误导利益相关者对公司业绩的理解，或者影响以报告会计数字为基础的合约结果(Healy 和 Wahlen，1999)。凭借在上市公司中持有的较大比例的股份，机构投资者可能会对上市公司的盈余管理产生影响，这方面有大量研究。例如，薄仙慧和吴联生(2009)的研究结果表明，随着机构投资者持股比例的增加，只有非国有公司的正向盈余管理水平显著降低，而国有控股和机构投资者对公司负向盈余管理水平的影响均不显著。研究结果还表明，国有控股和机构投资者有利于公司治理的改善，但机构投资者的积极治理作用在国有控股公司中受到限制；机构投资者不仅有正向盈余管理的影响，也有负盈余管理的影响。

4. 机构投资者在股市稳定中的作用

监管层引入机构投资者的一个重要目的是稳定股票市场。然而，关于机构投资者能否稳定股票市场，国内外学者有三种不同的观点。第一种观点认为机构投资者会加大股价波动(Scharfstein 和 Stein，1990；Warther，1995；Mau 和 Naik，1996)。第二种观点认为机构投资者能够降低股市的波动(Edwards 和 Zhang，1998；Schuppli 和 Bohl，2010；盛军锋等，2008)。与前两种观点不同，第三种观点认为机构投资者不会影响股价波动。Lakonishok 等(1992)的实证研究表明，机构投资者不存在羊群效应和动量交易现象，即机构投资者的存在至少不会导致市场的不稳定。由于我国不少上市公司的质量不是很高，机构投资者未能发挥稳定市场的功能(杨俊龙，2004)。

本 章 小 结

机构投资者持股量介于小股东和大股东之间，所以人们期望它能够代表中小股东的利益而参与公司治理活动。然而，理论分析和实证结果并没有提供有力证据。因此，全面分析机构投资者的治理理论、影响及其发展趋势有重要理论和现实意义。

第二章　机构投资者的相关理论基础

2.1　机构投资者在西方国家的发展

机构投资者的出现可以追溯到重商主义时代。随着生产力水平和世界贸易的发展，出现了以强调国家财富增长的主要来源是海外贸易商业盈余的重商主义学派。重商主义强调"多出口，少进口"，并采取相应的"奖出限入"的外贸政策，从而促进了财富的积累。18 世纪末 19 世纪初，英国经历了一场深刻的产业革命，导致了资金过剩，促使许多人将资金投资于海外市场以谋取更高的资金报酬，由此产生了市场需求。在此背景下，1868 年，英国诞生了世界上第一支投资基金——海外和殖民地政府信托基金（The Foreign and Colonial Government Trust），专门投资于英国政府为开发海外殖民地而发行的公债，这是世界上最早的非银行机构投资者。

机构投资者虽然起源于英国，但快速发展于美国。1921 年，美国就成立了第一家美国国际证券信托基金（International Securities Trust of America）。1924 年，马萨诸塞州成立了第一家开放式基金。20 世纪 70 年代初，美国联邦储备当局发布的《联邦现代化法案》（Q 条例）对商业银行存款利率进行了限制，促进了机构投资方式的扩张。之后，美国机构投资者持有上市公司的比例不断上升，20 世纪 80 年代中后期达到了 34%，20 世纪 90 年代末则高达 48%。截至 1998 年底，美国养老基金的规模是英国的 6 倍，是日本的 10 倍。20 世纪90 年代初期，美国机构投资者的数量达 13 000 多家。在美国排名前 25 的公司中，平均每家公司有 500 余家机构投资者持股，整个机构投资者的持股比例也大都在 50% 以上（姚会元，孙玲，2006），表明机构投资者已经成为美国上市公司的最大股东。

从 1950 年到 2000 年，美国机构投资者持有美国公司的资产从 132 亿美元增到 97 851 亿美元，持股比例也从同期的 7.2% 增加到 45.8%。其中，开放式基金持有美国公司的资产从 1950 年的 29 亿美元增加到 2000 年的 32 508 亿美元，增幅较小的依次为私人养老基金、国外投资者和公共养老基金，如表 2-1 所示。

如果从宏观经济的角度看，机构投资者总资产占一国 GDP 的比重自 20 世纪 70 年代以来有了很大提高。根据 Davis 和 Steil（2001）的资料，在美国和英

表 2 - 1　机构投资者在美国公司中持股量的分布情况

（单位：十亿美元）

不同类型的机构 投资者的持股量	1950 年	1970 年	1990 年	2000 年
私人养老基金	1.1	6.7	595	2000.1
公共养老基金	0.0	10.1	270.7	1335.1
人寿保险公司	2.1	14.6	81.9	940.8
开放式基金	2.9	39.7	233.2	3250.8
封闭式基金	1.6	4.3	16.2	35.7
国外投资者	2.9	27.2	233.8	1748.3
机构投资者持股合计	13.2	203.7	1710.8	1524.2
家庭和非营利组织	128.7	572.5	1806.5	7487.1

　　资料来源：对范海峰《机构投资者持股与公司绩效——基于中国证券市场的理论与实证研究》(北京：中国经济出版社，2012 年)一书中的数据整理而得。

国，家庭持有机构资产占 GDP 的比例在 1998 年超过了 170％；对于西方七国集团而言，这一比率从 1970 年的 23％增长到 1998 年的 108％，欧洲和日本也从 11％增长到了 66％。1990—1998 年，在英国，保险公司、养老基金、共同基金会持有的资产平均年增长率分别为 16％、11％、18％（按照本国货币计算）；同期，在美国，其年度平均增长率分别为 9％、14％和 20％（按照本国货币计算）。

　　在世界发达国家，居民也越来越倾向于通过共同基金等机构来进行间接投资。1970—2000 年，发达国家投资情况如图 2 - 1 所示。

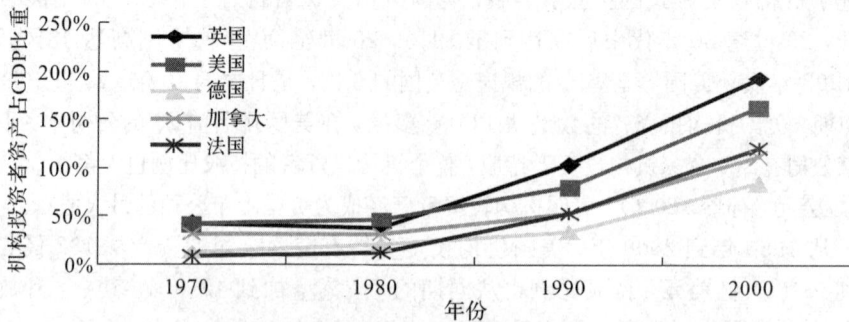

图 2 - 1　1970—2000 年机构投资者总资产占发达国家 GDP 的比重

　　资料来源：刘士杰. 机构投资者对资本市场效率影响的研究[D]. 上海：华东师范大学，2003 年。

在 OCED 国家，机构投资者持有金融资产占 GDP 的比重也很高，见表
2-2。由表中数据可以看出，在英国，机构投资者持有金融资产占 GDP 的比重
最高。

表 2-2　OCED 国家机构投资者持有金融资产占 GDP 的比重(％)

国家	1995 年	1997 年	1999 年	2001 年	2003 年	2005 年
美国	140.8	166.9	195.4	177.4	181.7	191.2
日本	98.7	101.5	110.8	104.2	117.5	145.2
英国	162.1	192.5	224.9	191.8	175.4	207.4
法国	75.9	95	123.5	129.6	131.6	160.2
德国	56.4	74.6	97	99.3	105.2	116
意大利	25.9	44.9	96.8	90.6	90	97.1
加拿大	94	118.6	131.6	125.2	122.2	134.1
OCED(17)	110.2	129.4	152.8	141.5	145.8	162.6

资料来源：范海峰，机构投资者持股与公司绩效-基于中国证券市场的理论与实证研
究。北京：中国经济出版社，2012 年。

由此不难看出，机构投资者发展的动力来源于投资者的需要，是一种市场
的自发行为。机构投资的本质是金融创新，而且其发展也进一步推动了金融创
新的发展，两者形成了一种良性互动的关系(张亦春，郑振龙，林海，2008)。

2.2　机构投资者在我国的发展历程

为强化理性投资理念、减少股票市场的投机行为，我国的机构投资者经历
了从无到有的发展历程。机构投资者是伴随着证券市场的发展而不断发展的，
而其典型代表则是证券投资基金。在这方面，中国证券网(2008-10-19)将我
国基金业的发展分为三个历史阶段：

第一个阶段是早期探索阶段，从 1992 年至 1997 年 11 月 14 日《证券投资
基金管理暂行办法》(以下简称《暂行办法》)颁布。1992 年 11 月，我国国内第
一家比较规范的投资基金——淄博乡镇企业投资基金——正式设立，并在
1993 年上半年引发了基金业的快速发展，但也暴露出一些实际问题，多数基金
的资产状况趋于恶化，导致从 1993 年下半年起，中国基金业的发展因此陷于

停滞状态。1997 年底，全国共有基金 78 支，基金会类凭证 47 只，总募集资金
规模为 76 亿元，且基金会中只有少量投资于证券市场，还不能称为真正的证
券投资基金。

第二个阶段是封闭式基金发展阶段，从《暂行办法》颁布实施以后至 2001 年
8 月。1997 年 11 月 14 日，国务院证券管理委员会颁布了《暂行办法》，为我国
基金业的规范发展奠定了法律基础。1998 年 3 月 27 日，经中国证监会批准，
新成立的南方基金管理公司和国泰基金管理公司分别发起设立了规模均为
20 亿元的两只封闭式基金——"基金开元"和"基金金泰"，标志着中国证券投
资基金试点的开始。到 1999 年初，我国共设立了 10 家基金管理公司；到 2001 年
9 月开放式基金推出之前，我国共设立了 47 只封闭式基金，规模为 689 亿元。
因此，此阶段的机构投资者实际上指封闭式证券投资基金。

第三阶段是开放式基金发展阶段，从 2001 年 9 月设立开放式基金至今。
2000 年 10 月 8 日，中国证监会发布了《开放式证券投资基金试点办法》，并在
同年明确提出了"超常规、创造性地发展机构投资者"的理念；2001 年 9 月，我
国第一支开放式基金——华安创新——诞生；2003 年发布的《中共中央关于完
善社会主义市场经济体制若干问题的决定》和 2004 年发布的《关于推进资本市
场改革开放和稳定发展的若干意见》明确指出希望通过发展机构投资者改善中
国证券市场结构，进一步推动上市公司的发展。这些措施都对机构投资者的发
展起到了促进作用。

以上依据证券投资基金的设立为标志的划分可称为我国机构投资者的
"三段论"分法。由于同时反映了监管政策的变化和证券市场的发展特征，这种
"三段论"分法已经取得了共识。

随着资本市场的快速发展，我国机构投资者的类型也在不断增加。1999 年，
监管机构允许上市公司等三类企业有条件进入一级市场，允许保险资金间接进
入股票市场；2000 年 9 月，我国社保基金建立，并于 2003 年 6 月正式入市；
2001 年，第一支开放式基金华安创新基金设立；2002 年 11 月 5 日，中国证监
会、中国人民银行共同发布了《合格境外机构投资者境内证券投资管理暂行办
法》，2003 年合格境外机构投资者正式入市；2005 年 8 月，我国劳动和社会保
障部公布了获得企业年金投资管理人资格的 15 家机构，标志着企业年金的市
场化运作也正式启动；而近年来，随着沪港通、深港通制度的实施以及沪伦通
（上海证券交易所与伦敦证券交易所的互联互通机制，符合条件的两地上市公
司可依据对方的法律法规发行存托凭证（DR），并在对方市场交易。）工作的准
备，机构投资者的国际化进程在快速推进。

2.3　我国机构投资者的现状分析

机构投资者按照不同的标准可以分为不同的类型，其中较为典型的是Monk和Minow(2005)的分类，他们在《Corporate Governance》一书中将机构投资者分为养老基金(Pension Fund)、保险公司(Insurance Company)、投资公司或共同基金(Investment Company)、单位信托(Unit Trust)、捐赠基金(Endowment Fund)和其他各类基金会(Foundation)等，这实际上是按照机构投资者自身特征进行的分类。与西方国家的分类方法不同，中国证券登记结算有限责任公司在其月度和年度统计中将自然人以外的投资者统称为机构投资者，其中机构投资者又分为一般机构投资者和专业机构投资者。一般机构投资者包括企业法人、社会团体等，而专业机构投资者包括证券公司、证券投资基金、全国社会保障基金和合格境外机构投资者(Qualified Foreign Institutional Inuestors，QFII)等。由于投资于上市公司的一般机构投资者的投资策略相对稳定，而以获取最大投资收益为目的的专业机构投资者的投资策略变化大，对上市公司治理水平和股票市场的影响也较大，因此，我们只研究专业机构投资者。

1. 证券投资基金

证券投资基金是目前我国最主要的机构投资者，在我国发展迅速。根据《中国证券监督管理委员会年报(2009)》的资料，2009年底，证券投资基金净值总额为1.92万亿元，占沪深流通市值的12.72%。图2-2给出了2019年5月31日我国公募证券投资基金总规模占机构投资者总规模的比率。

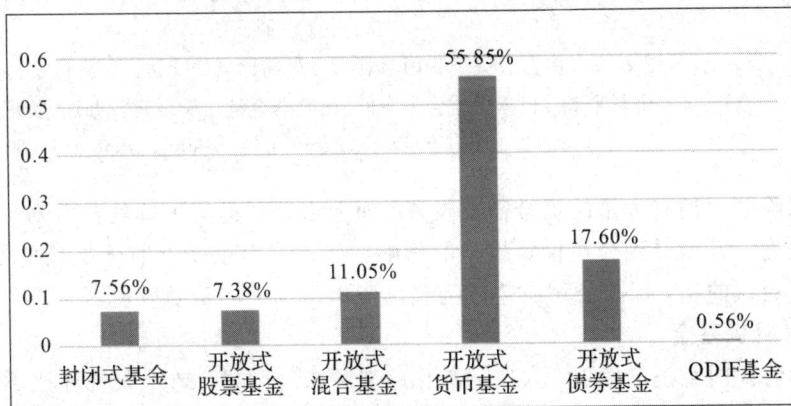

图2-2　2019年5月31日公募证券投资基金总规模占机构投资者总规模的比率

资料来源：根据中国证券投资基金业协会的数据计算而得。

由图2-2可以看到，各类公募证券投资基金的规模在机构投资者总资产中的占比不同，其中占比最大的是开放式混合基金，其次是开放式债券基金，第三是开放式货币基金等，这可能是由投资者的不同偏好导致的。

2. 保险公司

保险公司是一类特殊的机构投资者，其主要收入来源于保费收入和投资收益两部分，而成本主要包括理赔成本、准备金成本和营运成本，总的盈亏由承保收入和投资收益组成。按照保险公司承保对象的不同，保险公司包括人寿保险公司和财产保险公司两类。一般来说，寿险公司出售的保单期限较长，且一般约定若干年后开始支付现金流给保单持有人（魏华林，林宝清，2003），这种特点使保险公司对投资的流动性要求不高，而对投资的安全性和收益性有较高要求。基于这种考虑，长期债券就成了人寿保险公司的理想投资工具。与人寿保险公司不同，财产保险公司的保险责任具有随机性、相对低风险的特征，其负债性质使它在投资范围上较少受到限制，通常在债券和抵押贷款的投资上只要达到监管机构的最低要求，就可以进行股权等其他方面的投资。

随着改革开放政策的深化，监管机构对保险资金的入市管制在逐渐放松，从而使保险资金投入上市公司的比例不断上升，如图2-3所示。

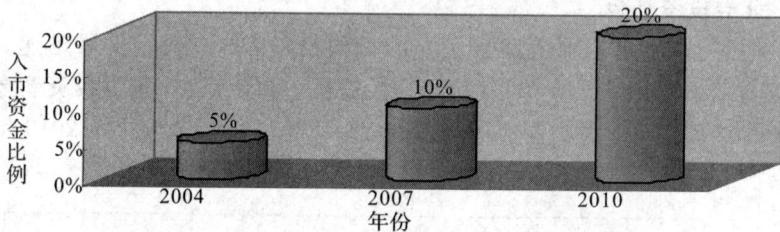

图2-3 保监会关于我国险资入市最高比例的变化

资料来源：根据保监会发布的《保险资金运用管理暂行办法》整理而得。

（www.circ.gov.cn/web/site0/tab68/i137280.htm）

保险公司拥有大量的资金需要投资，而上市公司是其可选的投资对象，其投资额度一方面受到公司投资战略的影响，另一方面也受到监管机构的制约。但不可否认的是，保险公司有望成为我国资本市场上的重要投资者。

3. 社保基金

随着我国经济的发展，人口老龄化趋势越来越明显，老年人抚养比不断提高，社会保障已成为未来影响我国经济发展的重要因素。为应对人口老龄化问题，我国已经初步建立了以基本养老基金、基本医疗保险统筹基金、失业保险基金、工伤保险基金和生育保险基金为主的保险体系，为我国经济的持续发展提供了保证。图 2-4 展示了各类社保基金的情况。

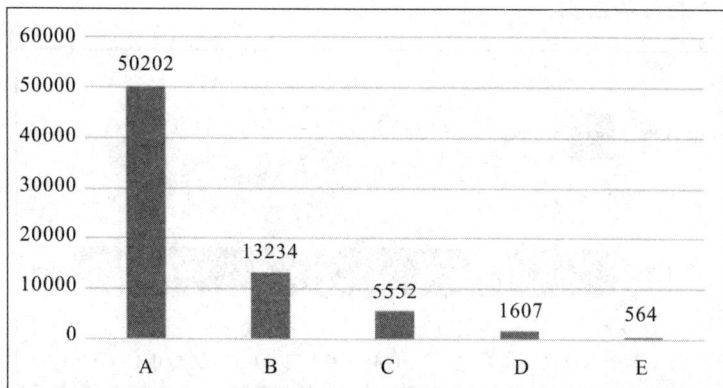

注：A、B、C、D 和 E 分别表示基本养老保险基金、基本医疗保险统筹基金、失业保险基金、工伤保险基金和生育保险基金的累计结存，单位为亿元。

图 2-4　2017 年各类社保基金累计结存

资料来源：《2017 年度人力资源和社会保障事业发展统计公报》。

社保基金是中央政府集中的社会保障战略储备，主要用于弥补今后人口老龄化高峰时期的社会保障需要和其他社会保障需要，其来源主要包括中央财政预算拨款、中央财政拨入彩票公益金、国有股减持或转持划入资金或股权资产、经国务院批准的以其他方式筹集的资金以及投资收益等。它不向个人投资者开放，而是国家把企事业职工交的养老保险费中的一部分资金交给专业的机构管理，以实现保值和增值。

按国务院批准的《全国社会保障基金投资管理暂行办法》，社保基金的投资范围限于银行存款、买卖国债和其他具有良好流动性的金融工具，包括上市流通的证券投资基金、股票、信用等级在投资级以上的企业债、金融债等有价证券，它们在各类金融资产上的投资极限（最高和最低）比例如表 2-3 所示。

表 2-3　社保基金投资于各类金融资产的极限比率

目标金融产品	银行存款、国债	企业债、金融债	证券投资基金、股票
比例	≥50%（其中投资于银行存款的比例≥10%）	≤10%	≤40%

资料来源：《全国社会保障基金投资管理暂行办法》。

与证券投资基金不同，社保基金承担社会保障的重大责任，所以投资的稳健性和收益性是其关注的重点，这与保险公司有相似之处。随着证券投资基金

的快速发展，社保基金在机构投资者的占比有下降趋势。图 2-5 显示了 2017
年社保基金的投资结构。

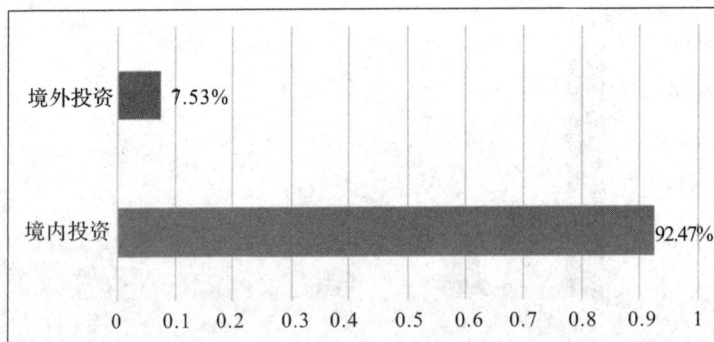

图 2-5　2017 年社保基金的投资结构

资料来源：《全国社保基金理事会社保基金年度报告》(2017)。

　　由于社保基金承载着社会责任，所以它以"长期投资、价值投资和责任投
资"为投资理念，以"审慎投资，安全至上，控制风险，提高收益"为投资方针，
从而取得了较好成绩。根据《全国社会保障基金理事会基金年度报告》(2017)，
2017 年末，社保基金会管理的基金资产总额 22231.24 亿元，其中，社保基金
会直接投资占比 42.35%；委托投资资产占比 57.65%。表 2-4 显示了年度权
益总额和收益率。

表 2-4　社保基金历年收益率

年度	权益总额	收益率%	年度	权益总额	收益率%
2001 年	795.26	2.25	2010 年	8566.9	6.65
2002 年	1241.86	2.75	2011 年	8688.2	5.58
2003 年	1325.01	2.71	2012 年	10753.57	7.01
2004 年	1659.86	3.32	2013 年	11927.45	5.54
2005 年	1954.27	4.16	2014 年	14573.29	11.69
2006 年	2769.83	9.34	2015 年	17,966.51	15.19
2007 年	4339.83	38.93	2016 年	19,488.07	1.73
2008 年	5130.89	5.2	2017 年	20,716.90	9.68
2009 年	7766.22	8.39			

资料来源：经整理各年全国社会保障基金理事会数据而得。

4. 合格境内机构投资者

合格境内机构投资者（Qualified Domestic Institutional Investor，简称QDII）是指在人民币资本项目不可兑换、资本市场未开放条件下设立的新型机构投资者。根据《合格境内机构投资者境外证券投资管理试行办法》（2007），它是指经中国证券监督管理委员会批准在中华人民共和国境内募集资金，运用所募集的部分或者全部资金以资产组合方式进行境外证券投资管理的境内基金管理公司和证券公司等证券经营机构。QDII是一项投资制度，其直接目的是"进一步开放资本账户，以创造更多外汇需求，使人民币汇率更加平衡、更加市场化，并鼓励国内更多企业走出国门，从而减少贸易顺差和资本项目盈余"。

从发展历史看，QDII制度由香港政府部门最早提出，与合格境外机构投资者类似，容许国内投资者在资本账户未完全开放的情况下，向海外资本市场进行投资。由于要投入境外市场，根据QDII的相关规定，以人民币投资QDII产品的投资者，其人民币必须兑换成美元来参与，因此其投资收益受到人民币与美元汇率的直接影响。如果人民币升值，则会减少投资者的收益。

QDII的类型较多，可分为保险系QDII、银行系QDII及基金系QDII。保险系QDII运作的是保险公司自己在海外的资产，一般不对个人投资者开放；银行系QDII以前只能投资境外的固定收益类产品，随着银监会2012年5月发布的新规定，它也可以投资境外股票；基金系QDII的投资品种不受限制。

据Wind资讯数据显示，2014年2月，在我国105支QDII（分级基金、货币种类均分开算）中，有88支是通过人民币交易的，占83.8%；12支可以直接用美元现钞或现汇交易，包括了嘉实美国成长、广发美国房地产基金、华夏恒生交易型开放式指数基金（ETF）联接、博士亚洲票息、华安纳斯达克100、易方达恒生H股ETF联接、博士亚洲票息、广发全球医疗保健、嘉实新兴市场、广发亚太中高收益、华夏海外收益、招商标普高收益等基金，涵盖了债券型、房地产型、股票型和指数型产品。

随着人民币国际化进程的加速，QDII的获批额度也不断扩大。国家外汇管理局2018年10月31日公布的最新统计数据显示，截至10月30日，QDII投资总获批额度为1032.33亿美元。与此同时，截止2018年12月29日，银行系QDII（共30家）获批额度为148.4亿美元，证券类（58家）获批额度为461.3亿美元，保险类（45家）获批额度为339.53亿美元，信托类（18家）获批额度为83.1亿美元。

从QDII的影响方面看，由于缺乏境外数据等原因，现有研究很少。从实际看，QDII制度在微观上能够创造出境内更多的外汇需求，从境外市场上获取投资收益；在宏观方面则可能会对国际贸易收支和资本项目盈余产生影响。

5. 合格境外机构投资者

在我国上海和深圳证券市场中，以金融产品作为投资对象的机构投资者包括合格境外机构投资者（Qualified Foreign Institutional Investors，QFII）和人民币合格境外机构投资者（Renminbi Qualified Foreign Institutional Investors，RQFII）。

1）QFII

QFII 是一国在货币没有实现完全可自由兑换、资本项目尚未开放的情况下，有限度引进外资、开放资本市场的一项过渡性制度。

2002 年 12 月 1 日，证监会及央行联合颁布实施《合格境外机构投资者境内证券投资管理暂行办法》，正式推出 QFII 试点，结束了之前外国投资者只能通过 B 股投资国内证券市场的历史。自 2002 年我国推出 QFII 制度以来，QFII 成为我国资本市场的重要力量。2006 年末，QFII 成为仅次于开放式基金的第二大机构投资者。由于 QFII 有引入境外资金到境内资本市场的功能，因此其审批额度备受关注。从实践看，虽然有 QFII 境外资金的进入，但 2018 年 A 股市场走势低迷，上证综指、深证成指全年跌幅分别为 24.59% 和 34.42%，中小板指数、创业板指数分别为 37.75% 和 28.65%；即便是代表蓝筹白马的沪深 300 和上证 50，也分别达到 25.31% 和 19.83%。

2019 年 1 月 14 日，国家外汇管理局发布公告，合格境外机构投资者（QFII）总额度由 1500 亿美元增加至 3000 亿美元，这被市场认为是政府刺激国内资本市场的重要措施。需要注意的是，如果 QFII 有意愿投资国内资本市场，则其额度会使用完毕，并呈现出不断增长的需求状态，但事实并非如此，QFII 的额度使用率其实并不高。根据国家外汇管理局公告，截至 2018 年年底，287 家 QFII 的获批投资额度共计 1010.56 亿美元，仅为当时 QFII 总额度（1500 亿美元）的 67.37%。从其发展历史看，根据证券市场导报的资料，QFII 的额度都需要一定时期的使用。如 2012 年 4 月 QFII 总额度已上调至 800 亿美元，但直至 3 年之后的 2015 年 8 月 28 日，QFII 的获批投资额才达到 767.03 亿美元，至 2016 年 1 月 27 日突破 807.95 亿美元。在 2013 年 7 月，QFII 总额度已上调至 1500 亿美元，但到 2018 年，使用率为 67.37%。图 2-6 给出了 2003 年至 2011 年 QFII 的数量和审批额度。由图 2-6 可以看出，QFII 的持股在我国机构投资者中的占比较小，但作为连接我国资本市场与国际资本市场的纽带，它对我国资本市场的发展有重要意义。在经济全球化的进程中，QFII 在我国资本市场中的作用不断强化。根据国家外汇管理局资料，2018 年 12 月 29 日，共有 287 家 QFII 获取总额度为 1010.56 亿美元的投资额度，这些 QFII 的注册地涉及瑞士、新加坡、日本、英国、美国、德国、荷兰、加拿大、比利时、韩国等国家和地区。

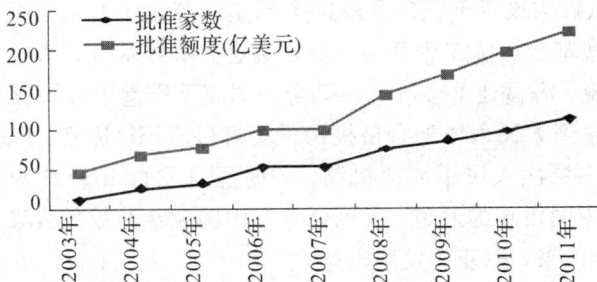

图 2-6　2003 年—2011 年 QFII 批准家数与批准额度统计

资料来源：中国金融年鉴，国家外汇管理局。

由于有 QFII 境外资金的加入，现有学者对其对中国股市的影响也进行了广泛研究。如胡海峰等(2019)的研究表明，QFII 制度的建立和历次改革确实可以显著降低上市公司的投资现金流敏感性，但它们对上市公司投资现金流敏感性的影响不尽相同。孙显超等(2017)的研究发现，QFII 投资能够提高中国股票的定价效率，但是 QFII 投资规模与股票定价效率之间不是单调关系；若 QFII 投资额度超过临界值，本国证券市场定价效率反而会下降；此外，在不同的行情中 QFII 投资中国证券市场，其定价效率有一定的异质性。

2) RQIFF

2011 年底，中国证券监督管理委员会、中国人民银行和国家外汇管理局联合发布了《基金管理公司、证券公司人民币合格境外机构投资者境内证券投资试点办法》，标志着人民币合格境外机构投资者(RQFII)业务的正式运作。RQFII 是指部分机构获准从境外直接用人民币投资境内资本市场的机制，其中 QFII 是合格境外机构投资者的英文简称，而 R 代表人民币。RQFII 的试点机构主要包括境内基金公司、证券公司、商业银行和保险公司的香港分支机构。

合格境外机构投资者(QFII)和人民币合格境外机构投资者(RQFII)的区别有两个方面：一是机构种类不同。合格境外机构投资者(QFII)的机构是外资金融机构，而人民币合格境外机构投资者(RQFII)的试点机构为中资金融机构的香港子公司；二是投资币种不同。RQFII 使用境外人民币直接投资于境内市场；而 QFII 使用美元，先在额度允许范围内将美元兑换成人民币，再进行境内投资。

RQFII 的推出体现了我国人民币国际化的发展进程。2011 年 8 月 17 日，时任国务院副总理的李克强在香港出席论坛时表示，将允许以人民币境外合格机构投资者方式(RQFII)投资境内证券市场。该业务初期试点额度约为人民币200亿元,试点机构投资于股票及股票类基金的资金不超过募集规模的20%。华夏基金、嘉实基金、易方达基金、博时基金、南方基金、华安基金、大成基金、汇添富基金、海富通基金等9家基金公司旗下香港子公司已获得中国证监会批准,首批拿到人民币境外合格机构投资者(RQFII)资格。RQFII的意义在于有利于形成多层次人民币回流机制,同时通过发行RQFII产品,海外投资者将获得进入中国市场的通道,有机会分享中国改革开放的成果。

自2011年以来,RQFII发展迅速。2015年12月14日,中国人民银行与阿联酋中央银行签署了在阿联酋建立人民币清算安排的合作备忘录,并同意将人民币合格境外机构投资者(RQFII)试点地区扩大到阿联酋,投资额度为500亿元人民币。公开资料显示,截止2018年4月24日,中国香港获RQFII的额度为3076.37亿元人民币,新加坡为746.55亿元,英国为414.84亿元,法国为240亿元,韩国为753.87亿元,德国为105.43亿元,澳大利亚为320.06亿元,瑞士为70亿元,加拿大为86.53亿元,卢森堡为151.87亿元,泰国为11亿元,美国为166亿元,马来西亚为6亿元,共6148.52亿元人民币,这表明中国加大了资本项目可兑换的进程。可以预见的是,随着投资国际化的发展,人民币国际化的进程会进一步加快。

2.4　委托代理理论

由以上对机构投资者的分析可以看出,机构投资者是上市公司治理的重要参与者,它会影响上市公司的治理结构,并对公司治理水平产生影响。因此,有必要理解公司治理理论。如前所述,公司治理的本质是要解决所有者与经营者因所有权与经营权分离所产生的委托代理问题,相应的委托代理理论也就成为研究公司治理问题的基础理论。

自从现代企业的所有权与经营权分离以来,理论界就对委托代理问题进行了广泛的研究。由于东西方经济环境不同,委托代理理论主要分为基于西方股权相对分散现实的传统委托代理理论(或单委托代理理论)、以中国股权相对集中为特征的双重委托代理理论和基于高新技术企业的双向委托代理理论。

1. 西方传统的委托代理理论(或单委托代理理论)

西方传统的委托代理理论是20世纪30年代由美国经济学家伯利和米恩斯提出,主要研究西方国家企业的治理问题。英美等西方国家现代企业的一个显著特征就是其股权比较分散,而股权分散的直接后果就是所有权和控制权的分离,即没有企业所有权的经营者实际上掌握了企业的控制权,负责开展企业的经营活动；企业经营者实质上是企业所有者的代理人，而企业所有者只是经营者的委托人，由此产生了委托代理关系。拥有企业实际经营权的经营者掌握企业的较多信息，而作为委托人的企业所有者缺乏企业内部信息，由此导致企业所有者与经营者的利益冲突。作为理性经济人，公司经营者有最大化自己利益的内在动机，因而在与企业所有者在签约之前，经营者会隐藏自己经营能力等方面的信息，导致企业所有者选择不理想的经营者代替自己管理企业，从而产生逆向选择问题。但是，当聘用合同签署后，作为代理人的经营者会采取企业所有者不愿看到的、通过隐藏行为的方式侵害委托人利益的行为，从而产生道德风险问题。因此，在这种传统的委托代理关系下，作为企业所有者的委托人一方面要对经营者进行有效监督，保护自制的利益不受侵害；另一方面委托人也要对经营者进行有效激励，以最大化自己的收益。

2. 双重委托代理理论

西方传统的委托代理理论是针对现代企业股权分散特征的，然而研究发现，大多数国家的现代企业的股权相对集中。如 Faccio 和 Lang（2002）分析了13 个西欧国家的 232 家公司后发现，除英国和爱尔兰的公司股权较为分散外，欧洲大陆国家的公司股权普遍较为集中。与此类似，我国上市公司的"一股独大"是其重要特征。针对这种现实，冯根福（2004）提出了双重委托代理理论，认为在以股权分散为主要特征的上市公司中，由于任何一位股东都没有掌握足够的控制公司的投票权，因此谁也不可能侵占其他股东的利益，所以股东之间基本上没有什么利益冲突。由于这类上市公司的控制权实际上往往为经营者所操纵，所以其主要矛盾就表现为全体股东与经营者之间的矛盾。而在以股权相对集中或高度集中为主要特征的上市公司中，控股股东或大股东与中小股东都希望在公司的投资回报最大化。然而，由于控股股东或大股东掌握着公司的实际控制权，他们的自利天性与机会主义行为可能会导致其寻机运用公司控制权损害中小股东的利益，于是就产生了控股股东或大股东与中小股东之间的利益冲突。因此，在这类股权相对集中的公司中，既存在着控股股东或大股东与经营者之间的委托代理问题，也存在着中小股东与其代理人即大股东之间的委托代理问题。相对于单委托代理理论，这种双重委托代理理论有更强的解释力，并有利于降低双重代理成本和保护所有者的利益。

3. 双向委托代理理论

单委托代理理论和双重委托代理理论是公司治理的主流观点，但与此同时，也有一些新的研究。

现有公司治理理论主要包括单委托代理理论和双重委托代理理论，但这些理论没有区分不同行业公司治理的特殊性。在公司治理实践中，可以发现，与一般企业不同，高新技术企业具有"高投入、高收益、高风险"特征，特别是由于高新技术的专业性强，因而作为掌握高新技术的技术总监在高新技术企业中拥有较高地位，并在一定程度上能够决定企业的发展方向和前景。基于相关文献资料，申尊焕和龙建成(2013)提出了公司 CEO 和公司技术总监的双向委托代理的概念。从公司层面看，CEO 是技术总监的委托人和监督者，而技术总监只是 CEO 的代理人，负责相关技术工作，从而 CEO 和技术总监之间存在第一种单向委托代理关系。但如果从经理层面看，由于公司 CEO 相对缺乏高新技术的专业知识，企业的经营方向在很大程度上受到技术总监的影响，因此，技术总监相当于企业战略经营方向的决策者或委托人，而公司 CEO 只是战略决策的代理人或决策实施者，从而形成了公司 CEO 和技术总监督的第二种反向的委托代理关系。这两种关系可综合称为双向委托代理关系。与单委托代理理论和双重委托代理理论不同，双向委托代理关系中的逆向选择和道德风险问题可能相对较小。虽然如此，高新技术企业的 CEO 和技术总监在其共同的企业所有者面前仍然存在着争取企业资源和自身收益的竞争关系和利益冲突。为解决此类问题，高新技术企业的所有者需要平衡公司 CEO 和技术总监的利益关系及其在公司中的地位，这对于企业所有者是一个充满挑战的现实问题。

本 章 小 结

机构投资者是证券市场的重要力量，因此，其行为不仅会影响证券市场的稳定性及其功能的发挥，也会影响微观层面的上市公司的治理结构、股价波动以及公司绩效。基于以上原因，本章介绍了机构投资者在西方国家和我国的发展历程、机构投资者的类型及在我国的发展现状，并在此基础上介绍了公司治理理论的基础——委托代理理论，为后续章节的分析提供理论基础。

第三章　机构投资者行为与公司治理

3.1　信息对机构投资者行为的影响

　　传统理论认为，依靠在经济活动中同时联系资金需求者和供应者的中介地位，金融机构被认为是生产信息并出售信息的机构。在证券市场上，公司制企业所有权与经营分离的现实则显现了投资者和公司内部人对上市公司信息的非对称性，从而使信息成为资本市场中的重要资源。根据有效市场假设，评判证券市场有效性的标准是股票价格反映信息的程度，表明信息在资本市场中有重要作用。

　　信息有多种类型，并与风险高度相关。由于企业投融资决策面临不确定的市场风险，所以学者们将不确定性风险进行了分类。如 Core 和 Schrand(1999)把风险事件分为信息性事件和非信息性事件。信息性事件包含未来盈利信息的事件，因而具有长远影响；而非信息性事件是指对未来盈利不会产生影响的事件，其影响是短期的。信息有好信息与坏信息之分。对于信息与非信息事件、好信息与坏信息对机构投资者的影响，本书借鉴美国学者多尔蒂在其《综合风险管理——控制公司风险的技术与策略》的分析加以说明。

1. 信息和非信息性事件对公司有重要影响

　　假设企业当年的基本盈利为 N_1，风险事件发生后的盈利记为 N_0，m 为信息事件对盈利的影响，μ 为非信息事件对盈利的影响，且 $N_1 = N_0 + m + \mu$，则

　　(1) 如果管理层或内部人知道所有盈利的信息 m、N_0 和 μ，则可预测下年盈利 N_2 的期望值 $E(N_2)$ 为

$$E(N_2) = N_1 + am \tag{3-1}$$

其中 a 为信息事件对盈利的影响系数。

　　(2) 如果外部人只知道 N_1，但不知其构成，只能根据知道的信息通过公式 (3-2) 对下年盈利 N_2 的期望值 $E(N_2)$ 进行预测：

$$E(N_2) = N_1 + aE(m \mid N_1) \tag{3-2}$$

其中 $E(m \mid N_1)$ 是在知道 N_1 条件下信息事件对盈利事件影响的期望值。

　　多尔蒂的分析不仅提供了研究信息影响的方法，也对分析内部人和外部人

的投资行为有一定启示。他的分析表明，由于公司内部人拥有较多内部信息，而外部人无法获取此类内部信息，所以外部人会面临更大的投资风险。按照此观点，相对于公司管理人员等内部人，机构投资者缺乏所投资公司的内部信息，因此会面临相对更大的投资风险。为了降低这种风险，机构投资者会对所投资公司进行实地调研，或者与上市公司进行合谋，以取得投资收益。这对研究机构投资者的投资行为有现实意义。

2. 好信息与坏信息对机构投资者决策的影响

按照对投资收益的影响划分，信息可分为好信息和坏信息。好信息指能够增加盈利水平的消息，而坏信息指会降低盈利水平的消息。面对不同类型的信息，公司内部人和外部人对公司的估值不同。在信息没有完全公开的情况下，只有内部人拥有准确的信息，但外部人无此消息，只能进行预测。美国学者多尔蒂(2005)分析了两种情况，第一种情况是：在公司出现坏消息时，内部人会降低其盈利预期。由于外部人只知道有坏消息，但不知道导致坏信息的原因是临时性还是长期性的，因此只能根据贝叶斯定理预测其条件概率，并对盈利进行预测。这种预测会高于实际值，从而使外部人保持乐观的投资态度。第二种情况是：在公司出现好消息时，内部人的预测与实际值相同，但外部人的预测与前种情况相似，因而会低估公司价值。

那么，在什么条件下上市公司才会向证券市场传递好信息？多尔蒂(2005)的分析表明，只有当管理者知道自己企业的价值较高时，才会向外界传递可以相信的信号(如发放红利)，而低价值的企业无法发布这样的信号(如发红利)。其原因有三：一是低价值、低盈利的企业很难支付较高的红利，否则，企业必须通过昂贵的外部融资来支付红利，而这会使企业丧失其他的投资机会，也会失掉这些投资项目的净现值；二是如果低价值的企业不顾一切支付高红利，那么下一年的盈利将更低于原来的预期，从而使股价大幅下降，这将威胁当前企业管理层的地位；三是传递错误信息可能面临被起诉的风险。按此观点，作为外部人的机构投资者，可以通过红利信号预测公司的运营效率。

如果证券市场上出现了好消息或坏消息，机构投资者和上市公司大股东之间可能存在关于股票交易的博弈关系。如果机构投资者拥有与大股东同样的内幕好信息或坏消息，或者能够正确判断公司大股东的交易方向(即买进或卖出)，则会与公司大股东采取同样的交易行为，从而引起机构投资者买进或卖出的羊群行为。如果机构投资者无公司内部信息或不能预知公司大股东的交易方向，则当公司披露好消息(或坏消息)时，作为理性经济人的机构投资者会采取买进（或卖出）策略，也会出现羊群行为。由于机构投资者持有大量股份，其羊群行为在股市高涨的情况下会加速上涨，而在股市低迷的情况下会加剧股价下跌。从这个意义上看，机构投资者在证券市场动荡时会加剧股价的波动，显示出信息披露对股票价格影响的重要性。

3.2 基于信息完善程度的机构投资者与大股东的博弈关系分析

在资本市场上，投资者拥有的信息不仅有好信息与坏信息之分，而且有完全信息与不完全信息之分。完全信息指的是市场参与者都知道市场上所有信息，而不完全信息指的是只有部分参与者知道市场上的所有信息。拥有的信息不同，机构投资者与上市公司大股东的博弈关系也就不同。因为在不同信息环境下，机构投资者存在着是否监督上市公司大股东行为的决策。为此，需要研究机构投资者与大股东的博弈关系。

1. 基本假设

为了分析机构投资者与大股东之间的博弈关系，假设如下：

（1）上市公司只有一个控股股东 A，其持股比例为 $\alpha(0<\alpha<1)$；上市公司只有一个机构投资者 B，其持股比例为 $\beta(0<\beta<1/2)$，而且 $\alpha>\beta$。在此假设下，其他散户投资者的持股比例为 $(1-\alpha-\beta)$。

（2）在正常情况下，公司有年度收益 R，控股股东对其他股东的利益侵害额为 H，这需要由其他股东分摊，此时机构投资者分摊的利益损失为 $\frac{\beta}{1-\alpha}H$。

（3）控股股东对其他股东利益的侵害需支付两项成本：一是证券监督机构对控股股东的侵害处罚 F_1，二是机构投资者用于监督、法律诉讼等方面的成本 F_2。机构投资者的监督成本假设为 C，主要体现为获取上市公司信息的成本；因监督而获得的补偿为 M，这种补偿只会体现为机构投资者因获得更多信息而产生的投资收益，它既不会产生于监督机构的直接补偿，也不会来源于所投资上市公司的补偿。其他中小股东持股量较少，缺乏监督控股股东的动力，因此只是机构投资者监督的"搭便车者"。

在以上假设条件下，以下分两种情况讨论控股股东和机构投资者的博弈关系，并研究如下问题：机构投资者在什么条件下才能实施对控股股东的监督，即在什么条件下机构投资者才会参与公司治理活动？

2. 完全信息条件下的机构投资者与控股股东的博弈

1）两者的博弈关系

控股股东的博弈策略为侵害或不侵害，机构投资者的博弈策略为监督或不监督。在完全信息条件下，控股股东和机构投资者都拥有对方的完全信息。此时，博弈关系可表达如下：

（1）参与人：上市公司控股股东 A、机构投资者 B；

（2）战略行动空间：A＝{侵占，不侵占}，B＝{参与公司治理，不参与公司治理}；

（3）行动组合：AB_1＝{侵占，参与公司治理}，AB_2＝{侵占，不参与公司治理}，AB_3＝{不侵占，参与公司治理}，AB_4＝{不侵占，不参与公司治理}；

（4）支付矩阵见表 3-1。

表 3-1　机构投资者与控股股东的博弈

控股股东		机构投资者 B 的行为	
		监　督	不监督
控股股东 A 的行为	侵害	$\alpha R+H-F_1-F_2,\ \beta R-\dfrac{\beta}{1-\alpha}H-C+M$	$\alpha R+H-F_1,\ \beta R-\dfrac{\beta}{1-\beta}H$
	不侵害	$\alpha R,\ \beta R-C-M$	$\alpha R,\ \beta R$

2）博弈关系分析

由表 3-1 的博弈关系可以看出，无论是对于机构投资者还是控股股东，其绝对优势策略均是不确定的，此时需要具体分析：

（1）对于机构投资者而言，我们希望其对控股股东进行监督，因为这不仅有利于提高监督效率，而且也有利于保护中小股东利益。此时要求式（3-3）和式（3-4）同时成立：

$$\beta R-\frac{\beta}{1-\alpha}H-C+M > \beta R-\frac{\beta}{1-\alpha}H \qquad (3-3)$$

$$\beta R-C+M > \beta R \qquad (3-4)$$

由式（3-3）和式（3-4）可得 $M>C$。这表明，如果机构投资者获得的补偿能够足够补偿其监督成本，则机构投资者会对大股东进行监督，参与公司治理活动。

（2）对于控股股东而言，我们希望其不侵害其他股东的利益，此时要求：

$$\alpha R \geqslant \alpha R+H-F_1-F_2,\ \alpha R \geqslant \alpha R+H-F_1 \qquad (3-5)$$

即 $H \leqslant F_1 + F_2$。这表明如果监督机构严格监管，使控股股东的侵害收益不足以补偿其受到的监督机构的处罚和机构投资者监督而产生的损失之和时，则控股股东不会侵害中小股东利益。

综合以上两点可以看出，如果机构投资者因监督而得到的补偿足够弥补其监督成本，而控股股东的侵害收益不足以弥补其受到的监督处罚和因机构投资者的监督而生的损失时，此时控股股东和机构投资者会有纳什均衡(不侵害，监督)。

3. 不完全信息条件下的机构投资者与控股股东的博弈

在不完全信息条件下，控股股东和机构投资者没有对方博弈策略的信息，但能够根据自己的经验对对方的策略做出判断。

1) 机构投资者与控股股东的博弈策略

假设机构投资者进行监督的概率为 p，而控股股东侵害的概率为 q。此时，各方的收益情况如下：

控股股东侵害时的期望收益为

$$p(\alpha R + H - F_1 - F_2) + (1-p)(\alpha R + H - F_1) = \alpha R + H - F_1 - pF_2 \tag{3-6}$$

控股股东不侵害时的期望收益为

$$p\alpha R + (1-p)\alpha R = \alpha R \tag{3-7}$$

机构投资者监督时的期望收益为

$$q\left(\beta R - \frac{\beta}{1-\alpha}H - C + M\right) + (1-q)(\beta R - C + M) = \beta R - C + M - q\frac{\beta}{1-\alpha}H \tag{3-8}$$

机构投资者不监督时的期望收益为

$$q\left(\beta R - \frac{\beta}{1-\alpha}H\right) + (1-q)\beta R = \beta R - q\frac{\beta}{1-\alpha}H \tag{3-9}$$

综合以上四点可得到博弈矩阵表 3-2。

表 3-2　不完全信息条件下的机构投资者与控股股东的支付矩阵

		机构投资者 B 的行为	
		监　督	不 监 督
控股股东 A 的行为	侵害	$\alpha R + H - F_1 - pF_2$, $\beta R - q\frac{\beta}{1-\alpha}H - C + M$	$\alpha R + H - F_1 - pF_2$, $\beta R - q\frac{\beta}{1-\alpha}H$
	不侵害	αR, $\beta R - q\frac{\beta}{1-\alpha}H - C + M$	αR, $\beta R - q\frac{\beta}{1-\alpha}H$

由表 3-2 的博弈关系可以看出，无论是对于机构投资者还是控股股东，其绝对优势策略是不确定的，此时需要具体分析：

(1)对于机构投资者而言，我们希望其进行监督，这不仅有利于提高监督效率，而且有利于保护中小股东利益。此时要求式(3-10)成立：

$$\beta R - q\frac{\beta}{1-\alpha}H - C + M \geqslant \beta R - q\frac{\beta}{1-\alpha}H \qquad (3-10)$$

即 $M \geqslant C$。这表明，只要机构投资者获取的补偿足够弥补其监督成本，则机构投资者会对大股东进行监督，参与公司治理活动。这与完全信息情况下的结果相同。

(2)对于控股股东而言，我们希望其不侵害其他股东利益，此时要求式(3-11)成立：

$$\alpha R \geqslant \alpha R + H - pF_2 \qquad (3-11)$$

即 $F_1 + pF_2 \geqslant H$。这表明为了使控股股东不采取侵害其他股东利益的行为，只要使监督机构对控股股东的处罚和机构投资者要求的期望补偿之和大于控股股东得到的侵害收益即可。这与完全信息情况下的结论相同，不过此时的条件更为严格。

综合以上两点可以看出，如果机构投资者因监督而得到的补偿足够弥补其监督成本，而控股股东的侵害收益不足以弥补其受到的监督处罚和因机构投资者的监督而生的损失时，此时控股股东和机构投资者会有纳什均衡(不侵害，监督)。

2)机构投资者的监督概率和控股股东的侵害概率的估计

在以上假设条件下，有必要确定机构者监督的概率和控股股东的侵害概率。假设机构投资者进行监督的概率为 p，而控股股东侵害的概率为 q，则控股股东的总的期望收益为

$$E(R_1) = q(\alpha R + H - F_1 - pF_2) + (1-q)\alpha R = \alpha R + q(H - F_1 - pF_2)$$
$$(3-12)$$

机构投资者的期望收益为

$$E(R_2) = p(\beta R - C + M - q\frac{\beta}{1-\alpha}H) + (1-p)(\beta R - q\frac{\beta}{1-\alpha}H)$$

$$= \beta R - q\frac{\beta}{1-\alpha}H + p(M - C) \qquad (3-13)$$

控股股东的侵害目的是期望收益最大化，因此，应满足一阶条件

$$\frac{dE(R_1)}{dq} = H - F_1 - pF_2 = 0$$

得

$$p = \frac{H - F_1}{F_2} \qquad (3-14)$$

同样，机构投资者要求利润最大化，令

$$\frac{dE(R_2)}{dq} = M - C = 0 \qquad (3-15)$$

即 $M=C$。这与前面的结论一致，即当对机构投资者的补偿能够补偿其监督成本时，机构投资者就会进行监督。

在以上讨论中，如果其他变量固定，也可以测算出机构投资者的最优持股比例。

令

$$\frac{dE(R_2)}{d\beta} = R - \frac{q}{1-\alpha} = 0$$

则

$$\alpha = 1 - \frac{q}{R} \quad \text{或者} \quad q = (1-\alpha)R \qquad (3-16)$$

即控股股东的侵害概率随着其持股比例的增大而减少。究其原因，主要是由于随着控股股东持股比例的增加，公司所有者与代理人的利益冲突越来越小，所以控股股东侵害的动机也会变小。

3.3 机构投资者的合谋条件分析

在资本市场中，作为受托人的机构投资者同时面临着来自其投资者对投资收益率的要求以及证券市场关于机构投资者绩效排名的市场压力。因此，机构投资者不仅与大股东之间存在着博弈关系，而且与其他机构投资者存在合谋的可能性，这就需要分析其合谋行为，主要是合谋条件。

假设有两个机构投资者 A 和 B，目前持有某上市公司（或计划持有上市公司）股份比例分别为 A_1、A_2，上市公司总股本（均为流通股）为 W_0。由于此时只考虑机构投资者的合谋行为，即同时进行交易的行为，因此其投资收益率是相同的，设投资收益率为 K，交易成本率为 C_1。如果监督机构发现股价操纵，则会根据操纵时的交易量进行处罚，处罚率为 C_2。

假设机构投资者 A 进行交易（即和 B 进行合谋以操纵股价）的概率为 α，而机构 B 进行交易（即和 A 进行合谋以操纵股价）的概率为 β。那么，这两个机构投资者在什么条件下才能合谋成功呢？对此讨论如下：

两个机构投资者博弈的混合策略如表 3-3 所示。

表 3 - 3　机构投资者之间的博弈矩阵

		机构投资者 B	
		交易	不交易
机构投资者 A	交易	$A_1 W_0 K(A_1 + A_2) - C_2 A_1 W_0$, $A_2 W_0 K(A_1 + A_2) - C_1 A_2 W_0$	$A_1 W_0 K A_1 - C_2 A_1 W_0$, 0
	不交易	0, $A_2 W_0 K A_2 - C_2 A_2 W_0$	0, 0

在以上假设基础上,两个机构投资者需决定为实现其最优结果而进行合谋的概率。

对于机构投资者 A 而言,交易时的期望收益为

$$V_1 = \alpha\beta[A_1 W_0 K(A_1 + A_2) - C_2 A_1 W_0] + \alpha(1 - \beta)(A_1 W_0 K A_1 - C_2 A_1 W_0) \tag{3-17}$$

令

$$\frac{\mathrm{d}V_1}{\mathrm{d}\alpha} = 0$$
$$= \beta[A_1 W_0 K(A_1 + A_2) - C_2 A_1 W_0] + (1 - \beta)(A_1 W_0 K A_1 - C_2 A_1 W_0)$$
$$= A_1 W_0 K A_1 + \beta A_1 A_2 W_0 K - C_2 A_1 W_0$$

可得

$$\beta = \frac{C_1 A_1 + C_2 A_1 - A_1^2 K}{A_1 A_2 K} = \frac{C_2 - A_1 K}{A_2 K} = \frac{1}{A_2}\left(\frac{C_2}{K} - A_1\right) \tag{3-18}$$

由式(3 - 18)可以看出,机构投资者 B 进行合谋的概率取决于其自身持股比例、机构投资者 A 的持股比例、收益率和合谋处罚成本,并且机构投资者 B 的持股比例越大,则其与 A 进行合谋操纵股价的概率越低。究其原因,可能是如果自身持股比例较大,受到的监督处罚较多;如果 A 的持股比例越大,则由于担心自己被出卖,所以参与合谋的可能性也越小。

与以上分析相似,对于机构投资者 B 而言,其期望收益为

$$V_2 = \alpha\beta[A_2 W_0 K(A_1 + A_2) - C_2 A_2 W_0] + (1 - \alpha)\beta(A_2 W_0 K A_2 - C_2 A_2 W_0) \tag{3-19}$$

令

$$\frac{\mathrm{d}V_2}{\mathrm{d}\beta} = 0$$

可得

$$\alpha = \frac{1}{A_1}\left(\frac{C_2}{K} - A_2\right) \tag{3-20}$$

与前面分析相似，由式(3-20)可以看出，机构投资者 A 进行合谋的概率取决于其自身持股比例、B 的持股比例、收益率和合谋处罚成本，并且 A 的持股比例越大，其与 B 进行合谋操纵股价的概率越低。

综合以上分析可知，机构投资者 A 和 B 合谋成功的条件是两者进行合谋交易的概率相同，这就要求他们的持股比例也相同。

3.4　机构投资者收集信息的决策分析

作为外部投资者，机构投资者缺乏公司内部信息，因此收集上市公司信息成为机构投资者进行投资决策的首要任务。然而，收集信息需要成本，因此机构投资者也面临着是否有必要收集信息以取得投资收益的决策问题。这是本节分析的问题。

1. 研究假设

(1) 上市公司年度收益为 R，只有一个大股东，其持股比例为 α；机构投资者持股比例为 β，大股东侵害包括机构投资者在内的中小股东利益需要由中小股东(持股比例为 $(1-\alpha)$)分摊。大股东实施侵害主要通过隐藏信息来实现，即大股东对中小股东利益的侵害额 H 是大股东隐藏信息 I 的函数，即 $H(I)$，且 $dH/dI>0$。

(2) 机构投资者收集上市公司大股东隐藏信息的成本为 $C(I)$，且随着收集信息量的增加，其收集成本也越大，因此有 $dC/dI>0$。

(3) 机构投资者参与公司治理的程度或概率取决于其持股比例和收集大股东所隐藏信息的成本，即 $P(C,\beta)$。

(4) 假设机构投资者的收益为 G，如果机构投资者参与公司治理活动，则会根据其持股比例分得一部分收益，但大股东的侵害会使其收益相应减少一部分，同时还会产生信息收集成本。如果机构投资者不参与公司治理活动，则不会收集大股东所隐藏的信息。

2. 机构投资者收集信息的决策条件估计

在以上假设条件下，机构投资者的收益函数取决于其持股比例和收集大股东所隐藏信息的成本，即

$$G(\beta, I) = P(\beta R - \frac{\beta}{1-\alpha}H - C) + (1-P)(\beta R - \frac{\beta}{1-\alpha}H) \quad (3-21)$$

对于机构投资者而言，要获取最大收益，要求其对持股比例的偏导为零，即

$$\frac{\partial G}{\partial \beta} = 0 = \frac{\partial P}{\partial \beta}\left(\beta R - \frac{\beta}{1-\alpha}H - C\right) + P\left(R - \frac{H}{1-\alpha} - C\right) - \frac{\partial P}{\partial \beta}\left(\beta R - \frac{\beta}{1-\alpha}H\right)$$

$$+ (1-P)\left(R - \frac{H}{1-\alpha}\right) = -\frac{\partial P}{\partial \beta}C + R - \frac{H}{1-\alpha} = 0$$

即

$$\frac{\partial P}{\partial \beta} = \frac{1}{C}\left(R - \frac{H}{1-\alpha}\right) > 0 \qquad (3-22)$$

式(3-22)表明机构投资者收集大股东所隐藏信息的成本随着其持股比例的增加而增大。

与此类似,令 G 对上市公司大股东隐藏信息 I 的偏导数为零,得

$$\frac{\partial G}{\partial I} = 0 = \frac{\partial P}{\partial C}\frac{\mathrm{d}C}{\mathrm{d}I}\left(\beta R - \frac{\beta}{1-\alpha}H - C\right) + P\left(-\frac{\beta}{1-\alpha}\frac{\mathrm{d}H}{\mathrm{d}I} - \frac{\mathrm{d}C}{\mathrm{d}I}\right)$$

$$- \frac{\partial P}{\partial C}\frac{\mathrm{d}C}{\mathrm{d}I}\left(\beta R - \frac{\beta}{1-\alpha}H\right) + (1-P)\left(-\frac{\beta}{1-\alpha}\frac{\mathrm{d}H}{\mathrm{d}I}\right)$$

$$= -\frac{\partial P}{\partial C}\frac{\mathrm{d}C}{\mathrm{d}I}C - \frac{\beta}{1-\alpha}\frac{\mathrm{d}H}{\mathrm{d}I} - P\frac{\mathrm{d}C}{\mathrm{d}I} = 0 \qquad (3-23)$$

式(3-23)可变形为

$$-\frac{\partial P}{\partial C}\frac{\mathrm{d}C}{\mathrm{d}I}C = \frac{\beta}{1-\alpha}\frac{\mathrm{d}H}{\mathrm{d}I} + P\frac{\mathrm{d}C}{\mathrm{d}I} \qquad (3-24)$$

根据前面的假设条件,式(3-24)的右边大于零,因此其左边也应大于零。进一步由假设可知

$$\frac{\mathrm{d}C}{\mathrm{d}I}C < 0$$

因此有

$$\frac{\partial P}{\partial C} < 0 \qquad (3-25)$$

式(3-25)表明,随着收集大股东所隐藏信息成本的增加,机构投资者参与公司治理的程度或概率越小,这与公司治理实践相符。

在以上分析中,如果对上述结果进行变形可得

$$\frac{\mathrm{d}C}{\mathrm{d}I}\left(-\frac{\partial P}{\partial C}C - P\right) = \frac{\beta}{1-\alpha}\frac{\mathrm{d}H}{\mathrm{d}I} \qquad (3-26)$$

结合研究假设,由式(3-26)可知

$$-\frac{\partial P}{\partial C}C - P > 0$$

即

$$-\frac{\partial P}{\partial C} > P \qquad (3-27)$$

式(3-27)表明，机构投资者收集大股东所隐藏信息的概率小于其对收集成本的偏导数。

3.5　机构投资者参与公司治理的理论分析

1. 解决代理问题的机制

在詹森和麦可林(Jensen 和 Meckling)(1976)的模型中，公司股东(即委托人)与经理人(即代理人)之间存在委托关系，表明为最大化自身的利益，代理人有侵害公司资源的动机。为解决此问题，学者们提出了解决此代理问题的内部机制和外部机制。

1) 内部治理机制

根据保博卡瑞(Narjess Boubakri)(2011)的研究，内部治理机制包括：

(1) 董事会规模以及外部董事的比例。然而，关于这种机制能否改进公司业绩的实证研究尚无定论(Dahya，McConnell 和 Tavlos，2002)。

(2) 总经理是否与董事长合二为一。理论争论的焦点是，这种机制可能导致利益冲突，并增加经理人员损害股东利益的动机。

(3) 管理人员补偿。实证研究发现公司业绩和对管理人员的补偿之间有强烈的相关关系(Mayers 和 Smith，2010)。

(4) 内部所有权。詹森和麦可林(Jensen 和 Meckling)(1976)认为管理人员的所有权是一个有效的内部治理机制。

(5) 大股东。由于小股东无动力对管理人员进行监督，所以公司大股东被认为是有效的内部治理机制。

(6) 负债和红利政策也被认为是有效监督管理人员的内部机制。

2) 外部治理机制

外部治理机制包括：

(1) 接管市场 (Jensen 和 Meckling，1976；Fama 和 Jensen，1983)。针对英国和美国的实证研究发现，敌意接管确实是有效的监督机制(Denis 和 McConnell，2005)。

(2) 产品市场竞争和经理人市场(Jensen 和 Meckling，1976；Hart，1995)。一些研究人员也注意到金融分析人员的有效监督作用，因为他们作为中介为市场提供了透明的信息 (Rajan 和 Servaes，1997)。跟踪上市公司的分析人员越多，则对盈利预测的失误概率越小，对经理人员的压力越大，这可能导致公司的高价值和低资本成本 (Piotroski 和 Roulstone，2004)。

(3) 法律保护。作为公司的股东，机构投资者能够诱导公司治理的变化，学者们对其原因进行了分析。如有学者（Smith，1996；Carleton 等，1998）指出，机构投资者会通过在公开市场上交易和征集代理投票权的方式给公司施压，并诱导治理结构的变化和活动。

2. 参与公司治理的方式

由以上公司治理机制可知，机构投资者可通过不同方式参与公司治理活动，以解决委托代理问题。按照参与公司治理的态度不同，机构投资者有积极型和消极型之分。积极机构投资者的主要特征为"用手投票"，并通过以下途径参与公司治理活动：

(1) 积极参与公司股东大会，并向公司股东大会提交提案；

(2) 利用其在投融资领域的业务关系和经验，就公司的经营发展战略、经营计划等向公司管理层提出建议；

(3) 帮助公司扩展业务；

(4) 为公司的经营活动引进或推荐经营管理人员；

(5) 通过实地考察公司的经营状况，监督公司管理人员的行为；

(6) 在社会上维护公司的声誉。

与此相反，消极机构投资者的主要特征为"用脚投票"，即如果通过资料研究或实地研究发现公司存在经营风险，则卖出公司股份。

3. 理论分析

机构投资者能否真正参与公司治理活动需要受到相关管理法规的约束。根据《证券投资基金运作管理办法》的规定，一支基金持有一家上市公司的股票，其市值不得超过基金资产净值的 10%；而同一基金管理人管理的全部基金持有一家公司发行的股票，不得超过该股票的 10%。因此，证券投资基金虽有参与上市公司治理的可能性，但要对上市公司进行有效影响的可能性较小。这可能有两方面原因：一方面，我国上市公司普遍存在"一股独大"的股权结构，证券投资基金本身持股比例小，难以对上市公司实施有效影响；另一方面，同时作为受托人的证券投资基金为取得最大收益，没有愿意长期持有某一上市公司的股票，因而缺乏长期参与上市公司治理的动力。

基于以上的分析，我们认为，在内外两种治理机制中，内部治理机制主要解决上市公司委托人（一级市场上的内部人股东）与代理人（经理人）的矛盾，而外部治理机制主要解决二级市场上的股东（如机构投资者）与上市公司大股东的矛盾。因此，相对于公司内部治理机制，机构投资者更多是通过外部治理机制发挥对上市公司管理人员的监督作用，如基金管理公司可通过发布调研报告、投资讨论会等形式向广大投资者传达上市公司的信息。此外，基金管理公司也可以相互联系和学习，从而实现信息共享，进一步强化社会对上市公司的认知，促进上市公司提高管理效率。

值得指出的是，按照传统的委托代理理论，机构投资者要通过上市公司董事会实现对上市公司管理人员的监督。而我们认为，机构投资者的直接监督对象并不是上市公司管理人员，而是上市公司董事会，即机构投资者通过发布投资报告、实地调研公司等形式影响上市公司的形象，制约上市公司董事会的行为，进而对上市公司管理人员形成外部市场压力，这与传统的委托代理理论不同。

3.6　机构投资者参与公司治理的实践

1. 机构投资者参与公司治理的动机和可能性

作为持有较多股份的机构投资者，期望能够在与上市公司控股股东的博弈中，保护中小股东的利益。从制度层面看，机构投资者得到了监管部门的重视。如 1998 年颁布的《证券法》给予持股量超过 5％以上的股东以内部人待遇，其中第七十四条明确规定持股 5％的股东是证券交易的知情人，从而为持股比例较高的机构投资者参与公司治理活动提供了制度保障。与此同时，2002 年 1 月 10 日中国证监会颁布的《上市公司治理准则》第十一条明确规定："机构投资者应在公司董事选任、经营者激励与监督、重大事项决策等方面发挥作用。"这是机构投资者参与公司治理的重要法律依据。但值得注意的是，我国《证券投资基金动作管理办法》对于证券投资基金投资上市公司股权比例的规定在一定程度上会限制其参与公司治理活动。

由此可见，无论从理论还是从制度层面上看，机构投资者都有参与公司治理的内在动机和可能性，但其是否参与或在多大程度上参与公司治理活动，在公司实践中是不确定的。事实上，我国证券投资基金由基金管理公司控制，而基金管理公司的发起人往往是证券公司、商业银行等金融机构。更为重要的是，这些基金管理公司的发起人或股东在很大程度上与上市公司有业务关系，使他们之间呈现复杂的利益关系。在证券市场中，由于证券投资基金是主动的投资方，如果上市公司隐藏内部信息或机构投资者没有对信息进行认真分析，则可能会对证券市场造成较大影响，在这方面，国内媒体有大量报导。

2. 案例分析

为探讨机构投资者在公司治理中的实际影响，以下通过实例进行说明。

> 案例 1　上市公司需要证券投资基金的支持

因银行信贷紧张，为扩张产能和持续发展，一些上市公司募集资金的意愿强烈。这些上市公司密集拜访基金公司，希望基金公司能支持上市公司再融资。数据显示，2011 年 3 月份，易方达、招商基金、兴业全球基金参与了金晶科技的询价。信达澳银基金公司参与了海正药业的定向增发，认购了该公司 500 万股；易方达基金认了獐子岛定向增发的 320 万股。此外，2011 年以来华夏基金、博时基金、鹏华基金、南方基金等公司也积极参与了华联股份、美的电器、柳工等上市公司的定向增发。

然而，在市场下跌时，基金参与上市公司定向增发的积极性不高。2008 年，深圳一家上市公司进行定向增发。为了成功增发，他们走访了不少基金公司，但由于股市下跌，基金经理们普遍不看好市场，再加上定向增发又要锁定一年，所以基金都不愿意参与其定向增发。

资料来源：杜志鑫. 再融资冲动，上市公司仰望基金给力[N]. 证券时报，2011 - 02 - 21.

简评：上市公司与基金管理公司的互动表明它们有相互合作的良好意愿。这种互动有利于双方的共同发展。

案例 2　证券投资基金通过实地调研进行投资决策

按照深交所发布的上市公司信息披露指引，投资者对上市公司的调研和咨询必须在定期报告中予以披露。从公开信息看，证券投资基金为获得更多信息，会对上市公司进行实地调研。

五粮液发布的 2008 年报显示，该公司全年共接待了 518 人来访调研。除去 20 人次的个人投资者外，基金经理、分析师、研究员甚至国外对冲基金经理都参与其中。煤气化的年报显示，2008 年 1 月 15 日，工银瑞信基金、建信基金以及山西证券、中天证券、国联证券、广发证券等 15 家机构集体调研了该公司。5 月份，交银基金、信诚基金等约 30 余家机构共同调研煤气化，除了银河证券、平安资产、东方证券以外，还包括来自浙江的私募基金浙江星火投资公司。

位于河南的神火股份上半年至少接待了 4 次公募基金的联合造访。2008 年 2 月 22 日，诺安基金、东方基金、申万巴黎 3 家基金公司研究调研了该公司；2 月 27 日，华夏基金、中邮创业、鹏华基金、长城基金、交银施罗德基金、新世纪 6 家基金公司对神火股份进行了调研；3 月 5 日和 5 月 16 日，又先后有长信基金、银河基金、汇添富等基金公司参加了调研。

按照基金选股的一般程序，如果该上市公司引起了基金的兴趣，并且被列入到股票池中，基金公司行业研究员、基金经理以及投资研究总监都有可能对该公司进行详尽的调研。

各家基金公司在进行投资研究时,对上市公司的调研程序有所不同。以汇添富基金为例,该公司规定,对于要建仓2%以上的股票,基金经理必须要亲自调研,并做出调研报告;对于建仓超过5%的股票,则需要投资总监亲自调研。如果不调换该股票,还要定期出具对该上市公司的实地调研报告。

资料来源:刘建强. 公募基金调研上市公司 实地考察把握股票[N].
21世纪经济报道,2009 - 2 - 21.

简评:机构投资者对上市公司的实地调研,主要目的在于收集真实信息,并据此进行投资决策。与此同时,调研也加深了机构投资者与上市公司的相互了解,从而为进一步合作打下了基础。因此有理由相信,机构投资者与上市公司存在着某种关系,但这种关系是否会演变为合谋关系需要关注。另外,机构投资者与上市公司关系的持续性也可能是一个值得探讨的问题。

案例3 同门基金共同行动

据wind统计显示,截至2010年6月底,汇丰晋信基金公司旗下的7支主动偏股型基金中,有5支基金重仓持有烟台冰轮和博瑞传播;东百集团、烟台万华、新华百货等也都有3支基金重仓介入。信诚基金旗下6支主动偏股型基金中,有3支重仓了承德露露、江中药业、广汇股份、东阿阿胶、青松建化等;新华基金旗下5支偏股型基金中,有4支重仓了锦龙股份。

数据显示,丽珠集团成为易方达基金旗下6支主动偏股型基金的重仓股。山煤国际也同样得到了易方达5支主动偏股型基金的青睐。大成基金公司则对东阿阿胶十分看好,剔除被动型基金,纳入统计的13支主动偏股型基金中就有10支重仓东阿阿胶。泸州老窖、海正药业也分别得到了大成基金旗下6支和5支主动型基金的关注。

重仓股"共享"程度提高。基金重仓股的质地对基金的业绩起着重要的作用,同时也体现出基金管理人的投资策略和风格偏好。

来自好买基金研究中心的数据显示,上半年60家基金公司两个季度平均重仓股重合率为47.74%,比去年下半年增加6个百分点,基金公司策略一致性有所提高,其中22家公司平均重仓股重合率在50%以上。

资料来源:同门基金抱团取暖 重仓股流行共享风[EB/OL][2010 - 08 - 27].
www.cnlist.com.

简评:基金管理公司同时管理众多证券投资基金。为降低信息收集与处理成本,同门基金投资于同一家上市公司是其理性选择,这有利于降低上市公司的信息不对称性。

┌───┐
案例 4　上市公司的经营可能对证券投资基金产生不利影响
└───┘

继多家"业余房地产商"被打回原形之后，又有几家涉足金矿等资产的上市公司扭头急跌，持仓基金也跟着受伤。

公司市值挥发最巨者是科力远，这源于其收购稀土资产宣告失败。该股自 12 月 1 日复牌至 12 月 8 日，股价已从 8 月 15 日的收盘价 27.83 元，最低跌至 14.8 元。持有科力远的易方达基金和华夏基金也难独善其身。资料显示，截至 9 月 30 日，易方达价值成长混合型投资基金持有科力远 350 万股，华夏蓝筹核心混合型投资基金持有科力远近 300 万股。

但短期来看，导致受伤基金数量最多、最重者，则非重庆啤酒莫属。资料显示，重庆啤酒进入 10 余支基金的前 10 大重仓股，其今日复牌即告跌停，因其乙肝疫苗的临床试验疗效远差于预期，引发投资者抛售。截至 9 月 30 日，大成基金旗下 5 支基金产品均排在重庆啤酒 10 大流通股东之列，再加上旗下另外 4 支基金产品持有的部分股权，大成基金合计持有重庆啤酒近 4500 万股，接近其总股本的一成。

资料来源：上市公司频频不务正业 基金染指其中很受伤[EB/OL]〔2011-12-08〕.
www.cnfol.com.

简评：作为拥有专业团队的基金管理公司，应具有专业理财的能力。如果基金管理公司对上市公司的价值进行误判，则会造成投资损失。这表明基金管理公司的防范风险能力还有待提高。

┌───┐
案例 5　机构投资者要求上市公司完善信息披露
└───┘

大成基金公司（2011-12-12）发布公告，要求重庆啤酒（600132）股票停牌，并全面补充披露乙肝疫苗研制相关信息。因大成基金旗下有多达 9 支基金持有重庆啤酒，自重庆啤酒复牌 3 个跌停后，大成系基金市值浮亏已超 9 亿。

大成基金发布的公告指出，重庆啤酒关于治疗用（合成肽）乙型肝炎疫苗 II 期临床研究信息披露不够完整、充分，每一项重要研究数据和结论的发布都会引起资本市场的高度关注，须进一步补充完善。大成基金作为重庆啤酒的主要流通股股东之一，敦请重庆啤酒应立即向上海证券交易所申请股票停牌，直至信息披露完整、充分。

截至三季度末，重庆啤酒的机构股东云集，其中共有 20 支基金重仓持有重庆啤酒，持股数高达 4936.94 万股，占流通股本的 10%。其中，包括大成创新成长在内的 9 支大成系基金持股总数近 4500 万股。资料显示，大成基金

2009 年一季度才逐步介入重庆啤酒，两年来，重庆啤酒涨幅接近 4 倍，大成基金账面料有丰厚的累计浮盈。但近期重庆啤酒复牌后连续 3 个跌停，大成系浮亏已经超过 9 亿元。

资料来源：基金公司上市公司打起来了[EB/OL]［2011－12－13］.
www.stockstar.com.

简评：机构投资者既可以通过"用手投票"和"用脚投票"两种极端方式影响上市公司决策，也可以通过"呼吁"的中性方式对上市公司施加影响。基于提高投资绩效的动机，机构投资者的存在有利于提高上市公司治理水平。

案例 6　基金争夺上市公司控制权

宝银投资要求进入赛马实业（600449）董事会成为私募基金争夺上市公司控制权第一案。私募基金要求进入上市公司管理层，这在国内首次出现，被称为金融资本首次"伏击"产业资本。

7 月 8 日，宝银投资作为赛马实业的机构持有人代表部分流通股东提出四点要求给赛马董事会：一是赛马实业股份有限公司 2008 年中报分配方案实施公积金 10 转赠 10 股；二是在上海成立赛马实业投资部，由宝银投资总经理任赛马公司副总经理，兼任投资部总经理；三是赛马实业出资不超过 5000 万元给赛马实业投资部，由宝银投资总经理负责二级市场和一级市场的证券投资；四是要求公司加快山西的水泥生产线的建设，让赛马实业早日走出宁夏。

资料来源：私募基金争夺上市公司控制权第一案大揭秘[EB/OL]［2008－08－17］.
http://china.toocle.com.

简评：投资基金有意参与公司管理活动，表明机构投资者存在参与公司治理的强烈动机，可以认为是长期投资者而不是短期投资者。这有利于上市公司提高治理水平和经营绩效。

案例 7　证券投资基金与上市公司相互持有

基金是上市公司的股东，上市公司为基金的持有人。这种你中有我、我中有你的有趣现象，在上市公司 2010 年年报中再次出现。

博瑞传播 2010 年报显示，公司持有兴全趋势投资基金 787.27 万份，投资金额为 1000 万元；而兴全趋势投资为博瑞传播第 5 大流通股东，持有博瑞传播 913.06 万股。

查阅上市公司 2010 年半年报发现，多家上市公司与基金之间存在着这种互相持有的现象，如中工国际持有南方现金增利 B 类份额 5016.1 万份，投资金额为 5000 万元；而南方绩优成长为中工国际第 4 大流通股东，持有 294.59 万股。银基发展持有易方达深 100 基金 199.4 万份，投资金额为 199.4 万元；而易方达深 100ETF 为银基发展第 2 大流通股东，持有银基发展 1813.35 万股。

资料来源：刘明. 你中有我 我中有你[N]. 证券时报，2011 - 03 - 07.

简评：上市公司与基金管理公司相互拥有，表明他们之间有相互合作的动机。

> **案例 8　基金半年业绩及规模**

天相统计数据显示，随着 2010 年基金半年报披露结束，全部基金本期利润为 -4397.5 亿元，仅次于 2008 年上半年，为历史第二大半年度亏损额。

分类型来看，偏股类基金成为亏损大户，股票型基金本期利润为 -2962.96 亿元，混合型基金本期利润为 -1205.49 亿元，仅这两类基金相加就占到亏损的大半；保本型基金和 QDII 本期利润也为负值；只有货币基金和债券基金在结构性熊市为投资者提供了相对丰厚的回报，本期利润分别为 10.1 亿元和 12.4 亿元。

根据 2010 年 3 月 15 日起施行的《开放式证券投资基金销售费用管理规定》，基金管理人与基金销售机构可以在基金销售协议中约定，依据销售机构销售基金的保有量，从基金管理费中提取客户维护费（俗称尾随佣金），用以向基金销售机构支付客户服务及销售活动中产生的相关费用。天相数据显示，扣除 2010 年没有尾随佣金的 41 支基金，60 家基金公司旗下 547 支基金向销售机构支付的尾随佣金共计 21.05 亿元，占管理费比例为 15.13%。

国泰君安的最新研究报告认为，2010 年上半年封闭式、开放式股票型和开放式混合型基金的周转率分别为 144.50%、291.83% 和 275.94%。同时，QDII 基金的股票换手率为 145.25%，低于国内基金。另外，有 4 家基金公司 2009 年的换手率超过了 500%，最高者大于 700%，分别是天弘基金、诺德基金、宝盈基金和万家基金。整体而言，仍然是大公司换手率较低。同时，近一两年来，随着投研团队的重新整合，部分基金公司的换手率特征出现了显著的变化。

2007 年底基金业总规模 3.27 万亿份，今年（2010）中期仅为 2.1 万亿份。在行业严重缩水的大背景下，却有 9 家基金公司逆水行舟，其中 2007 年底以来规模增长最多的是易方达基金，该公司今年中期规模达到 1328.62 亿份，比 2007 年底的 848.63 亿份增加了 479.99 亿份，增长率达到 56.56%。增长幅度最大的是新华基金，该公司 2007 年底规模仅 5.21 亿份，今年中期规模达到了 76.24 亿份，两年半时间增长了 13.64 倍。相比 2008 年缩水比例最严重的是天治基金,该公司 2008 年底规模为 109.92 亿份,到今年中期只有 67.98 亿份,缩水比例达到 38.15%,业绩长期不佳使该公司的规模不断缩减。

资料来源:18 家上市公司参股基金公司利润排行榜揭晓[N]. 理财周报,2010 - 09 - 03.

简评:证券投资基金的投资对象是上市公司,所以股票市场的变化对基金绩效有重要影响。与此同时,证券投资基金的投资行为事实上也对股票市场的变化产生了重要影响。基于这种认识,证券投资基金与股票市场是相互依赖关系。

> **案例 9 机构投资者对上市公司的影响:招行发债风波**

招行发债风波恐怕是 2003 年证券市场上最引人关注的事件之一。2002 年 8 月,在大盘持续下跌的市况下,招商银行却拿出发行不超过 100 亿元可转债的再融资预案,其二级市场股价应声下跌,并遭到了以基金为代表的流通股股东的强烈反对。

在招行推出 100 亿可转债计划之前,基金对招行可谓青睐有加:截至 2003 年 6 月 30 日,共 53 支证券投资基金持有招商银行 3.7 亿多股流通股,占到流通盘的 27%。招行的发债计划立刻打破了这种和谐共处的关系,并成为双方交战的导火索。

2003 年 9 月 12 日,招行召开业绩推介会。在公司高层就招行的中期业绩、发展战略和转债的可行性做了报告后,基金经理们纷纷提出意见。几天后,招行对基金公司开始为期一周的回访,结果却是事无补。盘面上,招行股价则节节下跌。按照基金经理的说法,招行发债将有三方获益,一方受损。获益三方分别为:招行非流通股股东,他们可以通过净资产提升实现资产溢价;承销商可提取上亿承销费;新投资者的收益主要来源于上市溢价、稳定收益和上市后获取转股利润。唯一的受损方就是原流通股股东。2003 年 10 月 15 日,招行临时股东大会如期召开。大会共召开了 5 个小时,会上招行的代表与众多基金机构互相引经据典、唇枪舌剑。流通股股东手中的砝码是有限的,方案最终获得了通过。但众多基金机构不甘认输,会后发表了《部分流通股股东关于对招商银行股东大会通过发债议案的联合声明》,对可转债议案的通过深表遗憾。

在这个关键时刻,银监会于 2003 年 12 月发布《关于将次级定期债务计入附属资本的通知》。银监会的政策拓宽了银行的融资渠道,招商银行有了新的选择——发行次级债。

可以说,银监会出台的政策很及时,招行转债风波顿成峰回路转之势。在经过精心修改的新方案中,发债规模 100 亿元不变,但惹起祸端的可转债规模缩小到 65 亿元,同时增加定向发行 35 亿元次级债。另外,招行董事会还对可转债发行条款进行了折中性修改。

事后看来，招行可转债事件已经不单单是一家上市公司再融资的行为，关于流通股股东权益保护问题的大讨论已由此引发。当初，如果没有基金联盟挺身而出，以小股东的实力，或许不会有后面的结局。

在事态的发展进程中，基金经理将自己定位为流通股股东的代言人，担负起唤醒一般投资者、上市公司、管理层重视流通股股东利益的责任。机构投资者的声音第一次在资本市场上引起强烈的震撼。

斗争的意外收获还有，基金经理的地位得到空前的提升，许多上市公司在再融资计划推出之前，都事先安排老总级别的公司大人物与基金为代表的机构投资者进行交流。

资料来源：招行可转债风波尘埃落定[EB/OL][2004 - 07 - 14].
http://finance.sina.com.cn.

简评：作为流通股股东或中小投资者的代表，机构投资者有能力和内在动力影响上市公司决策，两者之间的博弈关系成为上市公司的重要议题，在"用手投票"和"用脚投票"之外的"呼吁"成为机构投资者参与公司治理的重要方式。

> **案例10　机构投资者与上市公司合谋了吗？**

关于机构投资者在公司治理中的角色问题，不仅是公司实践中面临的重要问题，也是一个理论问题。机构投资者在公司治理中究竟扮演的是"有效监督者"，还是"旁观者"，抑或"合谋者"的角色？理论界对此一直存在争议。潘越等（2011）以2004—2008年间沪深A股上市公司为研究样本，实证检验机构投资者持股对高管非自愿变更以及继任选择决策的影响，以此考察机构投资者在公司治理中的角色。结果显示，机构持股比例越高，公司高管因业绩差被撤职的可能性越小，而且即使高管被更换后，公司也更倾向于从内部聘任继任者。进一步的研究发现，高管被撤换后公司业绩显著提高。其中，从外部聘任继任者的公司业绩有明显改善，而从内部选聘继任者的公司经营业绩没有转机。以上结果说明在高管更替事件上，机构投资者扮演的是上市公司管理层"合谋者"的角色。分组样本的结果表明，机构投资者的合谋者角色仅限于在总经理更替决策上具有显著的影响力，而对董事长的更替作用有限。而且，公司的股权集中度越高，机构投资者的作用越不显著。

资料来源：潘越，戴亦一，魏诗琪.机构投资者与上市公司"合谋"了吗：
基于高管非自愿变更与继任选择事件的分析[J].南开管理评论，
2011，14(2)：69 - 81.

简评：机构投资者不仅与上市公司有复杂的利益关系，机构投资者有监督或制约上市公司的内在动机，但也存在与上市公司合谋的可能。探究这两种关系的方式包括实证性分析或对实际案例的总结，而后者可能对投资者的现实意义更大。

┌──┐
│　　案例 11　　机构调研上市公司的现实价值　　│
└──┘

据同花顺数据，2019 年 4 月以来，有 149 家上市公司接受各类机构调研，其中 32 支个股接受了超 20 家机构调研，机器人概念、大数据、虚拟现实、云计算等行业机构调研更为集中。作为机构调研最多的汇川技术（包含工业机器人及光伏等概念），4 月 3 日集中接待了包括养老保险、券商、私募基金等 631 家机构的调研，其中包括招商证券、摩根大通基金和汇丰资产等组团调研。此外，大华股份、海大集团、伟星新材和碧水源均有超过 80 家机构调研。机构近期密集调研上市公司，很可能为下一轮调仓换股"摸底"；而部分个股在获机构调研后不久，股价随之异常表现或是很好例证。例如，沪电股份自去年以来就一直备受机构关注，股价从 2018 年 6 月的 3.36 元低点以来，不到一年的时间，最高达 12.98 元。4 月以来，其合计接待了 43 家机构到访。机构调研一般紧扣绩优标的。机构调研家数居前的上市公司中，其动态市盈率一般在 20～40 倍之间。

资料来源：机构调研 149 只个股为调仓"摸底"．[EB/OL][2019 - 04 - 19]．
http://www.sohu.com/a/308947223_132336.

简评：机构投资调研上市公司对其他投资者有借鉴意义。它表明，被调研上市公司可能成为其重要投资标的，关注这类公司对个人投资者有现实意义。

┌────────────────────────┐
│　　本　章　小　结　　│
└────────────────────────┘

机构投资者与上市公司、大股东和证券市场有密切关系。本章利用博弈理论分析了机构投资者与其他相关者的利益冲突、合谋等关系以及其决策行为，并在此基础上从实践层面探讨了其现实作用。从证券投资基金与上市公司的联系看，两者既存在共同利益和合谋的可能，也存在利益冲突关系，这表明对机构投资者与上市公司关系的分析既是一个理论问题，但更多是一个实践问题。重视机构投资者参与上市公司治理的实践活动是研究者需要关注的重要问题。

第四章 机构投资者对资本市场功能的影响

4.1 国内外相关研究

资本市场具有融资功能、价格发现功能和资本配置功能。作为资本市场中的成员，机构投资者无论是对上市公司还是资本市场都是有影响的。不过现有研究主要探讨机构投资对资本市场单一功能的影响。

关于机构投资对资本市场筹融资功能的影响，研究只是简略地涉及。例如，保德（Bodie）等在其《Investment》（2005，6 版）中指出共同基金等机构投资者作为一种集合投资的方式，为证券市场筹集了更多的资金。国内学者马君潞和李学峰（2007）从规模效应、专家理财、充分分散化投资等角度阐述了机构投资者有较强融资优势的原因。

关于机构投资者对资本市场价格发现功能的影响，国外学者主要有三种观点：第一种观点认为机构投资者作为最终投资者的代理人，相对个人投资者而言具有更强的羊群行为，在市场交易中会加剧市场波动。与此相反，第二种观点认为机构投资者能够降低股票市场的价格波动。如戴利等（Daily 等）（2003）认为机构投资者有积极监督经理人的动机，在一定程度上有利于委托代理问题的解决，进而降低证券市场的波动性。第三种观点认为机构投资者的引入对股市波动性的影响是中性的，但也有所区别。戴志敏、孙颖（2005）以及肖欣荣（2009）等一致认为机构投资者的引入在一定程度上加剧了股市的波动性，王静涛（2006）以及盛军锋等（2008）认为机构投资者的引入在某种程度上稳定了我国股市，而何佳等（2007）则认为机构投资者的引入对股市波动性的影响随市场结构与环境的变化而变化。

关于机构投资者对资本配置功能的影响，国内外大多数研究从微观角度进行了分析，主要体现为两个方面：一是对企业在不同资本结构下的融资偏好进行研究。如陈柳钦和姜瑾（2003）的实证分析表明，中国上市公司在融资结构上具有股权融资偏好特征。二是机构投资者所有权对公司治理绩效的影响。如前所述，国内外学者的研究结论可以分为肯定、否定和半肯定三类。例如，Gillan和 Starks（2003）认为机构投资者在金融市场中的地位越来越重要，他们的活动增加了公司的价值；续芹和叶陈刚(2009)认为我国的机构投资者对上市公司的治理和经营业绩的作用非常微弱；申尊焕和郝渊晓(2008)则从会计的角度指出机构投资者重视公司的会计业绩指标而不是其在资本市场的表现，机构投资者可能更关心的是公司的长期业绩，而不是短期业绩。

从以上分析可见，学者们对机构投资与资本市场功能关系的研究不足，有必要进一步分析。

4.2　研　究　设　计

4.2.1　研究假设

自从 20 世纪 90 年代我国股票市场建立以来，"一股独大"、"投机性市场"是我国资本市场的普遍现象，规范投资者行为、提高证券市场效率已经成为证券监管部门的重要任务。在此环境下，大力发展和培育机构投资者成为深化证券市场发展的重要措施。机构投资者持股量较大，拥有监督上市公司大股东和经理人员的动力和能力，凭借其在信息收集和处理、投资知识和经验等方面的优势，可以作为广大小投资者的利益代表进行证券投资活动。因此，理论界和监管机构对机构投资者促进资本市场发展的作用寄予厚望，希望机构投资者能够促进资本市场的发展，推动其在融资功能、价格发现功能和资源配置功能方面发挥作用。

从实践上看，随着经济改革的不断推进，资本市场成为上市公司融资的主要场所(见表 4-1)，为企业的发展提供了必要的动力。

表 4-1　上市公司融资方式比较

时间	境内外筹资合计/亿元	境内筹资合计/亿元	首次发行金额 A 股/亿元	再筹资金额 A 股/亿元				债券市场筹资金额		
				公开增发	定向增发(现金)	配股	权证行权	可转债/亿元	可分离债/亿元	公司债/亿元
2008	3913.43	3596.16	1036.52	1063.29	361.13	151.57	7.20	55.60	632.85	288.00
2009	5682.72	4609.54	1879.00	255.86	1614.83	105.97	38.86	46.61	30.00	638.40
2010	12 640.82	10 275.20	4882.63	377.15	2172.68	1438.25	84.28	717.30	0.00	603.00
2011	6456.46	5864.35	2495.65	104.67	1350.42	405.22	29.49	413.20	32.00	1033.70

注：2011 年数据为前 10 个月的数据

数据来源：中国证券监督管理委员会网站(www.csrc.gov.cn)。

基于以上观点，本节的研究假设为：机构投资者能够有效地促进融资功能（表现为融资额的增加）、价格发现功能和资源配置功能的发挥。然而，融资的多少虽然被视为评价资本市场融资功能的通用标准，但不可否认的是，资本市场的过度融资会降低投资者兴趣，并可能对资本市场的长远发展造成不利影响。因此，对于机构投资对资本市场功能的影响，需要进行实证分析。

4.2.2　样本选择及研究模型

为检验机构投资是否能强化证券市场的融资功能、价格发现功能和资源配置功能，本节选取 2003 年 1 月至 2010 年 12 月证券投资基金及资本市场的月度数据为研究样本。关于资本市场三大功能的测定，本节利用资本市场新增资本额衡量资本市场的筹融资功能，用 A 股收益率方差衡量资本市场的价格发现功能，用股市换手率、新增贷款额及工业增加值衡量资本市场的资本配置功能。这些变量定义如表 4-2 所示。

表 4-2　变 量 定 义

变量名称		变量符号	变量说明（或计算方法）
被解释变量	资本市场新增资本额	NCCM	用于衡量资本市场筹融资功能的强弱。NCCM 越大，资本市场筹融资功能越强，反之则越弱
	股市收益率方差	Ris	用以衡量资本市场的价格发现功能。Ris 越小，价格发现功能越强
	股市换手率	TURN	用以衡量资本市场的资本配置功能。在一定幅度内，TURN 越高，资本配置功能越强。具体包括深证 A 股的换手率、上证 A 股的换手率、流通股的换手率和总体换手率
	工业增加值	IAV	用以衡量资本市场的资本配置功能。IAV 的值越大，资本配置功能越强
解释变量	证券投资基金数量	NSIF	数据由 Wind 数据库中得到
	证券投资基金规模	MVSIF	数据由 Wind 数据库中得到
	证券投资基金交易量	VTSIF	数据由 Wind 数据库中得到
	证券投资基金换手率	CRSIF	CRSIF＝VTSIF/MVSIF

为降低研究的复杂性，本书采用多元线性回归模型来展开实证分析。为防止伪回归问题，本节还将对回归模型的残差进行平稳性 ADF 检验。由于研究

模型有相似性，将以机构投资者对资本市场筹融资功能的影响为例，构建初始模型为

$$\text{NCCM} = \alpha_0 + \alpha_1 \text{NSIF} + \varepsilon \qquad (4-1)$$

其中，α_0 为常数项，α_1 为证券投资基金数量 NSIF 对资本市场新增资本额 NCCM的影响系数，ε 为随机干扰项。

研究思路为：先对式(4-1)进行检验，然后将 MVSIF、VTSIF、CRSIF 作为解释变量逐个加入到式(4-1)中；在消除多重共线性后，检验新加入的解释变量能否有效地提高模型的拟合优度；若能，则选为有效因子，进而研究其对融资额的影响。关于机构投资者对资本市场价格发现、资本配置功能影响的模型只需根据"数据选取"部分的陈述，将上述三个模型的被解释变量替换为相应的衡量指标即可。

4.3　实证结果与分析

4.3.1　样本分阶段描述性统计

根据本节研究样本和变量，样本数据的描述性分析见表4-3。

表 4-3　样本数据分阶段描述性统计结果

变量名称		最小值	最大值	平均值	标准差
NCCM	2003—2004	12.73	402.66	121.2312	95.3742
	2005—2006	0.81	1784.27	313.1879	441.3383
	2007—2008	68.5	1536.45	529.6225	419.4833
	2009—2010	96.87	2225.16	812.3483	595.9095
上证 A 股收益率 Ris	2003—2004	0.0057	0.0221	0.012 592	0.003 807
	2005—2006	0.0102	0.0265	0.015 775	0.004 362
	2007—2008	0.0128	0.0444	0.028 317	0.007 917
	2009—2010	0.009	0.0335	0.018 671	0.006 228
深证 A 股收益率 Ris	2003—2004	0.0064	0.0223	0.012 879	0.003 853
	2005—2006	0.0095	0.0251	0.016 104	0.004 295
	2007—2008	0.0127	0.0442	0.028 271	0.008 159
	2009—2010	0.0096	0.0346	0.019 604	0.006 514

续表一

变量名称		最小值	最大值	平均值	标准差
上证 A 股 TURN	2003—2004	0.0343	0.1339	0.066 688	0.028 102
	2005—2006	0.0396	0.2178	0.098 271	0.045 213
	2007—2008	0.0621	0.2866	0.13725	0.068 185
	2009—2010	0.0818	0.2569	0.170 296	0.051 405
深证 A 股 TURN	2003—2004	0.0423	0.1768	0.111 696	0.036 617
	2005—2006	0.0631	0.3233	0.158 575	0.07446
	2007—2008	0.1234	0.5021	0.2616	0.116 127
	2009—2010	0.1621	0.4876	0.329 408	0.089 057
总体换手率	2003—2004	0.0372	0.1472	0.072 421	0.030 622
	2005—2006	0.0465	0.2483	0.114 354	0.052 261
	2007—2008	0.075	0.3316	0.162 829	0.079 946
	2009—2010	0.1028	0.3124	0.209 808	0.058 077
流通股换手率	2003—2004	0.1148	0.4653	0.227 829	0.097 289
	2005—2006	0.1459	0.6637	0.345 171	0.145 832
	2007—2008	0.2222	0.9924	0.500 904	0.246 669
	2009—2010	0.1616	0.7265	0.384 429	0.148 486
IAV	2003—2004	2547.00	5488.41	3953.112	763.0695
	2005—2006	4255.35	7936.33	6440.637	1014.045
	2007—2008	6360.41	11 154.63	8977.787	1307.135
	2009—2010	8410.39	14 323.88	11 592.27	1558.002
NSIF	2003—2004	75	162	115.8333	28.6321
	2005—2006	168	308	227.5	42.356 66
	2007—2008	312	439	360.5	37.5789
	2009—2010	445	704	559.5417	75.508 12
MVSIF	2003—2004	1240.60	3225.68	2090.894	761.3299
	2005—2006	3255.76	8564.61	4905.7	1112.482
	2007—2008	9132.19	32 755.9	21 546.23	7744.252
	2009—2010	19557.22	26 587.13	22 980.86	2137.635

续表二

变量名称		最小值	最大值	平均值	标准差
VTSIF	2003—2004	8.42	134.31	47.282 92	33.443 19
	2005—2006	14.03	515.58	111.7838	103.4408
	2007—2008	283.09	1333.14	602.1317	250.5435
	2009—2010	165.89	1395.61	765.2333	337.3487
CRSIF	2003—2004	0.0028	0.0979	0.028 325	0.024 671
	2005—2006	0.0043	0.0602	0.020 638	0.012 138
	2007—2008	0.0104	0.0741	0.032 342	0.019 308
	2009—2010	0.0069	0.0581	0.033 162	0.013 661

由表4-3中数据可知，NSIF、MVSIF、VTSIF、NCCM以及IAV的均值在划分的四个时间段中呈现上涨趋势，说明基金规模、证券市场规模及实体经济规模在逐步扩大。上证A股和深证A股的收益Ris的均值处于0.02左右，说明整体意义上两市收益率的波动较小。第三阶段(2007—2008)两市收益率的波动最大，可能原因是股市处于大牛市和大熊市的转换期间。深证A股的换手率在平均意义上比上证A股的换手率高，可能原因是深圳A股的上市企业中小盘股比较多。总体换手率在四个阶段中呈现上涨趋势，说明我国股市的流动性提高，市场配置资源的功能在逐步改善；而流通股的换手率均高于总体换手率，说明我国股权分置的现象有待进一步改善。

4.3.2　多元线性回归及ADF检验结果

为了排除解释变量之间的多重共线性对回归结果的影响，首先根据方差膨胀因子VIF检验解释变量之间是否存在多重线性。检验结果如表4-4所示。

表4-4　解释变量的相关性

VIF值　解释变量 \ 解释变量	NSIF	MVSIF	VTSIF	CRSIF
NSIF	——	5.9904	4.0268	1.1287
MVSIF	5.9904	——	4.3862	1.0761
VTSIF	4.0268	4.3862	——	2.0651
CRSIF	1.1287	1.0761	2.0651	——

注：VIF值大于10时，说明变量之间存在多重共线性；否则不存在。

　　由表 4-4 可知，解释变量之间在整个时间阶段上并不存在多重共线性问题。以下分别实证分析机构投资者对资本市场三大功能的影响。

1. 机构投资者对资本市场筹融资功能的影响

　　为研究机构投资者对资本市场融资功能的影响，就要对各解释变量及被解释变量进行相关性分析，结果如表 4-5 所示。

表 4-5　机构投资者与资本市场筹融资功能的相关性

Pearson 相关系数　　解释变量　被解释变量	NSIF	MVSIF	VTSIF	CRSIF
NCCM	0.603*** (0.000)	0.566*** (0.000)	0.543*** (0.000)	0.183 (0.076)

注："***"表示显著性水平为 1%；括号内数值为系数对应的相伴概率值 Sig.。

　　根据表 4-5 的相关性结果，我们将选择 NSIF、MVSIF 和 VTSIF 来对 NCCM 进行回归分析，结果如表 4-6 所示。

表 4-6　机构投资者对资本市场筹融资功能影响的回归结果

模型 解释变量	标准化回归系数	t 值
常数 C	-56.740	-0.650
NSIF	0.374***	2.415
MVSIF	0.133	0.826
VTSIF	0.162	1.205
模型指标	$F=19.658$***	$R^2=0.152$

注：对于本样本，t 的参考值为 $1.980 < t_{0.025} < 2.000$。$R^2$ 是拟合优度，F 是 F 统计量，t 值为 T 检验的数值。用于检验时 t 和 T 含义相同，以下不再说明。*** 指在 1% 水平上显著。

　　由表 4-6 可以看出，回归方程通过了 F 检验，且解释变量的系数通过 t 检验，表明机构投资者数量在整个研究阶段对资本市场的筹融资功能有正向促进作用。

2. 机构投资者对资本市场价格发现功能的影响

　　为分析机构投资者对资本市场价格发现功能的影响，先对解释变量和被解释变量进行相关性分析，结果见表 4-7。

表 4-7　机构投资者对资本市场价格发现功能影响的相关性

Pearson 相关系数 被解释变量 ＼ 解释变量	NSIF	MVSIF	VTSIF	CRSIF
上证 A 股收益率的 Ris	0.341*** (0.001)	0.489*** (0.000)	0.487*** (0.000)	0.168 (0.104)
深证 A 股收益率的 Ris	0.369*** (0.000)	0.502*** (0.000)	0.497*** (0.000)	0.149 (0.149)

注:***表示显著性水平为 1%;括号内数值为系数对应的相伴概率值 Sig。

由表 4-7 可知,NSIF、MVSIF 和 VTSIF 与资本市场的价格发现功能之间存在显著正相关,但这只是反映了两个变量之间的关系,至于在资本市场中的关系需要通过回归分析进一步验证。为此,我们将这三者对上证 A 股 Ris(模型 I)和深证 A 股 Ris(模型 II)进行线性回归分析,结果如表 4-8 所示。

表 4-8　机构投资者对资本市场价格发现功能影响的回归结果

相关性 变量 ＼ 模型	上证 A 股 Ris(模型Ⅰ)		深证 A 股 Ris(模型Ⅱ)	
	标准化回归系数	t 值	标准化回归系数	t 值
常数 C	0.016***	10.222	0.016	10.101
NSIF	−0.344**	−2.076	−0.278	0.467
MVSIF	0.493***	2.872	−1.679	2.724
VTSIF	0.365***	2.536	0.346	2.408
模型指标	$F=13.258$***	$R^2=0.091$	$F=13.415$***	$R^2=0.092$

注:对于本样本,t 的参考值为 $1.980 < t_{0.025} < 2.000$。** 指在 3% 水平上显著;*** 指在 1% 水平上显著。

由表 4-8 中数据可以看出,证券投资基金的交易量(VTSIF)对价格发现功能有显著性正面影响,这不支持本节假设,可能原因是交易量更可能反映的是资本市场的投资情绪,而不是价格发现功能。同时可以看到,虽然证券投资基金的规模（MVSIF）对深圳和上海两个市场价格发现功能有显著性，但影响方向不同，因此，其影响有待进一步检验。从表中数据也可以看到，证券投资基金数量（NSIF）对资本市场的价格发现功能有负面影响，表明机构投资者的数量有利于降低股市收益率的方差，即能够降低投资风险，这意味着机构投资者能够促进资本市场价格发现功能的发挥。

3. 机构投资者对资本市场资本配置功能的影响

为了综合衡量机构投资者对资本市场资本配置功能的影响，我们选取了5个变量作为被解释变量，研究证券投资基金与这5个被解释变量之间的相关性分析，结果见表4－9。

表4－9　机构投资者与资本市场资本配置功能的相关性

Pearson 相关系数 被解释变量 ＼ 解释变量	NSIF	MVSIF	VTSIF	CRSIF
上证 A 股 TURN	0.563*** (0.000)	0.437*** (0.000)	0.764*** (0.000)	0.651*** (0.000)
深证 A 股 TURN	0.646*** (0.000)	0.544*** (0.000)	0.810*** (0.000)	0.584*** (0.000)
A 股总体换手率 TURN	0.620*** (0.000)	0.482*** (0.000)	0.783*** (0.000)	0.620*** (0.000)
股流通股换手率 TURN	0.238** (0.020)	0.243** (0.018)	0.550*** (0.000)	0.637*** (0.000)
IAV	0.963*** (0.000)	0.823*** (0.000)	0.740*** (0.000)	0.138 (0.182)

注：**表示显著性水平为3%，***表示显著性水平为1%；括号内数值为系数对应的相伴概率值 Sig.。

根据表4－9中的数据，选择相应模型的有效因子分别对相应的被解释变量进行回归分析，从而得到五个模型，分别是关于上证 A 股 TURN、深证 A 股 TURN、A 股总体换手率 TURN 和流通股换手率 TURN 和工业增加值 IAV，结果如表4－10所示，ADF 的检验结果如表4－11所示。

表 4 - 10　机构投资者对资本市场资本配置功能影响的回归结果

模型 相关性 变量	模型(I) 上证 A 股 TURN	模型(II) 深证 A 股 TURN	模型(III) A 股总体换 手率 TURN	模型(IV) 流通股换 手率 TURN	模型(V) 工业增 加值 IV
常数 C	0.039*** (3.302)	0.065*** (3.050)	0.037*** (2.707)	0.222*** (4.616)	2373.417*** (12.768)
NSIF	0.370*** (3.311)	0.364*** (3.357)	0.448*** (4.159)	−0.132 (−0.876)	0.896*** (17.018)
MVSIF	−0.385*** (−3.026)	−0.274** (−2.214)	−0.383*** (−3.118)	−0.073 (−0.427)	0.066 (1.213)
VTSIF	0.650*** (4.605)	0.660*** (4.819)	0.624*** (4.579)	0.530*** (2.791)	0.016 (0.347)
CRSIF	0.262*** (3.041)	0.173** (2.074)	0.233*** (2.810)	0.347*** (2.998)	—
模型指标	$F=52.299^{***}$ $R^2=0.486$	$F=56.972^{***}$ $R^2=0.511$	$F=57.856^{***}$ $R^2=0.516$	$F=18.676^{***}$ $R^2=0.203$	$F=404.145^{***}$ $R^2=0.863$

注：括号内数值为 t 值，其参考值为 $1.980<t_{0.025}<2.000$。 ** 指在 3% 水平上显著；*** 指在 1% 水平上显著。

表 4 - 11　模型残差的 ADF 检验

残差的 ADF 检验统计量值	临界值		
模型(Ⅰ)	−5.2129	−3.5007(1%)	−2.8922(5%)	−2.5832(10%)
模型(Ⅱ)	−5.9814	−3.5007(1%)	−2.8922(5%)	−2.5832(10%)
模型(Ⅲ)	−5.4393	−3.5007(1%)	−2.8922(5%)	−2.5832(10%)
模型(Ⅳ)	−4.0636	−3.5007(1%)	−2.8922(5%)	−2.5832(10%)
模型(Ⅴ)	−0.2711	−3.5093(1%)	−2.8959(5%)	−2.5852(10%)

　　由表 4 - 10 可知，所有模型均通过了 F 检验，说明整个模型具有可靠性。但从表 4 - 11 可知，模型(Ⅴ)的残差没有通过 ADF 平稳性检验，说明模型(Ⅴ)无效。由模型(I)、(II)、(III)和(IV)可以看出，证券投资者数量和证券投资基金交易量以及换手率均与股市换手率正向相关，说明机构投资者的引入在一定程度上改善了资本市场的资本配置功能。

本 章 小 结

　　自从 20 世纪 90 年代初期以来，我国机构投资者经历了从无到有、从少到多的发展历程。然而，与成熟的资本市场相比，我国机构投资者无论是在投资者结构还是在资本市场的完善程度上均与西方国家有较大差距，机构投资者对资本市场功能发挥的促进作用仍有待探索。本章的实证分析表明，我国机构投资者在一定程度上对我国资本市场的融资功能、价格发现功能和资源配置功能起到了积极的作用。需要注意的是，随着我国机构投资者规模的不断扩大和资本市场监管制度的完善，机构投资者对资本市场三大功能发挥的促进作用会越来越大。

第五章　机构投资者与投资风险的关系分析

5.1　机构投资者、信息披露与股价波动的关系分析

5.1.1　引言

自 20 世纪 80 年代以来,具有集合投资特点的机构投资者发展迅速。研究表明,1950 年美国机构投资者只拥有 8％的公司股份,而 1980 年已经上升到 33％,1988 年进一步上升到 45％(Coffee,1991)。二战以后,英国也经历了由个人持股向机构投资者持股的大规模转变。在 1957 年后期,英国金融机构只持有 18％ 英国公司的普通股,但到 1980 年已经上升到 60％,并且自此处于较稳定的高水平状态(Black 和 Coffee,1994)。为降低市场的波动性,包括基金、保险、QFII、券商、社保基金在内的机构投资者在我国资本市场上也快速发展,截止 2010 年 5 月,我国的基金投资公司超过 59 家,共管理着各类基金 622 支。

机构投资者的快速发展,使其在信息披露、降低市场风险方面的作用引起了理论界的关注。西方学者认为,机构投资者是基于信息驱动的交易(Petroni,2004;Bushee 和 Goodman,2007),并且机构投资者被认为是老练的投资者,具有超强的信息挖掘分析能力,能对所投资企业施加重要影响(Eli,2000)。虽然如此,关于机构投资者与股价中包含信息的研究结果却是不确定的。一方面,研究认为,机构投资者持股越多,价格中包含的信息就越多(West,1988)。由于股价中包含信息的增加会降低股票回报的波动性,因此机构投资者的所有权与波动性负相关,Rubin 和 Smith(2009) 将这称为机构偏好假设(Institutional Preference Hypothesis)。与此相反,另一些西方学者认为大的机构投资者的所有权会增加信息不对称的程度(Rubin,2007;Brockman 和 Yan,2009),这意味着机构投资者持股越多,隐藏的信息可能越多,股价中包含的信息也就越少,并进而导致机构投资者所有权与股价波动正相关,Rubin 和 Smith(2009)

将其称为机构交易假设(Institutional Turnover Hypothesis)。

与西方国家相比,我国机构投资者发展历史较短,持股比例较低,在信息披露、资本市场中的影响有限,研究结论具有不确定性。一些研究认为机构投资者有降低代理成本的作用(程书强,2006;李维安,李滨,2008;李刚,张海燕,2009)。但另一些研究认为机构投资者在投资者权益保护方面不仅没有发挥正向积极的作用,甚至会与控股股东合谋侵害中小投资者的利益(王琨,肖星,2005;沈艺峰,许琳,黄娟娟,2006)。由此可见,国内外对机构投资者作用的分析结果尚无定论,且文献较少涉及机构投资者、信息披露与股价波动的递进影响关系。

本节在 Rubin 和 Smith(2009)研究假设的基础上,基于我国证券市场2001—2008 年的数据,实证分析机构投资者持股、机构投资者数量对信息披露质量以及投资系统性风险的影响,并对机构偏好假设和机构交易假设进行检验。

5.1.2　理论分析与研究假设

1. 理论分析

证券市场面临着信息不对称问题,它不仅影响股价的信息含量和资本市场的价格发现功能,也会对投资风险产生影响。机构投资者在信息方面的优势是通过两方面体现出来的。一方面,机构投资者具有规模经济和专业知识的优势,其分析和挖掘信息的能力远胜于个体投资者(Obrien,1990;Womack 和Kent,1996)。机构投资者因其所拥有的大规模资金实力和超强的信息处理能力,能有效地监督公司管理层的信息披露行为(Hand,1990)。基于较高的持股比例,机构投资者有通过参与公司治理活动提高公司信息披露质量的动机。如李维安和李滨(2008)的研究表明,机构投资者持股比例与公司绩效和市场价值之间存在显著的正相关关系,机构投资者在提升上市公司治理水平方面发挥了重要的作用。

国内对机构投资者与信息披露的研究较多,总体上支持机构投资者持股能够提高信息披露质量的观点。如江向才(2004)、陈晓丽(2007)等的研究表明机构投资者持股与公司信息透明度存在显著的正相关关系,丁方飞和范丽(2009)的研究也表明机构投资者持股规模和参与持股家数与信息披露质量正相关。但这些研究存在所用数据较少、关于深交所信息披露质量的测定方法与现行社会观念不一致等问题。如丁方飞和范丽(2009)的研究只采用了 2006 年和 2007 年的数据,且测定信息披露质量时对不及格、及格、良好和优秀分别取值 1、2、3和 4,这与实际上人们的普遍观念认为不及格的范围为 0~59、及格为 60 以上的观点有较大差异。本节试图消除这种差异，以增强结论的说服力。

2. 研究假设

基于以上分析，有以下两种研究假设：

• H1：机构投资者持股比例和数量与信息披露质量正相关。

关于机构投资者持股比例与股价波动的关系，有四种不同的观点。第一种观点认为机构投资者加大了证券价格的波动。如玛格和奈克（Maug 和 Naik，1996）的研究表明机构投资者加大了证券价格的波动；国内学者李胜利（2007）的实证分析表明，证券投资基金的投资行为在一定程度上引起了股票市场的波动，同时加剧了行情上涨时的市场波动；岳意定和周可峰（2009）的研究表明，机构投资者持股比率的波动对上证指数波动有显著性影响，而个人大户持股比率的变动几乎没有影响，持类似观点的还有孔东民和魏诗琪（2009）。第二种观点认为，机构投资者的存在不会引起股价波动。如拉克尼史克等（Lakonishok 等，1992）的实证研究表明机构投资者不存在羊群效应和动量交易现象，即机构投资者的存在至少不会导致市场的不稳定。

与以上两种观点不同，第三种观点认为机构投资者的存在能够减少股价的波动。如 Chidambaran 和 John（1998）的研究表明，机构投资者能够将具有价值相关性的信息传递给其他股东和利益相关者，而这种传递会降低信息的价值，并降低投资风险。国内也有类似观点，如祁斌等（2006）的研究发现，机构投资者持股比例与股价波动性之间有显著负相关关系。第四种观点则认为，机构投资者与股价波动的关系受公司是否分红的影响。如 Rubin 和 Smith（2009）认为对于支付红利的公司，股价波动对机构交易的作用较大；而对于非支付红利的公司，机构复杂作用和机构偏好作用更强。

从以上研究可以看出，关于机构投资者与股价波动的关系可归纳为两大类：一是机构偏好假设，即机构投资者的所有权与波动性反相关；二是机构交易假设，即股价波动性与机构投资者的所有权正相关（Rubin 和 Smith，2009）。对于转型期的中国资本市场而言，处于初期发展阶段的机构投资者是符合机构偏好假设还是机构交易假设需要进行深入研究，以提供更强有力的证据。从实践方面看，由于机构投资者的数量越多，对经理层的可能监督力量也越强，从而能在更大程度上防止控股股东的侵害行为和经理人员的机会均等主义动机，促进公司加强信息披露，进而减少公司内部人与外部投资者的信息不对称程度和投资风险。

基于以上认识，有如下假设：

• H2：机构投资者的所有权、机构投资者数量与证券投资的系统性风险显著相关。

5.1.3　研究设计

1. 研究变量

为检验假设，引入三类变量：解释变量、被解释变量以及控制变量。在假设 H1 中，被解释变量为上市公司的信息披露质量 DIS。关于上市公司的信息披露质量，目前主要有评分法、事件法和理论模型法(王斌，梁欣欣，2008)三种测定方法。由于上市公司的信息披露不仅包括强制性信息披露，而且也涉及自愿性信息披露，信息类型多、内容繁杂，所以以上测定方法不全面，且缺乏权威性。基于以上原因，多数研究采用深圳交易所的信息披露数据。深交所从 2001 年开始每年对本交易所上市公司的信息披露情况进行综合考评，考评标准包括及时性、完整性、准确性和合规性，并将上市公司的信息披露考评结果分为优秀、良好、及格和不及格四个等级，目前对这些等级数据的主流处理方法是将其分别取值 1、2、3 和 4(白晓宇，2009)。由于这种取值方法与人们对优秀、良好、及格和不及格的理解差异较大，所以其研究结论的可靠性有待检验。为解决这一问题，本节将其分别取值 95、85、70 和 30，即以人们通常理解的中位数表示。由于公司股价反映了公司所披露的信息和其他信息，因此股价波动性可反映上市公司和投资者信息不对称的程度，股价波动性越大，投资风险也越大；反之则越小。因此，我们用描述上市公司的贝塔系数(BETA)来反映证券投资的投资风险。

在研究假设 H1 和 H2 中，解释变量为机构投资者的所有权 IIS 和机构投资者的数量 NII，分别为上市公司前十大流通股东中的机构投资者持股比例之和和机构投资者数量。由于我国机构投资者发展历程较短，在本节的研究中，机构投资者只包括基金、证券公司、银行和信托公司。

为检验研究假设 H1 和 H2，本节选取了公司规模、董事会规模、独立董事规模、监事会规模、债务资本比率以及股权集中度 6 个控制变量。对于上市公司而言，公司规模越大，则产生的信息越多，机构投资者可利用的信息也越多。因此，公司规模与信息披露质量、机构投资者的信息发现功能相关。我们用公司总资产以 10 为底的对数 SCA 表示公司规模。公司的资本结构反映了公司的股权与债权的比例及其关系，如果债权越多，为保护自身利益不受内部的侵害，外部投资者对信息披露的要求也就越高，因此将债务资本比率 RDA 也作为一个控制变量。公司信息披露的质量、股价波动性也与公司的治理水平相关，董事会规模、监事会规模和独立董事的规模对信息披露、股价波动都有一定影响，本节也将其列为控制变量，这三个变量分别用 SBD、SBM 和 SBID 表示。股权集中度反映了公司的所有权结构，因此，我们也将反映股权集中度的前五大股东持股比例 CR_5 和 CR_{10} 引入模型。所有这些变量见表 5-1。

表 5-1　变量名称及定义

变量名称	变量符号	变量定义
信息披露质量	DIS	优秀、良好、及格和不及格分别取值 95、85、70 和 30 分
投资风险	BETA	股票的系统性风险
机构投资者数量	NII	前十大流通股中的机构投资者数量
机构投资者持股比例	IIS	前十大流通股中的机构投资者持股比例之和
公司规模	SCA	公司总资产以 10 为底的对数
债务资本比率	RDA	公司负债合计/股东权益
董事会规模	SBD	公司董事会人数
独立董事规模	SBID	公司独立董事人数
监事会规模	SBM	公司监事会人数
股权集中度	CR_5	公司前五大股东持股比例之和
股权集中度	CR_{10}	公司前十大股东持股比例之和

2. 样本选择、数据来源与描述性统计

本节样本为 2001—2008 年在深圳证券交易所上市的非金融类、非 ST 类上市公司。在取消数据不全的公司后，最后得到 2001 年 337 家公司，2002 年 293 家公司，2003 年 294 家公司，2004 年 309 家公司，2005 年 272 家公司，2006 年 278 家公司，2007 年 299 家公司，2008 年 276 家公司，共 2387 条数据。所有数据均来源于 CCER 数据库，数据的描述性分析如表 5-2 所示。

表 5-2　样本数据的描述性分析

变量	观察数	最小值	最大值	平均值	标准差
DIS	2363.0000	30.0000	95.0000	80.8500	10.6090
BETA	2351.0000	0.0118	4.0956	1.0978	0.2954
NII	2353.0000	0.0000	10.0000	3.3300	3.6150
IIS	2353.0000	0.0000	0.6488	0.0396	0.0621
SCA	2363.0000	8.0848	11.0000	9.2807	0.4276
RDA	2363.0000	−16.5149	273.7181	1.3755	5.9632
SBD	2363.0000	0.0000	17.0000	6.8500	2.1690

续表

变量	观察数	最小值	最大值	平均值	标准差
SBID	2363.0000	0.0000	8.0000	2.8200	1.3050
SBM	2363.0000	0.0000	6.0000	1.1500	0.7900
CR_5	2363.0000	0.1288	1.2771	0.5478	0.1431
CR_{10}	2363.0000	0.1455	1.3398	0.5759	0.1379

由表 5-2 中数据可以看出,样本公司的信息披露质量平均值为 80.85,总体处于较高水平。从上市公司的投资风险即 BETA 可以看出,其系统性风险的平均值为 1.098,总体风险水平不高。从机构投资者的数量看,在前十大流通股东中,每家公司平均有 3.33 个机构投资者,但机构投资者的平均持股比例仅为 3.9%,这说明机构投资者在上市公司中的地位不高,对公司决策的影响程度有限。从公司的股权集中度看,前五大股东持股比例的平均值约为 54.8%,前十大股东持股比例的平均值约为 57.6%,说明我国上市公司仍然存在"一股独大"现象;同时表明前五大股东之外的股东持股比例很小,如第六到第十大股东持股比例之和仅仅为 2.8%,小于前十大流通股中机构投资者持股比例之和的 3.9%。从这个角度看,机构投资者的作用要大于第六到第十大股东,机构投资者应是公司治理较为重要的力量。

5.1.4 研究模型及结果

1. 相关性分析

对样本数据进行波松相关性检验发现,机构投资者数量和持股比例与信息披露质量、系统性风险显著相关,说明将其引入研究模型有实际意义。检验同时表明,机构投资者数量和持股比例与另一些控制变量相关。关于解释变量之间的关系,检验发现,除了反映股权集中度的两年指标的相关度大于 0.5 以外,其他变量的相关系数均小于 0.6。根据 Hossain(1994)的研究,解释变量之间的系数只要没有超过 0.6,就不会对多元回归分析产生重要影响,因此可以引入研究模型。

2. 研究模型

研究思路如下:先研究机构投资者数量和持股比例对上市公司信息披露质量的影响,以检验假设 H1;然后再分析上市公司信息披露质量对股价波动的影响;最后通过研究机构投资者数量和持股比例对投资风险的影响,检验假设 H2,并对以上两项研究结果的递进关系进行检验。以上三步所对应的研究模型分别为模型(5-1)、模型(5-2)和模型(5-3)：

$$DIS = a_0 + a_1 NII + a_2 IIS + a_3 SCA + a_4 RDA + a_5 SBD \quad (5-1)$$
$$+ a_6 SBID + a_7 SBM + a_8 CR_5 + a_9 CR_{10} + \varepsilon$$

$$BETA = c_0 + c_1 DIS + c_2 SCA + c_3 RDA + c_4 SBD \quad (5-2)$$
$$+ c_5 SBID + c_6 SBM + c_7 CR_5 + c_8 CR_{10} + \mu$$

$$BETA = b_0 + b_1 NII + b_2 IIS + b_3 SCA + b_4 RDA$$
$$+ b_5 SBD + b_6 SBID + b_7 SBM + b_8 CR_5 + b_9 CR_{10} + \eta$$
$$(5-3)$$

其中，a_i、b_i、c_i 为各解释变量的系数，ε、μ 和 η 分别为三个随机模型的干扰项。

3. 实证结果

基于以上研究模型，利用 SPSS 对样本数据进行处理，得到机构投资者对信息披露质量的影响、信息披露对投资风险的影响和机构投资者对投资风险影响的回归结果，分别如表 5-3、表 5-4 和表 5-5 所示。由于本节全部采用进入法，模型检验表明解释变量之间的多重共性是可以容忍的。

表 5-3　机构投资者对信息披露的影响

模型 相关性 变量	非标准化系数		标准化系数	t 值	Sig.
	B 值	标准误差	Beta 值		
常数项	70.241***	4.739		14.822	0.000
NII	0.616***	0.085	0.210	7.230	0.000
IIS	−10.646*	4.935	−0.062	−2.157	0.031
SCA	0.263	0.500	0.011	0.527	0.598
RDA	0.009	0.036	0.005	0.254	0.800
SBD	0.042	0.102	0.009	0.417	0.677
SBID	1.180***	0.170	0.145	6.949	0.000
SBM	0.100	0.274	0.007	0.365	0.715
CR$_5$	−1.768	7.863	−0.024	−0.225	0.822
CR$_{10}$	6.576	8.166	0.085	0.805	0.421
模型指标	$R^2 = 0.216$　　调整后的 $R^2 = 0.059$　　$F = 17.316$				

注：B 和 Beta 分别为非标准化回归系数和标准化回归系数。* 指在 5% 水平上显著；*** 指在 1% 水平上显著。

　　由表 5-3 可以看出，机构投资者数量 NII 在 1％的水平上对信息披露质量有显著性正面影响，这支持了本节的假设 H1，说明机构投资者越多，对上市公司的监督越强，能够促使上市公司提高信息披露质量。但与此同时，机构投资者的持股比例对信息披露在 5％的水平上有显著性负面影响，这不支持假设 H1。究其原因，我们认为，机构投资者持股比例虽然较小，但仍然大于第六到第十大股东的平均持股比例之和，这可能意味着机构投资者存在与前五大股东进行合谋的可能。如果机构投资者与上市公司大股东进行合谋，那么机构投资者持股比例越多，合谋的可能性越大，共同侵害中小股东利益和可能性也越大，从而会降低上市公司信息披露的质量。从这个角度上看，机构投资者虽然拥有信息优势，但这种优势只是其自身的内在信息，这种信息不能及时反映到证券市场，机构投资者并没有成为个人投资者的代理人，相反却成为大股东侵害小股东利益的合谋者。从我国证券市场的实践看，机构投资者只是在每季度末才会公开其投资组合，这种信息属于上市公司和机构投资者的内部信息，个人投资者在其公布之前无法获知，因此机构投资者持股比例对信息披露质量有显著性的负面影响。如果从标准化回归系数看，机构投资者数量的作用是机构投资者所有权作用的三倍，说明在信息披露方面，机构投资者数量比其持股比例更为重要。

　　已有研究表明，由于大股东获取信息成本较低，因此进入市场的公司信息随着大股东所有权的增加而提高，即大股东所有权在向二级市场传递信息方面发挥了显著的作用（Brockman 和 Yan，2009）。这意味着股权越集中，依靠内部信息的交易量和股价波动更大，而信息披露质量就会越低，这在表 5-3 中得到了部分证实。

　　表 5-3 中的数据表明，前五大股东持股之和对信息披露有负面影响，说明股权集中度越高，公司信息披露质量越低，虽然这种影响不具有显著性。与此相反，前十大股东持股比例和对信息披露有正面影响，这说明第六到第十大股东在信息披露方面有重要的正向作用，虽然其作用不显著。

　　从表 5-4 中的 F 值可以看出，研究模型通过了检验。表中数据表明，信息披露对股价在 5％的水平上对投资风险有显著性负面影响，说明信息披露越多，股价波动越小，证明信息披露能够降低证券市场的信息不对称程度，减缓证券市场的系统性风险，这进一步证明了已有研究的观点，即高质量的信息披露能够缓解公司与外部投资者之间对信息要求的冲突，降低代理成本，提高股票价格机制效应。

表5－4　信息披露对投资风险的影响

模型相关性变量	非标准化回归系数		标准化回归系数	t 值	Sig.
	B 值	标准误差	Beta 值		
常数项	1.456***	0.141	—	10.333	0.000
DIS	−0.001*	0.001	−0.045	−2.142	0.032
SCA	−0.009	0.014	−0.014	−0.663	0.507
RDA	0.001	0.001	0.014	0.681	0.496
SBD	−0.006**	0.003	−0.046	−2.191	0.029
SBID	0.004	0.005	0.018	0.830	0.406
SBM	−0.002	0.008	−0.006	−0.309	0.758
CR_5	0.246	0.220	0.119	1.120	0.263
CR_{10}	−0.469*	0.228	−0.219	−2.055	0.040
模型指标	$R^2=0.019$	调整后的 $R^2=0.015$	$F=5.554***$		

注：B 和 Beta 分别是非标准化回归系数、标准误差和标准化回归系数。R^2 是拟合优度，F 是 F 统计量。* 指在5%水平上显著；** 指在3%水平上显著；*** 指在1%水平上显著。

表5－5　机构投资者所有权和数量对投资风险的影响

模型相关性变量	非标准化回归系数		标准化回归系数	t 值	Sig.
	B 值	标准误差	Beta 值		
常数项	1.377***	0.134	—	10.244	0.000
NII	−0.008***	0.002	−0.096	−3.248	0.008
IIS	−0.019**	0.140	−0.004	−0.135	0.019
SCA	−0.012**	0.014	−0.017	−0.825	0.012
RDA	0.001***	0.001	0.014	0.698	0.001
SBD	−0.006***	0.003	−0.041	−1.936	0.006
SBID	0.005***	0.005	0.020	0.953	0.005
SBM	0.000***	0.008	0.000	−0.034	0.000
CR_5	0.077	0.225	0.037	0.342	0.077
CR_{10}	−0.278	0.233	−0.130	−1.192	0.278
模型指标	$R^2=0.026$	调整后的 $R^2=0.022$	$F=6.893***$		

注：** 指在3%水平上显著；*** 指在1%水平上显著。

从表 5-5 中的数据可以看出，研究模型通过了检验。表中数据同时表明，机构投资者数量在 1‰水平上对投资风险有显著性负面影响，机构投资者持股比例在 3‰水平上对投资风险有显著性负面影响，这支持了本节的假设 H2。如果从标准化回归系数看，机构投资者数量的作用是其持股比例作用的 20 多倍，进一步说明了表 2 中的结果，即机构投资者的数量作用对信息披露、投资风险的作用大于其持股比例的作用。

如果将表 5-3、表 5-4 和表 5-5 中结果综合起来，可以看出机构投资者数量对公司信息披露质量有显著性正面影响，而公司信息披露对投资风险有显著性负面影响，这种递进关系支持了表 5-5 的结果，即机构投资者数量对投资风险有显著性负面影响。这种一致性的结论支持了 Rubin 和 Smith(2009)的机构偏好假设。

5.2 机构投资者与投资风险：基于
沪深 300 指数的实证分析

5.2.1 机构投资者持股对于投资风险的影响机制和研究假设

如前所述，从理论上看，机构投资者拥有较大的持股比例，这种高比例持股使其有影响公司股票价格的能力。首先，相对于个人投资者，机构投资者拥有较大的社会影响力，其声誉也备受关注。因此，机构投资者更可能采用股东积极主义的方式参与治理活动，如对上市公司的内部治理提出意见与建议，通过联合个人投资者在股东大会上表明中小投资者的态度等。这些行为会对公司管理层产生一定的制约作用，从而影响股价。其次，机构投资者可以通过定期的投资策略研讨、定期发布投资报告等活动，对股票价格产生更为直接的影响。第三，由于机构投资者具有专业操作经验，很多个人投资者都以其投资倾向来确定自己的投资方向。根据很多学者的研究，机构投资者的羊群行为和反馈交易会对市场整体产生影响，经过市场的传导、特别是通过对个人投资者的示范效应，单支股票的投资风险也会受到影响。最后，股价的波动以及相应的投资风险的变化又会反过来对机构投资者的持股偏好产生影响。

欧美一些成熟资本市场中的机构投资者发展迅速，已经成为发达国家最重要的投资主体，拥有巨大的市场影响力。对于我国证券市场而言，随着投资者受教育程度的提高和监管部门的投资者教育活动，广大投资者越来越意识到对于股票市场的投资并不仅仅是投机，而是进行收益和风险权衡的投资过程，通过机构投资者参与证券投资已经被多数投资者所认同。西方国家的经验表明，

机构投资者能够发挥稳定市场、降低投资风险的作用。据此，本节的研究假设
为：机构投资者数目、持股比例与投资风险显著负相关。

5.2.2 研究变量

根据现有国内外文献，本节实证研究涉及三类变量。

1. 被解释变量和解释变量

为测定投资风险，我们用反映上市公司系统性风险的 BETA 值作为被解
释变量。解释变量包括机构投资者持股比例(IO)和机构投资者数量(IN)。具体
而言，机构投资者对个股的持股比例(IO)是该个股在该年度前十大流通股股
东中全部机构持股的股份总数占流通股总持股份数的比例，用公式可表示为

$$IO = \frac{\sum_i 该个股被机构投资者持有的股份数}{该个股在该年度的流通股总持股份数} \qquad (5-4)$$

由于多个机构投资者的联合行为可能对上市公司的股价和投资风险产生
影响，因此本节还选取个股该年度前十大流通股股东中机构投资者的数量作为
另外一个解释变量，以分析多个机构投资者的存在是否有利于降低投资风险。

2. 控制变量

为全面准确地考察机构投资者持股对于投资风险的影响，本节加入的控制
变量包括：

(1) 公司规模(LNA)。Campell 等(2001)指出公司规模是影响股票收益率
波动率的重要因素，小规模公司对市场冲击的程度不同于大规模公司。由于股
票收益率的波动也是投资风险的主要反映之一，因此公司规模对于个股投资风
险会产生一定的影响。

(2) 换手率(TR)。根据 Wei 和 Zhang(2006)的研究，股票换手率可能会对
交易惯性产生影响。换手率指在一定时间内市场中股票转手买卖的频率，是反
映股票流通性强弱的指标之一。如果用公式表示，则换手率为 A 股每日交易总
股数/流通股总股数×100%。

(3) 公司的上市年限(LT)。Pator 和 Veronesi(2003)的研究发现公司的上
市年限会影响公司的长期收益预期。上市时间较短的公司可能还处于成长期，
风险较大；而上市时间较长的公司相对成熟。

(4) 债务资产比率(AL)。债务资产比率又称资产负债率，是反映负债总额
与资产总额之间的比率关系，其计算公式为债务资产比率＝负债合计/资产合
计。在一定程度上，负债在资产中占的比例越小，上市公司筹集资金的难度越
小。风险也就越小。因此我们将这个指标也加入控制变量之中。

　　(5) 净资产收益率(ROE)和托宾 Q(TQ)。为了控制公司绩效对投资风险的影响,我们选取净资产收益率和托宾 Q 两个指标作为控制变量。其中,净资产收益率是衡量上市公司盈利能力最直接、最有效的指标,其中的利润部分采用税前利润总额,其计算公式为净资产收益率(利润总额)＝利润总额/股东权益合计。另外一个衡量公司绩效的指标是托宾 Q,就是股票市场对企业资产价值与生产这些资产的成本的比值进行的估算。高 Q 值意味着较高的股票投资回报率,而低 Q 值则代表公司的市场表现不好。

　　(6) 独立董事比例(ID)。公司的治理结构也是影响公司投资风险的一个重要因素,一个有着良好治理结构的公司对于投资者来说风险较小,而那些治理结构不合理的公司例如大股东完全控制的公司风险则较高。因此本节加入外部董事比例和前五大流通股股东持股比例之和这两个控制变量,以排除他们对于投资风险的影响。独立董事的比例这个指标是用独立董事的人数除以公司董事会的总人数得到。

　　(7) 前五大股东的持股比例和(CR5)。前五大股东的持股比例和可以反映公司被大股东控制的程度。持股比例大,说明该上市公司被几个大股东控制;比例适中则可能表明治理水平较高。

5.2.3　样本选取与数据描述

1. 样本选取与数据来源

　　为保证研究的代表性,本节选择了 2005 年 4 月至 2009 年底沪深 300 指数成分股的上市公司作为初始样本,然后利用 EXCEL 对数据进行统计筛选和处理:首先剔除金融类上市公司,其次剔除数据不全的上市公司。经过上述数据筛选后,共获得五个会计年度 1115 个上市公司的观察值,其中 2005 年 249 个,2006 年 180 个,2007 年 231 个,2008 年 232 个,2009 年 224 个,数据来源于中证指数公司、中国证券登记结算公司和 CCER 中国经济金融数据库。

2. 数据的描述性统计

　　针对以上所选样本,本节对全样本的平均值和方差分别进行描述性统计,以揭示全样本指标的各种特征,见表 5-6。

　　从表 5-6 的结果可以看出,BETA 值在这五年的变化不大,中位数为 1.00,说明研究样本基本能够反映整个证券市场的情况。机构投资者的数目从 2005 年的平均 6.93 个增长到 2009 年的 7.70 个,其持股比例也从 2005 年的 6.55％增长到 2009 年的 9.16％。上市公司规模在逐年上升,而换手率也从 2005 年的 2.86 增加到 2009 年的 7.53,表明市场的流动性增加。债务资产比率在五年内基本维持在 0.5 的水平,略有波动。公司净资产收益率呈上升趋势,在 2007 年达到 0.13 的高水平。与此类似，托宾 Q 的值从 2005 年的 1.10 上升到 2009 年的 2.00，在 2007 年达到最大值 2.30。独立董事的比例从 2005 年的 54.0% 上升到 2009 年的 61%，这表明在董事会中客观而中立的独立董事人数越来越多，公司治理水平有所提高。

表 5-6　数据的描述性统计表

变量	平 均 值					标 准 差				
	2005	2006	2007	2008	2009	2005	2006	2007	2008	2009
BETA	1.07	1.01	1.04	1.13	1.07	0.30	0.30	0.30	0.20	0.30
IN	6.90	6.60	7.50	7.30	7.70	3.10	3.30	2.50	2.20	1.70
IO	0.065	0.062	0.085	0.077	0.092	0.10	0.60	0.10	0.10	0.10
LNA	22.50	22.80	22.90	23.30	23.50	0.90	0.90	1.00	1.10	1.10
TR	2.90	6.10	8.60	4.20	7.60	1.60	2.40	3.80	2.10	4.00
LT	7.80	8.50	9.10	9.50	10.10	3.10	3.10	3.50	3.90	4.20
AL	0.50	0.53	0.50	0.52	0.52	0.20	0.20	0.20	0.20	0.20
ROE	0.06	0.09	0.13	0.06	0.10	0.20	0.20	0.10	0.30	0.10
TQ	1.10	1.30	2.30	1.30	2.00	0.20	0.40	1.20	0.4	1.00
ID	0.542	0.563	0.565	0.583	0.608	0.10	0.10	0.10	0.20	0.20
CR5	0.59	0.55	0.55	0.57	0.57	0.20	0.20	0.20	0.20	0.20

5.2.4　研究模型的选取

对于研究模型，理论上可选择线性和曲线模型。为此，本节将现有数据导入 SPSS 软件中，除了用最小二乘法进行线性拟合外，还用对数函数、幂函数等曲线函数拟合回归模型。

模拟结果发现，解释变量和被解释变量之间的关系主要是一次线性的，上面列举的曲线关系并不明显存在。根据每个回归模型的 F 检验值也可以判断一元线性回归模型达到 42.661，比其他曲线模型都高，所以在本节只用一元线性回归模型进行详细讨论，具体研究模型为

$$\begin{aligned} \text{BETA} = &f_0 + f_1\text{IO} + f_2\text{LNA} + f_3\text{AL} + f_4\text{ID} \\ &+ f_5\text{CR}_5 + f_6\text{ROE} + f_7\text{TR} + f_8\text{TQ} + f_9\text{LT} + \kappa \end{aligned} \qquad (5-5)$$

其中，f_0 为常数项；f_i 为各变量的系数；κ 为随机误差项。

5.2.5　模型结果及分析

1. 机构投资者的数量对投资风险的影响

本节采用最小二乘法拟合模型来完整地考察解释变量对于被解释变量的影响。表 5-7 为模型的有效性分析、变量系数及其显著性水平。

表 5-7　机构投资者数目对投资风险影响模型的回归分析结果表

模型有效性分析			
调整后 R^2	F 检验值	F 检验值显著性	DW 值
0.1493	22.7279***	0.0000	1.93
变量系数及显著性水平			
变量	系数	标准差	t 检验值	t 检验显著性
C	2.3096***	0.1923	12.0108	0.0000
IN	−0.0071**	0.0033	−2.1265	0.0337
LNA	−0.0612***	0.0091	−6.7455	0.0000
AL	0.2338***	0.0517	4.5212	0.0000
ID	0.1703***	0.0592	2.8796	0.0041
CR$_5$	−0.0957*	0.0549	−1.7451	0.0813
ROE	−0.1753***	0.0491	−3.5670	0.0004
TR	0.0143***	0.0022	6.3944	0.0000
TQ	−0.0302***	0.0099	−3.0578	0.0023
LT	0.0037	0.0023	1.5668	0.1175

注：* 指在 5% 水平上显著；** 指在 3% 水平上显著；*** 指在 1% 水平上显著。

从表 5-7 上半部模型的有效性检验结果可以看出，回归方程通过了 F 检验，回归方程不存在异方差现象。回归模型调整后 R^2 接近 0.15，模型有一定的解释能力；DW 检验值为 1.93，表明回归模型也通过了 DW 检验。

从表 5-7 下半部分对于各变量系数和 t 检验值可以看出，首先，机构投资者的数量对投资风险在 3% 水平上有显著性负面影响，表明机构投资者数量确实有降低投资系统性风险的作用。其次，控制性变量也对被解释变量有显著性影响，如公司规模（LNA）与投资风险有显著的负相关关系，说明公司规模越大，投资风险越小；债务资产比率（AL）和独立董事比例（ID）均与投资风险显著正相关，而前五大股东的持股比例和（CR₅）与投资风险只有一定的负相关关系；净资产收益率（ROE）、托宾 Q（TQ）和换手率（TR）均与投资风险有显著的相关关系，但净资产收益率和托宾 Q 与投资风险负相关，而换手率则是正相关。

2. 机构投资者持股比例对投资风险的影响分析

与上一个模型的回归方法相同，回归分析结果如表 5-8 所示。

表 5-8　机构投资者持股比例对投资风险影响模型的回归分析结果表

模型有效性分析			
调整后 R^2	F 检验值	F 检验显著性	DW 值
0.1540	23.5324***	0.0000	1.92
变量系数及显著性水平			
变量	系数	标准差	t 检验值	t 检验显著性
C	2.3512***	0.1895	12.4058	0.0000
IO	−0.3760***	0.1152	−3.2644	0.0011
LNA	−0.0641***	0.0088	−7.2835	0.0000
AL	0.2479***	0.0515	4.8116	0.0000
ID	0.1738***	0.0590	2.9464	0.0033
CR₅	−0.1145**	0.0544	−2.1042	0.0356
ROE	−0.1850**	0.0481	−3.8418	0.0001
TR	0.0138***	0.0022	6.1971	0.0000
TQ	−0.0261***	0.0100	−2.6120	0.0091
LT	0.0038	0.0023	1.6345	0.1024

注：** 指在 3% 水平上显著；*** 指在 5% 水平上显著。

从表 5-8 可以看出，该模型通过了 F 检验和 DW 检验，模型的解释能力比较强。与机构投资者数目与投资风险模型的结果基本相似，解释变量机构投资者的持股比例的系数对投资风险在 1% 水平上有显著性负面影响，说明机构投资者持股比例也有降低投资风险的作用。

3. 关于机构投资者与投资风险关系的进一步分析

在上文中我们仅使用 BETA 值作为投资风险的衡量指标，在现实的证券市场中还存在着另外三个指标值也可以作为衡量股票投资风险，即 Sigma 值、按 BETA 值排序划分的投资组合（Portfolio）等级和按 Sigma 值排序划分的投资组合（Portfolio）等级。本节也将它们分别作为被解释变量进行了回归分析，综合整理结果见表 5-9。

表 5-9　机构投资者数量和持股比例对投资风险影响的进一步回归结果

被解释变量	解释变量	F 检验量	调整后 R^2	各系数值	t 检验量概率
Sigma 系数	IN	26.97	0.17	3.60E−05	0.72
	IO	26.95	0.17	−0.000558	0.87
按 BETA 值排序划分的 Portfolio 等级	IN	26.95	0.17	0.092470	0.0048
	IO	27.51	0.17	3.961544	0.0005
Sigma 值排序划分的 Portfolio 等级	IN	42.66	0.25	0.659878	0.1220
	IO	43.39	0.26	2.215187	0.0269

从表 5-9 可以看出，三个被解释变量的回归模型均通过了模型的 F 检验，模型有很强的解释能力。被解释变量 Sigma、解释变量 IN 和 IO 都没有显著的相关关系，但当按 BETA 值排序划分的投资组合（Portfolio）等级作为被解释变量时，解释变量 IN 和 IO 对投资等级都在 1％的水平上有显著性正面影响，这表明机构投资者的数目或者机构投资者的持股比例越大时，按 BETA 值排序划分的投资组合（Portfolio）等级越高，股票的投资风险越低。虽然按 Sigma 值排序划分的投资组合（Portfolio）等级与 IN 和 IO 的回归模型的 F 检验值都较高，但只有机构投资者的持股比例对投资组合等级在 3％的水平上有显著性正面影响，即机构持股越多的股票按 Sigma 值排序划分的投资组合（Portfolio）等级越高，投资风险越低。

5.2.6　投资风险对机构投资者持股的影响分析

机构投资者的数量和机构投资者的持股比例可以反映机构投资者对于单个股票的投资倾向程度。从上文的分析可以看出，机构投资者数目 IN 和机构投资者持股比例 IO 与投资风险 BETA 值均存在显著的负相关关系，其可能原因有如下几个方面：首先，机构投资者的持股强化了对公司管理人员的监督，降低了公司的投资风险；其次，机构投资者在投资组合选择时考虑了风险因素，即 BETA 值越大的股票，机构越不愿意持有。对于第二个原因，我们要回答风险是否影响了机构投资者的持股比例,即研究机构投资者的投资偏好。范鑫在《我国机构投资者审慎性持股偏好研究》一文中用机构投资者在前十大流通股中持股量所占比例来衡量机构的持股偏好,本节研究也将机构投资者的持股比例(IO)设定为被解释变量,而 BETA 值为解释变量,控制变量包括上市公司的净资产收益率(ROE)、换手率(TR)、托宾 Q(TQ)、负债资产比率(AL)、前五大股东持股比例和(CR_5)、独立董事比例(ID)。

用 EVIEWS 软件对样本数据进行回归分析,结果如表 5 - 10 所示。

表 5 - 10　投资风险对机构投资者持股比例影响的回归结果分析

模型有效性分析			
调整后 R^2	F 检验值	F 检验显著性	DW 值
0.076	14.1168***	0.0000	1.9424
变量系数及显著性水平			
变量	系数	标准差	t 检验值	t 检验值显著性
C	0.0736***	0.0164	4.48	0.0000
BETA	−0.0270***	0.0076	−3.55	0.0004
ROE	0.0254*	0.0126	2.02	0.0439
TR	−0.0018***	0.0006	−3.10	0.0020
TQ	0.0186***	0.0025	7.43	0.0000
AL	0.0326**	0.0127	2.58	0.0101
CR5	−0.0230*	0.0121	−1.90	0.0578
ID	0.0111	0.0153	0.73	0.4685

注:* 指在 5% 水平上显著;** 指在 3% 水平上显著;*** 指在 1% 水平上显著。

从表 5 - 10 的结果可以看出,模型通过了 F 检验。解释变量 BETA 在 1% 的水平上对机构投资者的持股比例有显著性的负面影响,表明投资风险越小的公司对机构投资者的吸引越大,从而说明机构投资者也是风险厌恶者。这与传统金融学理论的假设一致。

5.2.7　基于市场结构的机构投资者与投资风险的关系分析

微观经济学理论将市场结构可分为完全竞争、垄断竞争、寡头垄断和完全垄断四种类型,而且不同的市场结构有不同的特征。由于不同市场结构中的产品市场竞争程度不同，因此作为外部治理机制的产品市场竞争可能对机构投资者在公司治理中的作用有所不同。基于这种认识，本节研究处于不同竞争程度中的上市公司的投资风险与机构投资者的关系。

中国证监会（CSRC）在 1998 年制订的行业分类方法中将上市公司分为 13 个大类，分别为：A. 农、林、牧、渔业；B. 采掘业；C. 制造业；D. 电力、煤气及水的生产和供应业；E. 建筑业；F. 交通运输、仓储业；G. 信息技术业；H. 批发和零售贸易；I. 金融、保险业；J. 房地产业；K. 社会服务业；L. 传播与文化产业；M. 综合类。据此，本节根据这个分类方法将样本公司按照所处行业分为 13 个类别，再根据每个行业的特点将其归入上文所述的四个市场结构中，每一个行业以 BETA 为被解释变量，分别以机构投资者数目和机构投资者持股比例为解释变量进行相关分析。由于一些行业的样本容量过小，我们只选取了样本数量在 50 个公司以上的行业，将其按照市场结构分成四类，即用制造业代表完全竞争的市场结构，信息技术业代表垄断竞争的市场结构，交通运输业和仓储业代表寡头垄断的市场结构，电气、煤气、自来水生产供应业代表完全垄断的市场结构。相关分析结果见表 5-11。

表 5-11　基于市场结构的机构投资者与投资风险的相关性结果

市场结构	代表行业	相关系数	样本容量	是否相关
完全竞争	制造业	-0.145^{**}	557	显著负相关
垄断竞争	信息技术业	-0.399^{**}	54	显著负相关
寡头垄断	交通运输和仓储业	-0.310^{**}	118	显著负相关
完全垄断	电气、煤气、自来水生产供应业	-0.094	72	无显著性

注：** 指在 3% 水平上显著。

从表 5-11 可以看出，在完全的垄断市场结构中，公用事业类的电气、煤气、自来水供应上市公司的投资风险与机构投资者数目和持股比例均没有相关关系，表明机构投资者对这类行业的股票没有显著性影响。在完全竞争、垄断竞争和寡头垄断三种市场结构中，上市公司的投资风险都与机构投资者的数目或持股比例呈现显著的负相关关系。产生这一结果的原因可能是，在完全垄断的市场结构中，上市公司通常由国家控股，投资风险相对稳定，不易受到机构持股的影响；另外行业内部缺乏有力的竞争者，上市公司优化自身治理结构的动力不足，这使得机构投资者的持股并没有对上市公司的治理产生一定的影响，也就不会影响股票投资风险。

5.3　机构投资者的独立性与投资风险分析

5.3.1　引言

　　如前所述，理论界对机构投资者的影响作用有大量研究，然而，关于机构投资者能否对公司经理人员进行有效监督仍没有确定的结论。目前主要有两种对立的观点：第一种观点认为机构投资者不能有效监督公司经理人员，也不能促进公司治理的改进。第二种观点则认为机构投资者能够积极参与公司治理。因此，要明确机构投资者与公司治理的关系，有必要对不同机构投资者的特性及其影响作用进行研究。在这方面，学者们研究了机构投资者对公司事件的影响，如对反接管修正（Brickley 等，1988）、研发支出（Bushee，1998）、经理报酬（Almazan 等，2005）、兼并决策（Gaspar 等，2005；Chen 等，2007）的影响，而缺乏对机构投资独立性影响的分析。这正是本节的研究内容。

5.3.2　机构投资者独立性的研究假设

　　机构投资者的独立性起源于对机构投资者的分类。沿用学者 Brickley 等（1988）、Almazan 等（2005）和 Chen 等（2007）的方法，Miguel 和 Pedro（2008）将机构投资者分为独立机构投资者（如共同基金经理和投资顾问）以及灰色机构（如银行信托、保险公司和其他机构）两类。独立机构投资者趋于成为"抗压者"（Pressure‑Resistant），而灰色机构则趋于成为"压力敏感者"（Pressure‑Sensitive）。例如，Brickley 等（1988）的研究发现，在修改反接管的提议中，银行和保险公司比其他机构投资者更支持管理层。

　　沿着这种思路，有必要分析独立机构投资者的特点，这表现为两个方面：一是独立机构投资者是抗压者，即他们能够或不用忍受所投资公司的压力，因此对所投资公司无所要求，而其所投资的公司也就缺乏对这类机构投资者的影响力。与此相反，对于灰色机构投资者而言，由于它们与公司有业务联系，为了保住这种业务关系，他们抵抗所投资公司要求的动机较小，容易受到所投资公司的影响；二是独立的机构投资者能够对公司实施更严格的监督，并由此对公司治理产生积极作用。如研究表明，在监督公司的过程中，独立机构的成本要小于灰色机构投资者，因为灰色机构投资者在要求管理层改变计划时有劣势，其原因是这可能会伤害它们与公司的业务关系（Chen 等，2007）。Miguel 和 Pedro（2008）对 27 个国家的研究发现，并不是所有的机构投资者都是有效的公司监督者，只有国外和独立机构投资者能够提高股东价值，他们拥有的所有权越高，公司价值越大。实证研究也发现，独立投资咨询者和共同基金是积极的监督者(Brickley 等，1988；Chen 等，2007)。

基于以上认识，我们认为独立的机构投资者能够对所投资公司的经营业绩进行公平评价，而所投资公司对机构投资者的投资决策和投资行为无影响。与此相反，灰色机构投资者可能是受到所投资企业影响的机构投资者，而受影响的主要原因是他们与所投资的企业有广泛或内在的业务关系或人际关系。在此情况下，机构投资者为了最大化自身的利益，会与所投资的企业形成利益共同体，而所投资的企业会通过机构投资者的投资咨询、评级报告等形式向社会发布相关信息，从而影响资本市场其他投资者的投资决策和股票价格趋势，并提高公司股票价格。因此，灰色机构投资者并不独立于所投资的公司。

如前所述，普遍而言，机构投资者包括共同基金、社保基金、券商集合理财、保险公司、QFII 等。根据以上的分类和定义，结合中国的实际，证券投资基金、社保基金和 QFII 是不受或较少受到上市公司影响的机构，可以认为是独立的机构投资者；而券商和保险公司与上市公司有广泛的业务联系，可以认为是灰色或不独立的机构投资者，本节将券商集合理财、保险公司和其他机构投资者共同列为灰色机构投资者。

从作用方面看，独立的机构投资者应能借助于其自身的研究能力和信息优势而对股票价格产生重要的影响，表现为购买被低估的股票，而卖出被市场高估的股票，即能够起到资本市场的价格发现功能。通过对公司股票的交易，使股票价格包含较多的市场信息，降低资本市场上投资者和上市公司的信息不对称程度，从而降低上市公司的投资风险。相反，对于灰色机构投资者，由于他们的交易不是基于上市公司真实信息的交易，因此其交易不能够起到价格发现功能；也不能使股价包含比其他投资者了解的更多的上市公司信息，因此也不能降低股票的投资风险。基于以上分析，假设如下：

基本假设：独立的机构投资者能够降低股票的投资风险，而灰色投资者不能降低证券的投资风险。

进一步看，机构投资者虽然可以通过向上市公司提供建议等方式影响公司绩效和股票价格，但其主要方式仍然是通过交易完成的。机构投资者对证券的交易受到机构投资者的数量和机构投资者的交易量(这体现为机构投资者对上市公司的所有权)两方面的影响。独立机构投资者数量越多，对上市公司价值正确判断的概率也越大，因而其数量越多越有利于股票价格向股票价值的回归，但灰色机构投资者难以发挥此功能。总体而言，独立机构投资者对上市公司的所有权越多，则股票价格包含的公司信息也越多，资本市场中投资者和上市公司的信息不对称程度也越低，从而有利于降低股票的投资风险。相对而言，由于机构投资者的交易不是基于公司真实信息的交易，因而不能认为灰色机构投资者对上市公司的所有权也能够降低投资风险。此时，有如下进一步的研究假设：

假设 H1：独立机构投资者的数量和所有权与风险负相关。

假设 H2：灰色机构投资者的数量和所有权与风险显著正相关或无显著性相关关系。

5.3.3　研究设计与研究变量

要检验研究假设，需确定研究变量、选择研究样本，并对样本数据进行描述性统计。

1. 研究变量设计

关于投资风险，证券投资理论将其分为系统性风险和非系统性风险。在资本市场上，由于非系统性风险能够完全分散，所以人们更关心因整个资本市场的波动所造成的系统性风险。公司股价反映了公司所披露的信息和其他信息，股价的波动性也就反映了上市公司和投资者信息不对称的程度，股价波动性越大，说明信息不对称的程度越高，反之则越小。因此，本节用描述上市公司系统性风险的指标——贝塔系数 BETA——反映股价的波动性，贝塔系数越大，说明股价波动性或投资风险越大。与此同时，投资者也关心其投资回报率风险，本节用回报率的方差，即反映回报率波动性的 Sigma 系数测定投资回报率风险。

在研究假设中，解释变量为独立和灰色机构投资者所有权与机构投资者数量，其中，机构投资者所有权为相应的机构投资者持股比例之和。

为检验研究假设 H1 和 H2，本节选取了公司规模、董事会规模、独立董事规模、监事会规模、债务资本比率以及股权集中度 6 个控制变量。对于上市公司而言，公司规模越大，则产生的信息越多，机构投资者可利用的信息也越多。因此，公司规模与信息披露质量、机构投资者的信息发现功能相关，本节用公司总资产以 10 为底的对数 SCA 表示公司规模。公司的资本结构反映了公司的股权与债权的比例及其关系，如果债权越多，为保护自身利益不受内部人的侵害，外部投资者对信息披露的要求也就越高。因此我们将债务资本比率 RDA 也作为一个控制变量。公司信息披露的质量、股价波动性也与公司的治理水平相关，董事会规模、监事会规模和独立董事的规模对信息披露、股价波动有一定影响，我们也将其列为控制变量，这三个变量分别用 SBD、SBM 和 SBID 表示。股权集中度反映了公司的所有权结构，因此，我们也将反映股权集中度的最大股东持股比例 CR_1、前五大股东持股比例 CR_5 和前十大股东持

股比例 CR_{10} 引入模型。所有这些变量见表 5 - 12。

表 5 - 12　变量名称及定义

变量名称	变量符号	变量定义
收益率风险	SIGMA	Sigma 系数，即回报率方差，表示回报率的波动性
投资风险-系统性风险	BETA	股票系统性风险
独立机构投资者数量	NIII	独立机构投资者数量
独立机构投资者持股比例	RIII	独立机构投资者持股比例之和占流通股的比例（%）
灰色机构投资者数量	NGII	灰色机构投资者数量
灰色机构投资者持股比例	RGII	灰色机构投资者持股比例之和占流通股的比例（%）
国内机构投资者的数量	NNI	国内机构投资者的数量
国内机构投资者的所有权	RNI	国内机构持股占流通股的比例（%）
公司规模	SCA	公司总资产以 10 为底的对数
债务资本比率	RDA	公司负债合计/股东权益
董事会规模	SBD	公司董事会人数
独立董事规模	SBID	公司独立董事人数
监事会规模	SBM	公司监事会人数
股权集中度	CR_1	第一大股东持股比例
股权集中度	CR_5	公司前五大股东持股比例之和
股权集中度	CR_{10}	公司前十大股东持股比例之和

2. 样本选择、数据来源与描述性统计

本节选择的样本为 2006—2009 年在沪深证券交易所的上市公司，在去掉 BETA 为负的公司和债务资本比率为负的公司后，共得到年度样本 5618 条。由于本节的关注点是机构投资者与投资风险的关系，因此与其他研究不同的是，样本保留了金融类上市公司。机构投资者的数据来源于 Wind 数据库，其他数据来自于 CCER 数据库，数据的描述性分析如表 5 - 13 所示。

表 5 – 13　样本数据描述

指标 变量	最小值	最大值	平均值	标准差
Sigma 系数	0.014	0.13	0.038	0.008
BETA	0.01	4.88	1.07	0.27
NIII	0.00	248.0	15.56	27.50
RIII	0.00	97.40	10.69	16.40
NGII	0.00	17.00	2.98	2.17
RGII	0.00	98.51	13.89	16.64
NNI	0.00	260.00	18.35	27.85
RNI	0.00	98.50	24.20	22.13
SCA	0.00	1.22E1	9.36	0.55
RDA	0.00	692.69	1.74	11.16
SBD	0.00	19.00	6.07	1.66
SBID	0.00	10.00	2.91	1.49
SBM	0.00	15.00	4.13	1.49
CR_1	0.03	0.65	0.36	0.16
CR_5	0.02	0.93	0.52	0.15
CR_{10}	0.04	0.98	0.54	0.15

　　从表 5 – 13 中上市公司的股价波动性即 BETA 可以看出，其系统性风险的平均值为 1.07，总体风险水平不高。从独立机构投资者的角度看，每家上市公司平均有 15.56 个机构投资者，其平均持有流通股的比例为 10.69%，说明独立机构投资者在上市公司中的地位较高，对公司决策有一定的影响力。比较而言，每家上市公司平均只有 2.98 个灰色机构投资者，但其平均持股比例占流通股的 13.89%，高于独立机构投资者，表明其对上市公司的影响程度可能更大。表中数据同时表明，在不考虑国外机构投资者的情况下，每家上市公司中国内机构投资者数量为 18.35，平均持股比例占流通股的 24.2%，持股比例较高，表明机构投资者是我国资本市场的重要力量。

5.3.4　机构投资者独立性与投资系统性风险的比较分析

　　为研究独立机构投资者对投资系统性风险的影响，研究模型为

$$BETA = c_0 + c_1 NIII + c_2 RIII + c_3 SCA + c_4 RDA + c_5 SBD + c_6 SBID$$
$$+ c_7 SBM + c_8 CR_1 + c_9 CR_5 + c_{10} CR_{10} + \mu \quad (5-6)$$

其中，c_0 为常数项；c_i 为各变量的系数；μ 是随机干扰项。

利用 SPSS 对样本数据进行处理，得到独立机构投资者与投资风险的关系，见表 5-14。

表 5-14　独立机构投资者与投资风险关系

模型相关性　　变量	非标准化回归系数		标准化回归系数	t 值	Sig.
	B 值	标准误差	BETA 值		
常数项	0.459***	0.078	—	5.861	0.000
NIII	−0.002***	0.000	−0.178	−8.323	0.000
RIII	0.000	0.000	0.014	0.604	0.546
SCA	0.083***	0.009	0.160	9.602	0.000
RDA	−4.22E−6	0.000	0.000	−0.039	0.969
SBD	−0.001	0.003	−0.007	−0.452	0.652
SBID	−0.007***	0.003	−0.038	−2.724	0.006
SBM	0.002	0.003	0.008	0.573	0.566
CR$_1$	0.129***	0.039	0.068	3.328	0.001
CR$_5$	0.323	0.237	0.173	1.362	0.173
CR$_{10}$	−0.622***	0.237	−0.330	−2.622	0.009
模型指标	$R^2=0.048$		调整后的 $R^2=0.049$	$F=27.52$***	

注：*** 指在 1% 水平上显著。

由表 5-14 可以看出，国内独立机构投资者的数量在 1% 水平上对投资风险有显著性的负面影响，支持假设 H1；其持股比例对投资风险在 1% 水平上有正影响，但没有显著性。这表明即使是国内的独立机构投资者也只能通过数量对投资风险产生影响。从标准化回归系数看，国内独立机构投资者数量的作用大于第一大股东所有权的作用，但小于前十大股东所有权的作用，这表明国内独立机构投资者数量是影响投资风险的重要变量。

为研究灰色机构投资者对投资系统性风险的影响，利用式（5-7）所示的模型：

$$BEAT = d_0 + d_1 NGII + d_2 RGII + d_3 SCA + d_4 RDA + d_5 SBD + d_6 SBID$$
$$+ d_7 SBM + d_8 CR_1 + d_9 CR_5 + d_{10} CR_{10} + \psi \quad (5-7)$$

其中，d_0 为常数项；d_i 为各变量的系数；ψ 为随机干扰项。

利用 SPSS 对样本数据进行处理，得到灰色机构投资者与投资风险的关系，见表 5-15。

表 5-15　灰色机构投资者与投资风险

模型相关性 变量	非标准化回归系数		标准化回归系数	t 值	Sig.
	B 值	标准误差	BETA 值		
常数项	0.864***	0.066	—	13.068	0.000
NIII	0.007***	0.002	0.052	3.332	0.001
RIII	0.000	0.000	−0.029	−1.882	0.060
SCA	0.039***	0.008	0.075	5.155	0.000
RDA	−6.34E−6	0.000	0.000	−0.058	0.954
SBD	−0.001	0.003	−0.008	−0.546	0.585
SBID	−0.008***	0.003	−0.041	−2.947	0.003
SBM	0.002	0.003	0.008	0.538	0.590
CR$_1$	0.112***	0.039	0.059	2.892	0.004
CR$_5$	1.145***	0.185	0.611	6.178	0.000
CR$_{10}$	−1.443***	0.180	−0.766	−8.022	0.000
模型指标　$R^2=0.034$　　调整后的 $R^2=0.032$　　$F=19.18***$					

注：*** 指在 1% 水平上显著。

由表 5-15 可以看到，国内灰色机构投资者数量在 1% 水平上对投资风险有显著性正面影响，支持研究假设 H2；其持股比例对投资风险几乎没有影响，支持假设 H2。总体而言，机构投资者的两个指标的影响作用相反，表明机构投资者作用的模糊性或不确定性。这与"灰色"的含义是相同的。

表 5-16 比较了独立机构投资者与灰色机构投资者对系统性风险的影响关系。

表 5-16　机构投资者独立性对投资系统性风险影响的结果比较

变量 机构类型	灰色机构投资者	独立机构投资者
机构投资者数量	+***	−***
机构者持股比例	−	+

注：*** 指在 1% 水平上显著。

综合表 5-15 和表 5-16 可以看出，机构投资者数量对投资风险有显著性影响，而机构投资者持股比例对投资系统性风险没有显著性影响，表明机构投资者数量对投资系统性风险的影响大于机构投资者持股比例的影响；同时可以看到，独立性不同的机构投资者数量对投资系统性风险的影响不同：国内灰色机构投资者数量对投资风险有显著性正面影响，而国内独立机构投资者对投资风险有显著性负面影响，因此对机构投资者独立性的分析有重要现实意义。

5.3.5　机构投资者对投资回报率风险的比较分析

为进一步研究机构投资者独立性与投资风险的关系，本节以投资回报率风险为因变量，并利用式(5-8)所示模型进行分析：

$$SIGMA = g_0 + g_1 NIII + g_2 RIII + g_3 SCA + g_4 RDA + g_5 SBD + g_6 SBID$$
$$+ g_7 SBM + g_8 CR_1 + g_9 CR_5 + g_{10} CR_{10} + \upsilon \qquad (5-8)$$

其中，g_0 是常数项；g_i 为各变量的系数；υ 为随机干扰项。

表 5-17 是相应的研究结果。

表 5-17　独立机构投资者对投资回报率风险的影响

相关性 变量	非标准化回归系数		标准化回归系数	t 值	Sig.
	B 值	标准误差	BETA 值		
常数项	0.038***	0.002	—	18.308	0.000
NIII	-3.80E-5***	0.000	-0.132	-6.234	0.000
RIII	2.95E-5***	0.000	0.063	2.752	0.006
SCA	0.000	0.000	0.027	1.655	0.098
RDA	-3.24E-7	0.000	-0.002	-0.117	0.907
SBD	0.000***	0.000	0.092	6.257	0.000
SBID	-0.002***	0.000	-0.366	-26.780	0.000
SBM	9.78E-5	0.000	0.019	1.337	0.181
CR_1	0.002	0.001	0.031	1.526	0.127
CR_5	0.003	0.006	0.054	0.437	0.662
CR_{10}	-0.007	0.006	-0.134	-1.090	0.276
模型指标	$R^2=0.143$		调整后的 $R^2=0.141$	$F=82.35***$	

注：*** 指在 1% 水平上显著。

　　由表 5-17 可以看出，国内独立机构投资者数量在 1‰ 水平上对投资回报率风险有显著性的负面影响，表明独立机构投资者数量的增加有利于降低投资回报率风险，支持假设 H1。与此相反，国内独立机构投资者持股比例在 1‰ 水平上对投资回报率风险有显著性正面影响，这不支持假设 H1。究其原因，我们认为主要是由于我国机构投资者持有的公司市值相对较大，机构投资者的高持股比例使单一的机构投资者面临着因其他机构投资者大量交易所产生的系统性投资风险，特别是股市不稳定时期，机构投资者呈现出较强的羊群效应。如宋军、吴冲锋（2001）的研究发现，我国的基金存在着羊群行为。

　　进一步，利用式（5-9）所示的模型研究灰色机构投资者对投资回报率风险的影响：

$$SIGMA = h_0 + h_1 NGII + h_2 RGII + h_3 SCA + h_4 RDA + h_5 SBD + h_6 SBID$$
$$+ h_7 SBM + h_8 CR_1 + h_9 CR_5 + h_{10} CR_{10} + \tau \qquad (5-9)$$

其中，h_0 为常数项；h_i 为各变量的系数；τ 为随机干扰项。

　　利用 SPSS 对样本进行分析，得到实证结果，见表 5-18。

表 5-18　灰色机构投资者对投资回报率风险的影响

模型相关性 变量	非标准化回归系数		标准化回归系数	t 值	Sig.
	B 值	标准误差	BETA 值		
常数项	0.044***	0.002	—	25.432	0.000
NGII	0.000***	0.000	0.117	7.663	0.000
RGII	−3.39E−5***	0.000	−0.076	−4.981	0.000
SCA	0.000*	0.000	−0.030	−2.121	0.034
RDA	−5.65E−7	0.000	−0.003	−0.205	0.837
SBD	0.000***	0.000	0.087	5.936	0.000
SBID	−0.002***	0.000	−0.362	−26.449	0.000
SBM	9.24E−5	0.000	0.018	1.265	0.206
CR_1	0.002	0.001	0.033	1.629	0.103
CR_5	0.009	0.005	0.171	1.778	0.075
CR_{10}	−0.011**	0.005	−0.225	−2.437	0.015
模型指标　　$R^2 = 0.144$　　调整后的 $R^2 = 0.145$　　$F = 84.89$***					

　　注：* 指在 5% 水平上显著；** 指在 3% 水平上显著；*** 指在 1% 水平上显著。

由表 5-18 可以看出，国内灰色机构投资者的数量在 1％水平上对投资回报率风险有显著性正面影响，支持假设 H2。但灰色机构投资者所有权在 1％水平上对其有显著性负面影响，这不支持假设 H2。为什么灰色机构投资者持股比例的提高会减少投资回报率风险呢？我们认为，可能是由于其持股量较大，从而激励了其进行大量交易，并使股价包含更多信息，降低了投资回报率的波动性。另一可能原因是基于稳健投资策略的基金持股比例较多，从而降低了整个市场的投资回报率的波动性或回报率风险。表 5-19 是对以上结果的小结。

表 5-19　不同机构投资者对投资回报率风险的影响

机构投资者类型 相关性 变量	灰色机构投资者	独立机构投资者
机构投资者数量	＋***	－***
机构者持股比例	－***	＋***

注：*** 指在 1％水平上显著。

从表 5-19 的比较可以看出，国内独立机构投资者和灰色机构投资者对投资回报率的影响方向相反，这表明国内独立机构投资者数量的增多或灰色机构投资者持股比例的增加有利于降低投资回报率风险，但独立机构投资者持股比例和灰色机构投资者数量的增加则会增加投资回报率风险。

5.4　境外机构投资者与境内机构投资者对投资风险的影响

5.4.1　境内外机构投资者对比与研究假设

由于机构投资者有信息优势，人们希望机构投资者能够降低股价波动。然而关于机构投资者持股比例与股价波动的关系有较多争论，其中一个可能原因是不同的机构投资者有不同的特点，所以其对投资风险的影响也就有所不同。相对于境外投资者而言，境内机构投资者在文化、地理位置、政策理解等方面比境外投资者有更大的优势，从而使境内机构投资者可能拥有更多的信息，并取得更好的投资业绩。Malloy(2005)发现本地机构投资者有信息优势，导致他们有更好的收益。Dvorak(2005)对印度尼西亚的研究也提供了类似的证据。Kalev 等(2008) 发现赫尔辛基证券交易所的本地投资者比境外投资者有信息优势。Agarwal 等(2009)也发现在印度尼西亚市场上境外投资者的表现不如本地投资者。与此相反，境外机构投资者可能拥有更为完善的信息分析技术和投资经验，从而使其在对经济形势的判断上有更大优势。如 Grinblatt 和 Keloharju (2000)对芬兰证券市场的研究发现，境外投资者凭借其复杂的分析技术，取得了比本地投资者更好的收益，这表明尽管国外投资者像本地缺乏信息的投资者一样进行投资，但他们有更大的能力进行分析并预测回报(Bae 等，2011)。

从已有文献看，境内外学者对国内外机构投资者影响的比较研究较少。国外文献(Bae 等，2011)研究了境外机构投资者、境内机构投资者和个人投资者的投资行为，发现境外机构投资者是正反馈战略投资者并寻求股票的成长性，而国内机构投资者也是正反馈战略投资者(购买股价上升的股票并卖出股价下跌的股票)，但趋向于购买有价值的股票。比较而言，国内对境内外机构投资者的比较分析不多。本节认为境外机构投资者与国内机构投资者一样能够充分应用其优势，从而共同起到降低证券投资风险的作用，据此，研究假设为：境内和境外机构投资者都能够降低投资风险。为了与 QFII 这种境外合格机构投资者的名称一致，以下境外和境内投资者均称为境外与境内机构投资者。

5.4.2　样本数据与描述性分析

要检验研究假设，需确定研究变量、选择研究样本，并对样本数据进行描述性统计。

1. 研究变量设计

为检验假设，本节引入解释变量、被解释变量以及控制变量。被解释变量为反映投资系统性风险的贝塔值(BETA)和投资回报风险(RVAR)。解释变量为境内机构投资者参与上市公司的数量(NNII)、境内机构投资者所有权(RNII)、合格境外投资者的家数(NQF)、QFII 持股占流通股的比例(RQF)、境内外机构投资者参与上市公司的数量(NII)、境内外机构投资者持股占流通股的比例(RII)。为检验研究假设，本节选取了公司规模(SCA)、董事会规模(SBD)、独立董事规模(SBID)、监事会规模(SBM)、债务资本比率(RDA)以及股权集中度 CR_1、CR_5 和 CR_{10} 6 类控制变量。所有这些变量见表 5 - 20。

表 5 - 20　变量名称及定义

变量名称	变量符号	变量定义
投资风险	BETA	系统性风险
	RVAR	公司股票年度回报率的标准方差(即 Sigma 系数，本文称为投资回报风险)

续表

变量名称	变量符号	变量定义
境内机构投资者参与数	NNII	境内机构投资者参与上市公司的数量
境内机构投资者所有权	RNII	境内机构投资者持股占流通股的比例(%)
QFII参与数	NQF	参与上市公司的QFII家数
QFII所有权	RQF	QFII持股占流通股的比例(%)
公司规模	SCA	公司总资产以10为底的对数
境内外机构投资者参与数	NII	境内外机构投资者参与数
境内外机构投资者所有权	RII	境内外机构投资者持股占流通股的比例(%)
债务资本比率	RDA	公司负债合计/股东权益
董事会规模	SBD	公司董事会人数
独立董事规模	SBID	公司独立董事人数
监事会规模	SBM	公司监事会人数
股权集中度	CR_1	第一大股东持股比例
股权集中度	CR_5	公司前五大股东持股比例之和
股权集中度	CR_{10}	公司前十大股东持股比例之和

2. 样本选择、数据来源与描述性统计

本节选择的样本为2006—2009年深沪证券交易所的上市公司。在对数据进行整理后,得到2006年1295家公司,2007年1386家公司,2008年1476家公司,2009年1595家公司。机构投资者数量、所有权的数据来自Wind资讯,其他数据来自CCER数据库。所有数据的描述性分析如表5-21所示。

表5-21　样本数据的描述性分析

指标＼变量	最小值	最大值	平均值	标准差
BETA	-4.09E0	4.875	1.068E0	0.29
RVAR	0.00	1.75	0.36	0.25
NNII	0.00	260	17.99	27.62
RNII	0.00	48.25	24.01	23.05
NQF	0.00	7.00	0.19	0.651
RQF	0.14	23.76	2.89	3.11

续表

指标 变量	最小值	最大值	平均值	标准差
NII	0.00	267	9.04	28.27
RII	0.07	36	13.45	13.08
SCA	−4.00	12.16	9.34	0.57
RDA	−1.786E3	692.69	0.62	40.12
SBD	0	19	6.06	1.67
SBID	0	10	2.90	1.49
SBM	0	15	4.12	1.49
CR_1	0.0	56.9	0.36	0.16
CR_5	0.02	0.98	0.52	0.16
CR_{10}	0.04	0.98	0.54	0.16

由表 5-21 可以看出，境内机构投资者参与上市公司的平均数量接近 18 个，而合格境外机构投资者参与我国上市公司的数量平均只有 0.19 个。从所有权指标看，境内机构投资者持股占流通股的比例平均为 24.01%，而合格境外机构投资者持股占比平均为 2.89%。境内机构投资者与合格境外机构投资者的差距较大是由于我国资本项目尚未完全对外开放，合格境外机构投资者在我国资本市场的投资行为有额度限制。从投资风险角度看，样本上市公司的贝塔值平均接近 1，表明单一上市公司有与整个市场相近的投资风险；从投资回报风险看，其平均值为 0.36，表明上市公司的投资回报风险较小。

5.4.3　研究模型及结果

1. 研究模型

本节的研究模型为

$$\mathrm{RISK}_{ij} = A_{ij} + B_{ij}N + C_{ij}R + D_{ij}\mathrm{SCA} + E_{ij}\mathrm{RDA} + F_{ij}\mathrm{SBD} + G_{ij}\mathrm{SBID}$$
$$+ H_{ij}\mathrm{SBM} + K_{ij}\mathrm{CR}_1 + M_{ij}\mathrm{CR}_5 + N_{ij}\mathrm{CR}_{10} + \varepsilon_{ij}$$

$$i = 1, 2; \ j = 1, 2, 3$$

(5-10)

其中 i 表示两类被解释变量（BETA）和投资回报风险（RVAR）；j 表示境内外、境内和境外机构投资者三类；RISK_i 分别表示反映股票投资的系统性风险（BETA）和公司风险（RVAR）；N 为参与上市公司的境内外机构投资者数量、境内机构投资者数量和 QFII 家数；R 表示境内外机构投资者持股占流通股的比重、境内机构投资者持股占流通股的比重和 QFII 持股占流通股的比重；a_{ij} 为常数项；ε_{ij} 为随机干扰项；其他变量见表 5-21，共有 6 个研究模型。在比较境内外机构投资者与投资风险关系的同时，本节也将所有机构投资者与投资风险的关系进行了研究，以作为研究比较参考。

2. 境外和境内机构投资者对投资系统性风险的影响

利用 SPSS 对样本数据进行处理，得到回归结果如表 5-22 所示。由于我们采用全部进入法，模型检验表明解释变量之间的多重共性是可以容忍的。

表 5-22　不同机构投资者对证券投资系统性风险的影响

相关性 变量 \ 模型	境内外机构投资者（模型 1）		境内机构投资者（模型 2）		境外机构投资者（QFII）（模型 3）	
	Beta 值	t 值	Beta 值	t 值	Beta 值	t 值
NII	−0.163***	−8.465	—	—	—	—
RII	−0.007	−0.375	—	—	—	—
NNII	—	—	−0.16***	−8.41	—	—
RNII	—	—	−0.01	−0.51	—	—
NQF	—	—	—	—	−0.039	−0.673
RQF	—	—	—	—	0.131**	2.134
SCA	0.158***	9.449	0.016***	9.443	0.008	0.171
RDA	0.000	−0.042	0.00	−0.04	0.109***	2.714
CR_1	0.067***	3.287	0.067***	3.300	0.005	0.089
CR_5	0.114	0.92	0.11	0.88	0.521	1.680
CR_{10}	−0.27**	−2.19	−0.265*	2.16	−0.635*	−2.088
SBD	−0.006	−0.394	−0.006	−0.40	−0.089*	−2.016
SBID	−0.039***	−2.853	−0.04***	−2.87	−0.083*	−2.081
SBM	0.009	0.598	0.009	0.61	0.015	0.361
模型指标	$R^2=0.048$ $F=26.84***$ 调整后的 $R^2=0.047$		$R^2=0.048$ $F=26.87***$ 调整后的 $R^2=0.047$		$R^2=0.045$ $F=3.028***$ 调整后的 $R^2=0.03$	

注：***指在 1% 水平上显著；**指在 3% 水平上显著；*指在 5% 的水平上显著。

由表 5－22 可以看出，境外机构投资者所有权在 3％水平上与上市公司股票的系统性风险显著正相关，表明境外机构投资者会加大证券投资的系统性风险，不支持本节的研究假设。一个有趣的问题是，境外机构投资者持股占流通股的比重较小，但为什么能够对投资的系统性风险产生显著性影响作用呢？我们认为这可能与境外机构投资者的信誉有关。众所周知，我国资本市场发展的历史较短，投资者普遍缺乏正确的投资理念和方法，从而对境外机构投资者有盲目的崇拜心理，放大了境外机构投资者对投资风险的影响。由于其持股量较小，缺乏通过交易影响投资风险的能力和获利能力，但境外机构投资者有可能利用发布中国经济发展报告等形式误导投资者，进而影响中国资本市场的环境，从而达到其盈利目的。

与此相反，境内机构投资者虽然持股量相对较多，但其所有权并没有对投资风险产生显著性影响，这不支持研究假设。与此同时，境内机构投资者的数量与投资系统性风险显著负相关，表明境内机构投资者数量的增多有利于降低投资的系统性风险，这为本节假设提供了支持。如果从整体上看，所有机构投资者的数量也与投资系统性风险显著负相关，这与境内机构投资者的作用相同，意味着整体而言，我国机构投资者的数量有利于降低证券投资风险。由此得出的结论是：机构投资者数量会降低系统性风险，但境内外机构投资者的影响不同；其中境外机构投资者所有权会加剧系统性风险，而境内机构投资者的数量会降低系统性风险。

3. 境内外机构投资者对股价波动风险的影响

与以上分析相似，利用 SPSS 对数据进行处理，从而得到不同机构投资者对投资回报风险的影响，表 5－23 是相应的结果。

由表 5－23 可以看出，无论是境外机构投资者所有权还是数量都对投资回报风险没有显著性影响，不支持本节的研究假设。与此不同，境内机构投资者的数量在 1％水平上与投资回报风险显著负相关，表明境内机构投资者数量会降低投资风险，支持本节的研究假设。从所有机构投资者的角度看，境内外机构投资者的数量也在 1％的水平上与投资回报风险显著负相关，表明整体而言，机构投资者的数量有利于降低投资回报风险，即在对投资回报风险的影响方面，境外机构投资者没有发挥作用，而境内机构投资者的数量起到了主导影响。

表 5 - 23　　不同机构投资者对投资回报风险的影响

模型相关性 变量	境内外机构投资者（模型 4）		境内机构投资者（模型 5）		境外机构投资者（QFII）（模型 6）	
	Beta 值	t 值	Beat 值	t 值	Beta 值	t 值
NII	−0.086***	−4.499	—	—	—	—
RII	−0.009	−0.458	—	—	—	—
NNII	—	—	−0.085***	−4.454	—	—
RNII	—	—	−0.004	−0.21	—	—
NQF	—	—	—	—	−0.010	−0.192
RQF	—	—	—	—	0.026	0.450
SCA	0.021	1.284	0.02	1.19	0.031	0.744
RDA	−0.002	−0.124	−0.002	−0.121	0.056	1.513
CR_1	0.032	1.58	0.032	1.576	0.045	0.902
CR_5	−0.128	−1.068	0.106	−0.89	1.976***	6.897
CR_{10}	0.057	0.477	0.034	0.283	−2.239***	−7.916
SBD	0.093***	6.357	0.093***	6.357	0.107***	2.608
SBID	−0.367***	−26.84	−0.367***	−26.85	−0.011	−0.296
SBM	0.019	1.31	0.019	1.3	−0.032	−0.832
模型指标	$R^2=0.141$ $F=80.7***$ 调整后的 $R^2=0.139$		$R^2=0.141$ $F=80.52***$ 调整后的 $R^2=0.139$		$R^2=0.146$ $F=11.61***$ 调整后的 $R^2=0.133$	

注：*** 指在 1％水平上显著；** 指在 3％水平上显著；* 指在 5％的水平上显著。

4. 境内外机构投资者对投资风险的影响比较

为比较不同机构投资者对投资风险的影响，现将分析结果归纳于表5 - 24。

表 5 - 24　　不同机构投资者对投资风险的影响

影响模型 解释变量	对系统性风险的影响			对股票投资回报风险的影响		
	境内外机构投资者	境内机构投资者	QFII	境内外机构投资者	境内机构投资者	QFII
机构投资者数量	−***	−***	—	−***	−***	—
机构持股占流通股比例	—	—	+***	—	—	+

注：*** 指在 1％水平上显著。

由表 5 - 24 可以得到的研究结果有如下两点：

① 境内机构投资者以及所有机构投资者数量具有降低投资系统性风险和投资回报风险的作用，这不仅支持国外研究（Rjgopal 等，1999）的观点，也支持国内研究（祁斌等，2006；汤大杰，2007）的观点。因而，大力发展机构投资者有利于稳定股票市场，降低投资风险，对稳定证券市场有重要意义。

② 与境内机构投资者不同，境外机构投资者所有权会加大投资的系统性风险，这不仅支持国外研究（Maug 和 Naik，1996）的观点，同时也支持国内研究（李胜利，2007；岳意定，周可峰，2009；孔东民，魏诗琪，2009）的观点。

本 章 小 结

机构投资者是否会减少投资风险是理论研究的重要议题。基于研究结论不一致的现状，本章分别从信息披露、股票价格指数、机构投资者的独立性、国内与国外机构投资者等不同角度分析了机构投资者与投资风险的关系，这种利用多样本、多变量、多角度的交叉性分析对于深入理解机构投资者的影响有现实意义。

第六章　机构投资者的羊群行为与公司治理行为

6.1　羊群行为的文献简述及研究问题

6.1.1　羊群行为的内涵

　　羊群行为是资本市场中的重要现象，受到学者们的广泛关注。然而，关于羊群行为的内涵，学者们有不同的定义。程希明等(2004)认为，羊群效应是指当股市参与者做出一个不可逆转的决策时，会忽视他们自己的信息，而受到其他投资者的影响，去模仿其他投资者的行为。李新路和韩志萍(2007)的研究认为，羊群行为是指市场参与主体在信息环境不确定的情况下，行为受到其他参与主体的影响，模仿他人决策，或者过度依赖于舆论即市场中压倒多数的观念，而不考虑自己信息的行为。这种定义的不足是难以区分一个机构投资者的行为是否"受到了其他参与主体的影响"，因而存在难以界定的问题。其他一些定义也存在此类问题。如李平和曾勇(2006)认为，羊群行为仅指原本不打算投资(或打算投资)的投资者在观察到其他人的投资(或不投资)行动后改变原有的信念进行投资(或不投资)的行为。根据其分析，羊群行为应是投资者在信息不完全条件下的模仿行为。这些概念的不足是用投资者的投资动机或原因来定义羊群行为本身。由于投资行为既受到客观外部环境的影响，也受到自身理性或非理性的影响，因此单一投资者的决策是否受到其他投资者的影响或其行为是否是模拟行为具有不可观测性。所以，利用投资者的具体行为而不是用其投资动机来界定羊群行为可能是较好的选择。在这方面，我们赞同 Wemers (1999)的观点，他将羊群行为定义为在某个时期，当一定数量的基金同时买卖某种或几种股票的次数多于基金随机地、独立地交易股票的次数时，羊群效应就发生了。这种定义的最大优势在于具有可操作性，即可以根据基金买卖某种或几种股票的次数确定是否有羊群行为。

基于以上原因，我们认为，羊群行为有广义和狭义之分。从宏观意义上讲，羊群行为不仅包括资本市场上的模仿投资行为，也包括储户的银行挤兑行为和房地产市场的跟风行为；狭义上的羊群行为仅指资本市场上出现的大量与其他投资者相似的投资行为。这种概念坚持"存在的就是合理的"理念，既不需要考虑其投资动机或模仿行为的原因，也不考虑其行为是否是一种理性行为，因而具有较好的观测性。

关于羊群行为产生的原因，现有观点较多，具有代表性的是信息流动模型、声誉模型和薪酬模型。由 Banerjee(1992)提出的信息流模型认为，机构投资者可以获得其他机构投资者的相关信息，并容易采取相同的投资策略，从而产生羊群行为。由 Scharfstein 和 Stein(1990)提出的声誉模型认为，投资者会根据机构投资者的业绩判断其投资水平。如果机构投资者采取与其他大多数经理不同的投资策略，会面临声誉成本，由此导致机构投资者也采取相同的投资策略，从而产生羊群行为。在理性人假设条件下，Maug 和 Naik(1996)的薪酬模型认为，机构经理人会选择与参照其他机构投资经理人相同的投资组合作为其最优投资，从而导致羊群效应。国内学者朱彤和叶静稚(2009)认为羊群行为发生的原因有两个极端的观点，分别是非理性与理性羊群行为。非理性的羊群行为指投资者抛弃理性的分析，盲目跟随他人。这种盲目可能基于当时的流行趋势，也可能基于个人的情绪因素。理性的羊群行为是投资者在面对信息弱势以及某些信息的刺激下，群体看法一致所产生的群聚现象。虽然羊群行为的产生有不同解释，但我们认为，羊群行为是一种外在现象，对羊群行为是否为理性的讨论只具有理论意义。

6.1.2　羊群行为研究现状

在对羊群行为的讨论中，机构投资者是否存在羊群行为是学者们比较关心的一个问题。从国外文献看，Lakonishok 等(1992)、Huang(1995)、Chang 等(2000)的实证分析均表明资本市场存在羊群行为；Chang 等（2000)的研究进一步发现牛市中的羊群效应大于熊市的羊群效应；Tan 等（2008)的研究表明，美国、日本、韩国和中国香港的羊群行为并无区别。由于机构投资者是资本市场的重要力量，因此机构投资者可能是资本市场发生市场羊群行为的主要动力。从国内研究看，苏艳丽和庄新田(2008)的分析表明，我国证券投资基金存在着羊群行为，其程度高于美国，而且卖方羊群行为明显大于买方羊群行为。陈晓和与刘波(2009)的研究也表明 QFII 存在明显的羊群效应，而且卖出羊群效应明显大于买入羊群效应。

虽然学者们对羊群行为研究较多,其存在性也得到了证实,但现有文献至少存在两方面的问题。第一,我国机构投资者卖方羊群行为是否大于买方羊群行为?对这一问题争议较大。如苏艳丽和庄新田(2008)的研究表明,我国证券投资基金存在着羊群行为的程度高于美国,而且卖方羊群行为明显大于买方羊群行为,这与魏立波(2010)认为中国开放式基金买入股票时的羊群行为要高于卖出股票时的羊群行为的观点不同。第二,现有研究度量机构投资者羊群行为程度的方法较多,包括 Lakonishok 等(1992)提出的 LSV 模型、Grinblatt 等(1995)设计的 PCM 指标、Christie 和 Huang 提出的 CSSD 方法等,但其不足是计算复杂,能否用一个简洁方法对机构投资者的卖方羊群行为明显大于买方羊群行为进行测试也就成为一个问题。

基于以上的认识,本节首先提出了测量羊群行为更为简单的方法;其次,我们试图进一步检验机构投资者的卖方羊群行为是否大于买方羊群行为的问题。

6.2 变量设计与研究样本

1. 研究变量

研究机构投资者羊群行为的关键问题是如何测量羊群行为的程度。基于 Wemers(1999)的定义,我们认为如果多数机构投资者购买了某一上市公司的股票,表明出现了羊群行为。在公司治理实践中,我国上市公司会定期公布其前十大股东的信息,如前十大流通股股东。由于机构投资者通过证券投资的方式取得投资收益,所以它主要出现于前十大流通股股东中。沿着这种思路,我们认为如果在前十大流通股股东中多数为机构投资者,则认为他们有购买的羊群行为;如果在上市公司的前十大流通股股东中没有出现多数机构投资者,则认为机构投资者有卖出股票的羊群行为。其中"多数"指大于五的数量,即本文用大于或小于五的数量分别测量机构投资者购入或卖出的羊群行为。虽然这一界定的主观性强,但至少是一种可尝试的度量方式。

为用实证方法回答本节的研究问题,我们引入解释变量、被解释变量以及控制变量。其中解释变量为机构投资者的羊群行为,根据上文观点确定。本节的被解释变量为体现投资系统性风险的贝塔值(BETA),主要原因是如果机构投资者有卖方或买方羊群行为,则会导致股票价格的波动。股价波动性越大,说明信息不对称性程度越高,投资风险越大;反之则越小。这意味着羊群行为与股价波动或投资风险相关。与此同时,本节选取了 6 类控制变量,包括公司规模、董事会规模、独立董事规模、监事会规模、债务资本比率以及股权集中度，其原因在前面章节中已经有所表述。所有这些变量见表 6-1。

表 6-1　变量名称及定义

变量名称	变量符号	变量定义
投资风险	BETA	股票系统性风险
投资回报率	RIR	考虑分红时的投资回报率
买入时的羊群行为程度	DHB	上市公司中前十大流通股股东中机构投资者的数量大于 5 的程度
卖出时的羊群行为程度	DHS	上市公司中前十大流通股股东中机构投资者的数量小于 5 的程度
卖或买时的羊群行为程度	DHBS	上市公司中前十大流通股股东中机构投资者的数量大于或小于 5 的程度
公司规模	SCA	公司总资产以 10 为底的对数
债务资本比率	RDA	公司负债合计/股东权益
董事会规模	SBD	公司董事会人数
独立董事规模	SBID	公司独立董事人数
监事会规模	SBM	公司监事会人数
股权集中度	CR_1	第一大股东持股比例
	CR_5	公司前五大股东持股比例之和
	CR_{10}	公司前十大股东持股比例之和

2. 样本选择、数据来源与描述性统计

本节的研究样本为 2001—2008 年在深圳证券交易所上市的非金融类、非 ST 类上市公司。在剔除数据不全的公司后，最后得到 2001 年 337 家公司，2002 年 293 家公司，2003 年 294 家公司，2004 年 309 家公司，2005 年 272 家公司，2006 年 278 家公司，2007 年 299 家公司，2008 年 276 家公司，共 2387 条数据。所有数据均来源于 CCER 数据库，其描述性分析如表 6-2。

表 6 - 2　样本数据的描述性分析

变量	最小值	最大值	平均值	标准差
BETA	0.0119	4.0957	1.0949	0.2918
RIR	0.00	9.1227	0.363 797	2.159
DHB	0.00	5.00	1.00	1.693
DHS	0.00	5.00	2.64	2.174
DHBS	0.00	5.00	3.62	1.547
SCA	−4.000	12.162	9.34	0.572
RDA	0.0082	273.7181	1.4248	5.583
SBD	0	19	6.06	1.669
SBID	0	10	2.90	1.495
SBM	0	15	4.12	1.489
CR_1	0	0.569	0.362	0.159
CR_5	0.024	0.979	0.518	0.157
CR_{10}	0.0385	0.979	0.542	0.155

　　从表 6 - 2 可以看出，证券投资的系统性风险即贝塔系数的平均值接近 1，投资回报率也很小。从机构投资者的羊群行为指标看，在买入时的羊群行为程度的均值为 1，而卖出时的平均值为 2.64，远大于买入时的数值，这表明卖出时的羊群行为程度大于买入时的羊群行为，支持苏艳丽和庄新田（2008）的观点，但与魏立波（2010）认为中国开放式基金买入股票时的羊群行为要高于卖出股票时的羊群行为的观点不同。

　　从公司的股权集中度看，前五大股东持股比例的平均值约为 51.8%，而前十大股东持股比例的平均值约为 54.2%，说明我国上市公司仍然存在"一股独大"的现象；同时说明前五大股东之外的股东持股比例很小，如第六到第十大股东持股比例之和仅仅为 2.4%，与前十大流通股中机构投资者持股比例之和相同。针对股权集中的现象，机构投资者应当能在稳定股价方面发挥重要作用。

6.3　实证分析结果

检验机构投资者的羊群行为是否增加了投资风险，分析思路如下：首先分析机构投资者买入股票时的羊群行为对投资风险的影响，然后分析机构投资者卖出股票时的羊群行为对投资风险的影响。回归分析结果分别见表 6－3 和表 6－4。

表 6－3　买入时的羊群行为对投资风险的影响

模型相关性　　解释变量	非标准化回归系数		标准化回归系数	检验 t 值	Sig.
	B 值	标准误差	Beta 值		
常数项	1.153***	0.119	—	9.695	0.000
机构投资者数量大于 5 的程度	−0.016***	0.003	−0.094	−4.727	0.000
总资产以 10 为底的对数值	0.010	0.013	0.016	0.824	0.410
债务资本比率	0.001	0.001	0.011	0.559	0.576
董事会的规模	−0.004	0.003	−0.031	−1.580	0.114
独立董事总人数	0.004	0.005	0.020	0.976	0.329
监事会的规模	−0.012***	0.004	−0.053	−2.696	0.007
第一大股东持股比例	0.002	0.002	0.018	0.920	0.358
CR_5 指数	0.045	0.212	0.023	0.213	0.831
CR_{10} 指数	−0.230	0.219	−0.113	−1.049	0.294
模型指标	$R^2=0.024$　　调整后的 $R^2=0.021$　　$F=7.422$***				

注：***指在 1% 水平上显著。

由表 6－3 可以看出，研究模型通过了显著性检验，说明模型可信。表中数据同时表明,机构投资者买入时的羊群行为程度对投资的系统性风险在1%的水平上有显著性负面影响,表明机构投资者的羊群行为能够降低证券市场的系统性风险。

表6-4　机构投资者卖出时的羊群行为对投资风险的影响

模型相关性 解释变量	非标准化回归系数		标准化回归系数	检验 t 值	Sig.
	B 值	标准误差	Beta 值		
常数项	1.129***	0.120	—	9.374	0.000
机构投资者数量小于 5 的程度	0.010***	0.003	0.073	3.645	0.000
总资产以 10 为底的对数值	0.010	0.013	0.015	0.787	0.431
债务资本比率	0.001	0.001	0.012	0.612	0.540
董事会的规模	−0.005	0.003	−0.035	−1.766	0.077
独立董事总人数	0.003	0.005	0.014	0.707	0.480
监事会的规模	−0.011**	0.004	−0.050	−2.514	0.012
第一大股东持股比例	0.002	0.002	0.017	0.899	0.369
CR$_5$ 指数	0.099	0.212	0.050	0.470	0.639
CR$_{10}$ 指数	−0.297	0.219	−0.146	−1.355	0.175
模型指标	$R^2=0.021$　调整后的 $R^2=0.018$　$F=6.399$***				

注:**指在3%水平上显著;***指在1%水平上显著。

　　由表6-4可以看出,研究模型通过了显著性检验,说明模型可信。表中数据同时表明,机构投资者卖出时的羊群行为对投资风险在1%的水平上有显著性正面影响,说明在卖出时机构投资者的羊群行为加大了证券投资的系统性风险。这与买入时羊群行为对投资风险的影响相反。究其原因,我们认为,这是由机构投资者的性质决定的,即作为受托方,当市场下跌时,机构投资者是风险规避型投资者或风险厌恶型投资者;当市场良好时,为了履行投资保值增值的信托义务，机构投资者则表现出风险偏好的特征，这与个人投资者理性人的本质相同。

由于投资回报率与证券投资系统性风险有反向变动关系，所以本节进一步研究了机构投资者的羊群行为对投资回报率的影响，以进一步检验以上实证结果，结果见表 6-5 和表 6-6。

表 6-5　机构投资者买入时的羊群行为对投资回报率的影响

解释变量 \ 模型相关性	非标准化回归系数		标准化回归系数	检验 t 值	Sig.
	B 值	标准误差	Beta 值		
常数项	−0.588	0.869	—	−0.677	0.498
机构投资者数量大于 5 的程度	0.076***	0.025	0.059	3.030	0.002
总资产以 10 为底的对数值	0.138	0.092	0.028	1.497	0.135
债务资本比率	0.017	0.007	0.043	2.315	0.021
董事会的规模	−0.095***	0.019	−0.095	−4.909	0.000
独立董事总人数	0.122***	0.033	0.073	3.693	0.000
监事会的规模	0.191***	0.032	0.116	5.978	0.000
第一大股东持股比例	−0.004	0.013	−0.006	−0.346	0.730
CR_5 指数	−2.703	1.536	−0.184	−1.760	0.079
CR_{10} 指数	1.780	1.591	0.118	1.119	0.263
模型指标	$R^2=0.054$　　　调整后的 $R^2=0.051$　　　$F=17.178***$				

注：*** 指在 1% 水平上显著。

由表 6-5 可以看出，模型通过了显著性检验，模型可信。与此同时，表中数据表明，买入时的机构投资者羊群行为程度对投资回报率在 1% 的水平上有显著性的正面影响，说明机构投资者在市场好时有推高股价的作用，这进一步支持了表 6-6 的结论。

表 6-6　机构投资者卖出时的羊群行为对投资回报率的影响

模型相关性 解释变量	非标准化回归系数		标准化回归系数	检验 t 值	Sig.
	B 值	标准误差	Beta 值		
常数项	−0.353	0.878	—	−0.402	0.688
机构投资者数量小于 5 的程度	−0.062***	0.019	−0.062	−3.173	0.002
总资产以 10 为底的对数值	0.135	0.092	0.028	1.464	0.143
债务资本比率	0.016**	0.007	0.043	2.270	0.023
董事会的规模	−0.093***	0.019	−0.093	−4.839	0.000
独立董事总人数	0.127***	0.033	0.075	3.834	0.000
监事会的规模	0.185***	0.032	0.112	5.744	0.000
第一大股东持股比例	−0.004	0.013	−0.006	−0.327	0.743
CR_5 指数	−2.700	1.533	−0.184	−1.762	0.078
CR_{10} 指数	1.808	1.585	0.120	1.141	0.254
模型指标	$R^2=0.054$　　调整后的 $R^2=0.051$　　$F=17.282$***				

注：**指在 3% 水平上显著；***指在 1% 水平上显著。

由表 6-6 可以看出，模型通过了显著性检验，表明模型可信。卖出时机构投资者的羊群行为对回报率有显著性的负面影响，表明卖出时机构投资者的羊群行为加大了投资风险，并降低了投资回报率，这进一步支持了表 6-4 的结论。

以上研究结果表明，机构投资者的卖出羊群行为程度大于买入时的羊群行为，支持苏艳丽和庄新田（2008）认为我国证券投资基金的卖方羊群行为明显大于买方羊群行为的观点。进一步的研究表明，我国机构投资者卖出时的羊群行为加大了投资风险，降低了投资回报率；而买入时机构投资者的羊群行为则减少了投资风险，提高了投资回报率。

本节的研究结果说明了两方面的问题：第一，羊群行为无好与坏之分。在不同的证券市场环境下，机构投资者的羊群行为既可能降低投资风险，提高投资回报率；也可能增加投资风险，降低投资回报率。第二，对于羊群行为的概念，由于在实践中难以区分"理性"与"非理性"行为，因此不必过分强调其属于"理性"还是"非理性"行为。机构投资者只要出现相同的买或卖的行为即可称为羊群行为。

6.4　机构投资者参与公司治理的方式：基于中国公司治理实践的证据

在公司治理理论发展过程中，机构投资者拥有较大优势。机构投资者由于持有较大比例的股份，因此他们在监督活动中获得的好处远远超过所承担的成本，往往更有动机参与公司治理，监督管理层（Shleifer 和 Vishny，1986；Carleton 等，1998）。然而，从中国上市公司的治理实践看并非如此。唐松莲和袁春生（2009）的实证研究发现，机构投资者在公司治理中具有两面性：在机构投资者持股较高的公司，他们扮演有效监督者角色；在机构投资者持股较低的公司，它们扮演利益攫取者角色。这种研究结果的多样性促使学者对机构投资者参与公司治理的行为方式进行深入分析。

根据美国的投资者责任研究中心（Investor Responsibility Research Center）的资料，1987 到 1994 年，公众养老基金提案共有 463 个（占上市公司所有提案的 23%），这显示了公众养老基金在公司治理中的重要性。1992 年，美国 SEC（美国证券交易委员会）通过新法律，准许投资者相互联系，使投资者联盟的成本大为降低，可直接与公司经理进行谈判。Dalen（1998）指出，机构投资者就会提出提案。Gillan 和 Starks（2000）的研究也发现，机构投资者提案通过率高于个人投资者和其他投资者。为了进一步明确我国机构投资者参与公司治理的行为方式及影响，我们进行了问卷调查。

1. 调查设计及数据的描述性分析

为了研究在中国现实资本市场的环境下，机构投资者参与公司治理行为的影响，首先需要分析机构投资者参与公司治理的方式。为此，在前述研究的基础上，我们设计了调查问卷（见附录）。由于上市公司是机构投资者的直接接触者，因此调查对象为中国上市公司。在相关机构协助下，我们随机向中国上市公司发放了 300 份调查问卷，实际回收的有效问卷为 110 份，回收率为 36.7%；调查时间为 2011 年 1 月至 2011 年 3 月。

之后，我们利用 SPSS 对收集到的数据进行处理，其描述性结果见表 6-7。

表 6-7   机构投资者参与公司治理的方式数据

指标 变量	最小值	最大值	平均值	标准差
在网络和现场参与治理时，主要通过网络参与（是为 1，否为 0）	0	1	0.36	0.483
在现场参与时，最主要的方式是参与股东大会（是为 1，否为 0）	0	1	0.51	0.502
在网络方式中，主要是参与股东大会（是为 1，否为 0）	0	1	0.51	0.502

表 6-7 中的数据表明，如果将机构投资者参与公司治理的方式分为以网络方式和现场参与两种形式，则无论是何种方式，机构投资者参与公司治理的主要方式都是参加股东大会。这说明一方面，与个人投资者相比，机构投资者持有较大股份，有表述自己意见和诉求的内在动力；另一方面也表明股东大会是投资者参与公司事务的重要机会。因此，提高上市公司股东大会的规范性、合法化和有效性是监管部门的重要工作。

2. 机构投资者对公司治理的影响

作为上市公司的重要投资者，机构投资者可以通过网络和现场参与对公司治理行为产生影响，这些影响不仅体现为对公司股东大会决议的直接影响，也体现为对公司董事会决议、公司信息披露、股价、公司绩效和经理人员更替的间接影响。

1）机构投资者参与公司治理的方式对股东大会决议的直接影响

机构投资者参与公司治理的主要方式是参加股东大会，对股东大会决议的直接影响如表 6-8 所示。

表 6-8   机构投资者对股东大会决议的影响结果

指标 变量	最小值	最大值	平均值	标准差
机构投资者的征集投票权在多大程度上影响了股东大会决议（最大为 5，最小为 1）	1	5	2.55	1.30
机构投资者的博弈行为在多大程度上影响了股东大会决策（最大为 5，最小为 1）	1	5	2.83	1.22
机构投资者对股东大会议程和议题的影响程度（最大为 5，最小为 1）	1	5	2.81	1.22

对调查数据的分析(表6-8)表明,机构投资者征集投票权的行为或机构投资者之间的博弈行为对股东大会决议影响程度的平均值分别只有2.55和2.83,影响较小,这与我国上市公司长期存在的"一股独大"现象相吻合。在"一股独大"的资本市场环境下,机构投资者的投票权很有限,机构投资者无力与上市公司大股东抗衡。

2) 机构投资者参与公司治理的方式对公司治理的间接影响

机构投资者可通过参与股东大会对公司治理产生直接影响,也可以通过其他方式间接影响公司董事会决策、信息披露的质量、股价以及公司经理人员的更替等。表6-9给出了相应的数据分析结果。

表6-9 机构投资者参与治理方式的间接影响(平均值)

相关性 解释变量 \ 模型	对董事会决策的影响	对信息披露质量的影响	对股价的影响	对绩效的影响	对经理人员更换的影响
机构投资者与公司的沟通行为	2.69 (0.97)	3.08 (0.56)	3.09 (0.67)	3.02 (0.43)	2.93 (0.29)
机构投资者的现场考察行为	2.85 (0.96)	3.03 (0.46)	3.17 (0.80)	2.92 (0.59)	2.91 (0.32)
机构投资者的博弈行为	2.76 (0.93)	3.05 (0.34)	3.03 (0.95)	2.80 (0.68)	2.91 (0.35)
机构投资者对公司的评估	——	——	2.94 (1.11)	2.80 (0.68)	2.92 (0.36)

注:括号内为方差。

对表6-9中的数据可以从横向和纵向两个角度分析。从纵向看,机构投资者与公司的沟通行为、现场考察行为和机构投资者之间的博弈行为对董事会决策的影响程度的平均值分别为2.69、2.85和2.76,其差距不大;相比之下,机构投资者的现场考察行为对董事会决策的影响最大,这与实际情况相符。此外,机构投资者与公司的沟通行为、现场考察行为和机构投资者之间的博弈行为对公司信息披露质量的影响程度的平均值分别为3.08、3.03和3.05,相差不大。进一步看,机构投资者与公司的沟通行为、现场考察行为、机构投资者之间的博弈行为和机构投资者对公司的评估报告对公司股价的影响程度相差不大,这与他们对公司绩效和经理人员更替的影响程度相似。值得注意的是,机构投资者对公司的现场考察行为对公司股价的影响程度的平均值达到 3.17，是机构投资者影响程度的最大值，这表明现场考察行为是机构投资者参与公司治理的最重要方式。

如果从横向看，机构投资者与公司的沟通行为以及机构投资者的现场考察行为对股价的影响程度最大，机构投资者之间的博弈行为对公司信息披露质量的影响程度最大，机构投资者对公司的评估报告对公司股价的影响程度最大，这表明机构投资者参与公司治理的不同方式对公司治理的影响程度有差异，但总体差异并不大。

3) 机构投资者参与公司治理行为影响的相关性分析

如上所述，机构投资者参与公司治理的方式不同，对公司治理各指标的影响也不同。那么，机构投资者参与公司治理对不同指标的影响之间有何关系呢？为回答此问题，我们利用 SPSS 对数据进行相关性分析，结果如表 6 - 10 和表 6 - 11 所示。

表 6 - 10　机构投资者不同行为影响的相关性(1)

评价指标 变量	机构投资者的征集投票权在多大程度上影响了股东大会决议(最大为5，最小为1)	机构投资者的博弈行为在多大程度上影响了股东大会决议(最大为5，最小为1)
机构投资者的征集投票权在多大程度上影响了股东大会决议(最大为5，最小为1)	1	.851**
机构投资者的博弈行为在多大程度上影响了股东大会决议(最大为5，最小为1)	.851**	1

注：**指在3%的水平上显著。

由表 6 - 10 中的数据可以看出以下三点：第一，机构投资者之间的博弈行为与征集投票权行为的影响结果显著正相关，表明机构投资者在对公司进行监督时有共同意愿。第二，网络参与股东大会与机构投资者的博弈行为显著正相关，说明机构投资者有通过网络参与公司治理的共同动机。第三，机构投资者的网络参与行为与征集投票权行为显著正相关，表明依靠网络的力量，机构投资者能够结成同盟，共同参与公司治理活动。这一点很重要，说明作为信息交流平台的网络在机构投资者参与公司治理方面发挥了重要作用。

表 6-11　机构投资者不同行为影响的相关性(2)

评价指标 变量	机构投资者与公司沟通在多大程度上影响了对经理人员的更换？	机构投资者的现场参观在多大程度上影响了对经理人员的更换？	机构投资者之间的博弈在多大程度上影响了对经理人员的更换？
机构投资者与公司沟通在多大程度上影响了对经理人员的更换？	1	.907**	.835**
机构投资者的现场参观在多大程度上影响了对经理人员的更换？	.907**	1	.837**
机构投资者之间的博弈在多大程度上影响了对经理人员的更换？	.835**	.837**	1

注：** 指在 3% 的水平上显著。

表 6-11 中的数据表明，机构投资者的沟通行为、博弈行为和现场考察行为的影响在 3% 的水平上显著相关，这揭示了以下三个问题：第一，机构投资者的博弈行为实际上反映了他们之间的跟风行为，这种共同行为会对董事会的决策和经理人员的更换产生正面影响。第二，机构投资者之间的博弈行为和与公司的沟通行为同时与经理人员的更换显著正相关，说明机构投资者的博弈行为和与公司的沟通行为的影响有相互替代作用。第三，机构投资者的现场考察对经理人员的更换与机构投资者与公司的沟通行为对经理人员的更换显著正相关，说明机构投资者的沟通行为与现场参观在更换经理方面有替代作用。

4）机构投资者的参与方式对股东大会议程和议题的影响程度

为了较为全面地分析机构投资者参与公司行为的影响，我们试图构建机构投资者的参与方式及其影响的模型。然而，在构建过程中，唯一的发现是机构投资者的参与方式对股东大会议程和议题有显著性影响，结果见表 6-12。

表 6 - 12　　　机构投资者行为对股东大会议程和议题的影响

模型相关性\解释变量	非标准化回归系数		标准化回归系数	t 值	Sig.
	B 值	标准误差	Beta 值		
常数项	0.827***	0.269	—	3.075	0.003
在网络和现场参与治理时,主要通过网络参与(是为1,否为0)	0.161	0.189	0.064	0.854	0.395
在现场参与时,最主要的方式是参与股东大会(是为1,否为0)	−0.139	0.179	−0.057	−0.776	0.439
在网络方式中,主要是参与股东大会(是为1,否为0)	0.191	0.184	0.078	1.039	0.301
现场参与股东大会且投票的程度(最大为5,最小为1)	0.551***	0.159	0.648	3.462	0.001
网络参与股东大会投票的程度(最大为5,最小为1)	0.014	0.160	0.016	0.085	0.933
模型指标	$R^2=0.466$　　调整后的 $R^2=0.44$　　$F=18.14$***				

注：***指在1%的水平上显著。

由表 6 - 12 可以看出,模型通过了检验,模型可信。表中数据表明,机构投资者现场参加股东大会且投票的行为对股东大会的议程和议题在1%水平上有显著性影响,说明机构投资者现场参与公司的治理活动对公司发展有重要意义。

本 章 小 结

羊群行为和参与公司治理的行为是机构投资者的两种重要活动。对羊群行为的分析表明,我国机构投资者卖出时的羊群行为加大了投资风险,降低了投资回报率；而买入时机构投资者的羊群行为减少了投资风险，提高了投资回报率。

　　为分析机构投资者参与公司治理的行为及影响，在问卷设计的基础上，本章分别从描述性分析、相关性分析和回归分析三方面实证分析了机构投资者参与公司治理的行为及其影响。描述性分析表明，机构投资者的现场考察行为是参与公司治理的最重要的方式。相关性分析表明，机构投资者的博弈行为、征集投票权行为、网络参与股东大会行为、与公司的沟通行为对公司治理的影响之间有显著性正相关关系，说明机构投资者的博弈行为和与公司的沟通行为的影响有相互替代作用，且机构投资者的沟通行为与现场考察在更换经理方面也有替代作用。进一步的回归分析表明，机构投资者现场参加股东大会且投票的行为对股东大会的议程和议题有显著性影响，说明机构投资者现场参与公司的治理活动对公司发展有重要意义。

第七章　证券投资基金的绩效评价方法

7.1　证券投资基金绩效评价的重要性

证券投资基金(以下简称基金)是一种将众多不确定的投资者的资金汇集起来,委托专业基金管理人进行投资管理,基金托管人进行基金资产托管,基金所得收益由投资者按出资比例分享的投资工具。

我国证券投资基金从 1991 年开始试点,2004 年《基金法》及相应配套法规开始实施,基金市场逐步完善,基金投资者数量快速增长。从起源来看,证券投资基金是基于信托原理产生的一种投资组合,根据组成方式不同划分为公司型和契约型两种。公司型基金利用信托原理,以公司机构形态设立,具有一般公司特征。契约型基金未采用公司形态,而是由基金持有人、基金管理人、基金托管人等关系人通过代理关系构成的一系列契约系统,形成"共同受托人"、"以托管人为核心"和"以管理人为核心"的三种典型契约型基金治理结构模式。其中基金持有人是指投资购买并持有基金证券的个人或机构;基金管理人是管理和运作基金资产的机构,可以是专门从事基金资产管理运作的独立法人机构。基金托管人又称为基金保管机构,通常由商业银行等金融机构承担。基金持有人和基金管理人的关系类似于股份公司的股东与管理层,即所有者和经营者之间的关系。基金管理人和基金托管人是为基金持有人服务的机构,两者相互监督,但其利益相关性较弱,因而监督效应较弱。基金持有人和基金管理人属于委托和受托关系,即基金持有人把基金资产委托给基金管理人投资运作,是典型的委托代理关系。通常由于基金持有人数量多,并且与基金管理人缺乏信息沟通渠道等现实问题,致使他们对基金管理人的监督和制衡力量微弱,容易产生内部人控制问题。

伴随着我国基金业蓬勃发展的是,目前国内仍缺乏一个客观、公正、被大众所接受的绩效评价体系。大多数投资者甚至基金管理机构有时仅依据单一的收益指标对基金进行绩效评价,例如"基金净值"、固定期间"累计净值增长率"

等，这些方法虽然简单明了，但高收益下却隐含着高风险，无法全面地对基金绩效作出客观准确的评价。因此，如何对基金进行正确的绩效评价具有十分重大的意义。基金绩效评价涉及多个利益相关方，合理客观的基金绩效评价成为投资者、基金管理公司和市场监管部门关注的焦点。投资者希望通过对基金绩效的准确评价，获取基金投资运作信息，进而及时调整投资策略和投资节奏，增加投资收益，并防止因信息不对称而产生的逆向选择问题，可对基金业的发展起到外部激励和约束作用。基金公司同样重视所管理基金的市场表现，通过基金绩效衡量其运作能力，从而为选择和解聘基金经理、进行合理的薪酬制度设计、控制基金经理道德风险、保护投资人利益等重要决策提供依据，构成对基金经理合理的外部激励和约束机制。对于基金经理而言，可以根据绩效反馈反思投资思路并作出相应改进，更好地提升投资者的回报率和满意度。对于监管部门来说，通过基金绩效评价掌握基金市场运作情况，既可为普通投资者提供及时的动态信息，又可以作为制定基金监督监管的法律法规的依据。

7.2　证券投资基金绩效评价的内涵

　　基金绩效评价是一个复杂的问题，是指在剔除市场一般收益率水平、基金市场风险和盈利偶然性前提下，对基金运作绩效和基金经理人投资才能公正客观的评价。基金绩效评价通常根据证券投资基金定期公布的经营状况计算其当期的各项财务指标，并分析同期投资组合的变动情况和投资组合的有效性及合理性，以判断基金的收益和风险状况以及基金经理的投资管理能力。它不仅涉及绩效的客观度量，也关系到基金绩效的持续性和业绩归因分析等多个方面。

　　证券投资基金绩效评价的影响面大，对各参与方有重要现实意义，不仅可以为投资者基金选择提供参考依据，同时也为监管机构、基金管理公司提供了分析市场主体行为的进一步信息，因而确定合理的评价方法备受关注。在基金绩效评价时，最简单实用的方法是按照公布的日、周单位基金净值进行评估。如果需要深入揭示基金的投资价值和风险程度，则需要从收益、风险等多个方面进行综合考虑，采用科学严谨的分析方法，全面考虑影响基金运作和管理的内外部因素、基金管理公司履行各种经济承诺的能力及可信任程度等多个方面后作出综合判断，并以简单明了的排序方式表示优劣。

　　为促进我国证券市场的健康发展，有必要借鉴国内外证券投资基金绩效评估研究成果，选取适合的基金绩效评价方法和指标，收集基金净值数据，对不同类型的基金关于收益、风险、经风险调整的基金绩效等进行综合评价，并通过比较研究，分析不同类型基金的表现情况。同时，我们需要搞明白什么因素会影响基金绩效，只要弄清楚这个问题，投资者的很多问题都可以迎刃而解。据此，本文针对基金绩效的影响因素，即持有人结构、董事会特征、基金经理特征等治理变量，以及基金规模、基金成立时间等特征变量的影响关系分析，明确对基金绩效的影响方向和影响程度，进而为基金投资策略及监管措施的制定提供借鉴。

7.3　证券投资基金绩效评价方法

随着基金业的快速发展，基金绩效评价方法也不断地演化，从最初的单因素分析、多因素分析发展到综合评价，主要评价方法和指标包括收益率评价方法、风险评价方法、单因素整体评价方法、多因素风险调整收益评价方法、无基准业绩评价方法、基金绩效评价指标下的比较分析等六种方法，下面具体加以介绍。

7.3.1　收益率评价方法

20 世纪 60 年代以前，人们对证券投资基金的绩效评价主要是根据基金的单位资产净值、累计单位资产净值和基金收益率这几个收益类指标。

1. 单位资产净值

开放式基金单位资产净值（Net Asset Value，NAV）反映某一时点上每单位基金资产的净值。该指标是开放式基金申购、赎回价格的依据，其计算公式为

$$单位净资产 = \frac{基金\ T\ 日净资产值}{资金\ T\ 日发行在外的基金总数}$$

$$= \frac{基金总资产 - 基金总负债}{基金单位份额} \qquad (7-1)$$

该指标计算简单，直观明了，投资者容易理解。我国证券投资基金业绩信息披露规范中就采用了定期公布单位资产指标并进行排序的做法。不过，该指标存在一些缺陷。首先，单位资产净值不能揭示基金投资收益所承担的风险，存在不易决策的问题。例如，对于两支具有相同收益的基金，如果不考虑风险因素就无法进行选择。其次，该指标没有考虑基金规模大小、发行时间长短等因素的影响，但这些因素对基金绩效有现实影响，如不同生命周期投资基金的绩效不同，它们之间不具有可比性。

2. 累计单位资产净值

顾名思义，累计单位资产净值是指用基金自设立以来的累积资产净值，即

累计单位资产净值＝单位资产净值＋每单位基金自设立以来累计派发的红利。其优点是比较直观,但在实际运用中也存在两个问题:一是由于各基金设立的时点不同,投资的时间长度各异,各基金的累积净值不具有直接可比性;二是将两种不同时点上的分配金额相加,而忽略了资金的时间价值。

3. 基金收益率

1) 基金收益率的计算

在所有的基金绩效评价方法中,收益率评价法是最常见也是计算最简单的一种方法,具有直观明了、便于投资者理解、符合投资者保值增值的投资意图等特点。基金收益率是指在基金投资期内基金净资产(NAV)的增值幅度。对于封闭式基金来说,投资者只要考察基金的年初单位资产净值和年末的单位资产净值,就可知道该基金增值与否。对于开放式基金而言,考虑到年中的增购或赎回以及分红等因素的影响,就不能简单对比期初和期末的单位资产净值。具体而言,开放式基金收益率的计算可按公式(7-2)进行。

$$R_{p,t} = \frac{\mathrm{NAV}_t - \mathrm{NAV}_{t-1} + \mathrm{D}_t}{\mathrm{NAV}_{t-1}} \qquad (7-2)$$

式中,$R_{p,t}$ 为基金 p 在 t 周的收益率;NAV_t 为第 t 周的基金净产值;D_t 为基金在 t 周的现金分红。

2) 收益率指标分类

收益率指标在使用时按照考察期不同可分为单期净值增长率和多期净值增长率。其中单期净值增长率按公式(7-2)计算,基金 p 第 t 期的单期累计增长率用 $\bar{R}_{p,t}$ 表示,可按公式(7-3)计算:

$$\text{单期累计净值增长率} \ \bar{R}_{p,t} = \frac{\mathrm{CNVA}_t - \mathrm{CNVA}_{t-1}}{\mathrm{CNVA}_{t-1}} \qquad (7-3)$$

式中,CNVA_t 为第 t 期基金 p 累计单位资产净值。

相对于基金单位净资产而言,单期净值增长率和单期累计净值增长率是相对指标,不同时期发行的基金之间具有可比性。但该指标同单位净资产指标一样,不能真实地评价基金绩效。例如某基金获得较高的增长率时,无法判断是受到了市场因素的影响,还是由于基金经理的能力所致。

类似于单期净值增长率,多期净值增长率也可以分为多期净值增长率和多期累计净值增长率。根据计算方法的不同,可以分为算术平均和几何平均增长率,算术平均数计算的是平均收益率,只需将基金每年的净值增长率(或累计净值增长率)加总再除以年数即可。几何平均数计算的是年均净值增长率(或累计净值增长率),它综合考虑了每期收益的复合影响。

基金净值增长率或累计净值增长率以一定时间内基金净值或累计净值的

增长率大小作为绩效评价的基础。单期净值增长率和多期净值增长率一样，是一种没有进行风险调整的度量方法，当基金增长率较高时，无法分清是由于牛市使整个市场收益水平普遍提高，还是由于基金管理人冒了较大的风险，或是由于基金经理的能力使然。

　　3）收益率评价法的缺陷

　　收益率评价法的缺陷主要表现在两个方面：第一，尽管投资者的目标是获取高收益率，但是按照收益率水平选择基金是不明智的，过去的高收益率并不能保证现在或将来的高收益率。第二，以收益率评价基金绩效高低是不客观的。基金绩效本质上是基金经理获得收益和规避风险能力的综合体现。基金经理的能力越高，基金绩效就越好，所以绩效评价的实质是对基金经理人员能力的评价。但是收益率的高低并不能客观判断基金管理人能力，因为收益率并不仅由基金经理的能力决定，而是由多个因素共同作用的结果，如市场走势和基金的风险水平等。从市场走势来看，当市场处于景气状态时，整个市场的收益率普遍上升；当市场处于萧条状态时，整个市场的收益率就会普遍下降。基金的投资组合是由证券市场的一部分组成，其收益率水平也就随着市场的波动而波动。此外，影响市场走势的多为宏观因素，如利率水平、国民经济发展状态等。基金经理应当预测这些客观因素的变化对基金收益的影响，并进行分析和应对。从风险方面来看，不同的基金投资组合有不同的风险。对风险高的基金，要求的风险补偿高，其收益率也就高；对风险低的基金要求的风险补偿小，其收益率也就低。

　　为较好地使用收益率评价法，必须注意以下两点：第一，用收益率评价绩效时，只能进行同期比较。不同时期的市场走势不一样，所以不同时期的基金不具备可比性。即使是同一只基金，不同时期也不可比较。第二，在使用收益率进行评价前，必须按风险程度对基金进行分类。不同风险水平的基金，不能仅用收益率来横向比较。

　　上述限制条件可以使以收益率评价基金绩效的结果相对客观，但是仍然不能完全避免收益率评价结果的盲目性。

7.3.2　风险评价方法

　　由于基金的投资收益随着时间的不同而有所不同，波动性大，因此在评价绩效时引入风险类指标。基金绩效评价的核心是如何对基金所面临的风险进行准确测量，从而得出经风险调整后的收益排名。现代投资组合理论一般假设投资者是风险厌恶型的，投资者获得的收益总是与其承担的风险相对应。基金经理理论上可以通过以下两种途径实现既定回报下的最小风险或者是既定风险下的最大回报：一是寻找那些比同等风险证券具有更高回报的但价值却被市场低估的证券；二是在不降低平均回报的情况下，减少证券投资组合的总体风险。通常，技术分析的目的在于发现那些虽然有同等风险但价值被低估的证券，而投资的多元化、分散化则是降低风险的一种举措。因此，对各类证券、投资组合风险的正确理解和衡量就显得尤为重要。

1. 标准差

风险是预期收益的不确定性，不确定性既存在出现概率的不确定性，也表现为相应结果的不确定性，对这两方面综合分析的指标通常采用随机变量的特征指标，即标准差来衡量。标准差提供了衡量波动性的最基本的方法。用基金投资组合收益率的标准差来衡量基金投资组合的风险，已成为最普遍、也是最重要的方法。标准差表示基金的投资效益相对于平均水平的波动程度，标准差越高，表明投资所获得收益的不确定性越大，因此投资者面临的风险也就越大。另外，该指标反映了由系统风险和非系统风险组成的全部风险的表征，因此也被称为总风险指标。

标准差的计算公式为

$$\sigma = \sqrt{\frac{1}{n-1} \sum_{t-1}^{n} (R_t - \bar{R})^2} \qquad (7-4)$$

式中，n 为样本个数；R_t 为样本在 t 时期的收益率；$\bar{R}$ 为样本在观测期间的平均收益率。

2. β 系数

标准差用于衡量基金的总风险，而 β 系数则用来衡量系统风险，反映基金收益率相对于市场指数波动的敏感度，体现了基金收益率同市场指数之间的关系，即市场指数每增加或减少 1% 时，基金收益率的变动幅度。因此，该指数反映了基金所面临的市场风险，这种风险无法通过基金多元化、分散化的投资组合而化解，称为系统性风险。

$$\beta \text{系数} = \rho_{pm} \frac{\sigma_p}{\sigma_m} \qquad (7-5)$$

其中，ρ_{pm} 为基金收益率同基准市场指数收益率之间的相关系数；σ_p 和 σ_m 分别表示基金组合收益率的标准差和市场指数的标准差。

β 系数（即 β_p）通常由资产定价单因素指数模型求得：

$$r_p - r_f = \alpha_p + \beta_p(r_m - r_f) + \varepsilon_p$$

其中 r_p 和 r_m 分别为基金和市场指数的收益率；r_f 为无风险收益率；ε_p 为随即扰动项。

如果 β 系数大于 0，说明基金投资组合的收益率和市场指数收益率同方向变动;反之则为反方向变动。如果 $\beta>1$,表示基金组合的收益率变动幅度大于市场指数的变动幅度;若 $\beta<1$,则表示基金组合的收益率变动幅度小于市场指数的变动幅度。

用 β 系数衡量风险有一定的缺陷。首先,β 只能表示该证券的市场风险,无法表示非市场风险。其次,如果所选的基准指数的风险较大,即使一种基金投资组合的 β 值很小,也并不表示它的风险就小。因此,只有当存在相应的基准指数时,才有可能较为准确地计算出 β 值,也就是要求所考察的基金投资组合与该基准指数之间高度相关。

3. R^2(可决系数)

在回归分析中,R^2 是衡量模型的重要指标,在研究基金绩效时也会用到此指标。R^2 是用基金投资组合的超额收益率与市场组合的超额收益率进行回归得到的可决系数(或拟合优度),其计算公式为

$$R^2 = \frac{\text{SSR}}{\text{SST}} = 1 - \frac{\text{SSE}}{\text{SST}} \tag{7-6}$$

其中 SSR 表示由自变量引起的因变量的变化,称为回归平方;SSE 表示随机扰动项(即非系统性风险)对因变量的影响,称为残差平方和;SST 表示总离差平方和,它等于 SSR 与 SSE 之和。

R^2 在回归分析中表示的是模型对数据的拟合优度,它表明在基金投资组合的总风险中,由市场指数变动带来的系统风险所占的百分比,反映了基金投资组合的总风险中有多少风险已经通过多样化投资实现了分散,还存在多少非分散风险(非系统风险)ε_p。R^2 值越大,说明基金投资组合的非系统风险在总风险所占的比重少;当 R^2 值等于 1 时,表明基金收益率与基准指数是完全相关的。R^2 为 0,意味着两者是不相关的。R^2 越低,β 系数作为基金波动性指标的可靠性越低。

4. 风险价值 VaR

近 20 年来,随着金融全球化的发展,金融市场风险管理问题日益成为现代金融机构的核心。风险价值(Value at Risk,VaR)凭借其明确的经济含义及其简易的可操作性成为了金融市场风险度量和管理的重要指标。该方法最早由 J. P.摩根银行于 1994 年提出,得到了国际金融界、学术界的广泛关注和认同。我国学者对 VaR 方法给予了充分重视,但多数侧重于 VaR 原理的介绍以及在沪深股市风险测量中的应用研究,如学者利用极值理论、历史模拟法对沪深股市 VaR 值进行估算,运用方差-协方差法和历史模拟法的 VaR 技术测量中国沪、深股市的单一金融产品和资产组合的风险,采用半参数法计算投资组合 VaR 值及其分解等。从实践来看,我国证券投资基金经过多年的发展,数量和

规模不断扩大，已成为证券市场的主要机构投资者，但与国外投资基金相比，在风险管理上尚存在诸多不规范、不合理之处，迫切需要对其市场风险进行合理度量并加以管理。因此，根据我国投资基金的实际情况，采用 VaR 方法有效度量投资风险，探求符合中国国情的证券投资基金 VaR 风险管理途径，提高其风险管理水平，具有一定的现实意义。

1) 风险价值 VaR 的特征

风险价值 VaR，即"处于风险中的价值"，指在一定的概率水平下，某一金融资产或资产组合在未来特定的一段时间内的最大可能损失。可见，VaR 值也可用于非正态分布资产组合的风险估算，因此该分布假设更适用于金融资产。同时，VaR 是一个具有标准差特征的下线(downside)风险度量指标，VaR 对风险的度量与投资者对风险的心理感受非常接近，它同时包含了不确定性和损失两方面的风险特征，而表现不确定性的置信水平在一定程度上反映了投资者主观意愿信息。

2) 基于 δ-正态法计算 VaR

δ-正态法是最基本和应用较多的 VaR 风险计量方法，它假定资产收益分布服从正态分布。

假设某投资组合有 n 个资产，并且各资产权重之和为 1，即 $\sum_{i=1}^{n} X_i = 1$。设 r_p 为该资产组合(Portfolio Investment)的收益率，对于给定的置信水平 α，根据风险价值 VaR 的定义，资产组合的风险价值可以用数学公式表示为

$$\text{Pob}(r_p \leqslant -\text{VaR}) = 1 - \alpha \qquad (7-7)$$

如果已知资产或资产组合收益率分布的概率密度函数为 $f(r)$，则资产组合收益率的风险价值 VaR 可以用公式(7-8)计算：

$$1 - \alpha = \text{Pob}(r_p \leqslant -\text{VaR}) = \int_{-\infty}^{-\text{VaR}} f(r)\mathrm{d}r \qquad (7-8)$$

式(7-8)是计算 VaR 的一般方法，适用于资产收益率服从任何分布的情形。

进一步看，如果资产组合的收益率服从均值为 $E(r_p)$、标准差为 σ_p 的正态分布，按照计算 VaR 的一般方法，并利用正态分布与标准正态分布之间的对应关系：

$$1 - \alpha = \int_{-\infty}^{-\text{VaR}} \frac{1}{\sqrt{2\pi}\sigma_p} \exp\frac{[r - E(r_p)]^2}{2\sigma_p^2} \mathrm{d}r = \int_{-\infty}^{-\Phi^{-1}(\alpha)} \frac{1}{\sqrt{2\pi}} \mathrm{e}^{-\frac{y^2}{2}\mathrm{d}y} \qquad (7-9)$$

可得

$$\frac{-\text{VaR} - E(r_p)}{\sigma_p} = -\Phi^{-1}(\alpha)$$

即

$$VaR = \Phi^{-1}(\alpha)\sigma_p - E(r_p) \tag{7-10}$$

这就是正态分布假设下 VaR 的一般表达式。式中，$\Phi^{-1}(\alpha)$ 是标准正态分布的 α 分位数，在一定程度上反映了投资者对风险的厌恶程度。

经济管理活动中的不确定现象基本呈现出正态分布特征，因而容易处理，适用性广。对于资产规模大且含有较少的金融衍生工具（如期权）的投资组合，δ-正态法也较为适用。从时间上看，δ-正态法适用于短期风险 VaR 衡量。从操作性看，操作简单，估计时只需要市价及当前头寸所面临的风险数据（波动率）；从适用对象上看，不仅可以衡量金融资产的市场风险、信用风险、操作风险，也可以评估风险调整收益率。需要注意的是，该方法是通过统计进行推断的，不可避免地存在因模型和参数估计不同而引起的风险。例如，很多实证研究表明，金融资产的收益常常偏离正态分布，呈现出"厚尾"的非正态分布特征。（"厚尾"也称"肥尾"，是指在尾部的发生概率要高于根据正态分布特征得出的预期值，也称为过度峰态特征。）而基于正态分布的 VaR 值会低估实际风险价值。

3）基于极值理论计算 VaR

自 20 世纪 70 年代以来，金融市场的波动日益加剧，金融危机事件频繁发生，使金融监管机构和广大投资者对金融资产价值的巨大波动变得尤为敏感。针对金融资产收益序列的尖峰、厚尾的普遍现象，VaR 的极值理论方法应运而生。其中尖峰厚尾现象是金融资产收益率的一个重要特征，不仅在尾部的发生概率要高于根据正态分布特征得出的预期值，而且均值附近即峰顶的密度函数值高于正态分布的理论估计值。尖峰厚尾相比较标准正态分布的偏度为 0，峰度为 3，往往峰度比 3 大，两边的尾巴比正态分布厚。

基于广义帕累托分布（GPD）的极值理论方法，在置信水平 α 上的 VaR 值可表示为

$$VaR = u + \frac{\sigma}{\xi}\left\{\left[\frac{n}{n_u}(1-\alpha)\right]^{-\xi} - 1\right\} \tag{7-11}$$

其中，ξ 为 GPD 的形状参数；$\sigma > 0$ 为 GDP 的尺度参数；u 为给定阈值；n_u 为样本中大于阈值的样本数；n 为样本总数。

在应用时，准确估计参数 ξ 和 σ 的前提是选择适当的阈值 u。如果阈值 u 选取过高，会导致超限数据量太少，估计出来的参数方差偏大；如果阈值 u 选取过低，则不能保证超限分布的收敛性，致使估计的风险值产生较大的偏差。Danielsson 等（1997）和 Dupuis（1998）给出了对阈值的两种估计方法，即 Hill 图和样本的超限期望图。在此介绍采用样本的超限期望图来确定阈值 u。

令 $r_{(1)} > r_{(2)} > \cdots > r_{(n)}$，样本的超限期望函数定义为

$$e(u) = \frac{\sum_{i=k}^{n}(r_i - u)}{n - k - 1} \qquad k = \min\{i \mid r_i > u\} \qquad (7-12)$$

超限期望图为点 $(u, e(u))$ 取充分大的值作为阈值，使得当 $r \geqslant u$ 时 $e(r)$ 为近似线性函数。另外，当 $r \geqslant u$ 时，如果超限期望图是向上倾斜的，说明数据来源于参数 ξ 为正的 GPD 分布；如果超限期望图是向下倾斜的，说明数据来源于尾部较短的分布；如果超限期望图是水平的，则说明该数据来源于指数分布。

当 u 确定以后，利用 $\{r_i\}$ 的值和最大似然估计就可得到 ξ 和 σ。

广义的帕累托分布的密度函数为

$$f_u(r) = \frac{1}{\sigma}\left(1 + \frac{\xi}{\sigma}r\right)^{-1\xi-1} \qquad (7-13)$$

相应的对数似然函数 $L(\xi\sigma \mid r)$ 为

$$L(\xi\sigma \mid r) = -n\ln\sigma - \left(1 + \frac{1}{\xi}\right)\sum_{i=1}^{n}\ln\left(1 + \frac{\xi}{\sigma}r_i\right) \qquad (7-14)$$

由似然函数可推导似然方程，求解即得 ξ 和 σ 的最大似然估计值。

极值理论方法用于计算 VaR 的最大优势在于直接利用数据本身，只处理损失分布的尾部，而不需要对整个分布进行建模，从而避开了分布假设的难题。与此同时，它可以准确地描述分布尾部的分位数，有助于处理风险度量中的厚尾问题。该模型的不足之处在于数据问题和临界水平的确定。模型中有较多的参数要估计，这需要采集更多更广泛的损失数据；模型只有在高临界水平才适用，会引起超量损失的数据减少。这些是在应用时需注意的问题。

7.3.3　单因素整体绩效评价方法

在实践中，既需要评估基金收益，也需要考虑其投资风险，因此，以经风险调整的基金收益作为基金绩效衡量指标，具有广泛的适用性，并且能够使评价结果在不同的基金之间具有可比性。自马科维茨的组合投资理论创建以来，各种风险调整收益率计量模型不断产生，由此构成了现代基金绩效评价理论的核心。最早提出风险调整收益方法的分别是杰克·特雷诺(Jack L. Treynor, 1965)、威廉·夏普(William F. Sharpe, 1966)和迈克尔·詹森(Michael C Jensen, 1968)，他们提出三种评价基金绩效的指数，即特雷诺指数、夏普指数和詹森指数，被称为三大"经典"指数。

1. 三大经典指数

1）特雷诺（Treynor）指数

杰克·特雷诺（Jack L. Treynor，1965）在其发表的《如何评价投资基金的管理》一文中提出一种考虑风险因素的绩效评价指标，被称为"特雷诺指数"。该指数基于均衡市场假定下的资本资产定价模型（Capital Asset Pricing Model，CAPM）和证券市场线（Capital Market Line，CML），用投资组合的系统风险系数 β 和投资组合超额收益率的比率来衡量，以反映投资组合承担的每单位系统风险 β 所产生的风险收益，其计算公式为

$$特雷诺指数 = \frac{E(r_p) - r_f}{\beta_p} \qquad (7-15)$$

其中，r_p 和 β_p 代表投资组合的收益率和系统性风险；r_f 代表无风险收益率。如果特雷诺指数大于 CML 线的斜率，即 $[E(r_p) - r_f]$ 位于 CML 线之上，表示投资组合的表现要优于市场基准组合；反之，则表示劣于市场基准组合。由于特雷诺指数衡量的是与系统风险相对应的超额收益率，因此无法衡量投资组合的风险分散程度。换句话说，特雷诺指数并不会因为组合所包含的证券数量的增加而降低，因为 β 系数仅反映系统性风险，它不会因为多元化、分散化的投资而降低。正因为如此，如果仅以特雷诺指数评价基金管理人的业绩，就会促使基金管理人为了提高收益率而进行风险过大的投资。

特雷诺指数的优点是将市场风险因素考虑进来，对基金业绩的绩效评价较为合理。但它建立在基金的非系统性风险被完全消除的假定之上，即假定基金经理通过投资组合将非系统性风险已经消除。因此，该模型不能评价基金经理分散和降低非系统性风险的能力。

2）夏普（Sharpe）指数

威廉·夏普（William F. Sharpe，1966）在其发表的《共同基金业绩》一文中提出用总风险（即标准差 σ）的超额收益率作为评价指标，即夏普（Sharpe）指数。该指数以均衡市场假定下的资本市场线 CML 作为评价基准，是在对总风险进行调整基础上的基金绩效评价方式。夏普认为，对于管理较好的投资基金，其总风险可能接近于系统性风险；而对于管理不好的投资基金，其总风险可能因非系统风险不等而相差甚远，其计算公式为

$$Sharpe 指数 = \frac{E(r_p) - r_f}{\sigma_p} \qquad (7-16)$$

其中，r_p 和 σ_p 代表投资组合的收益率和总风险；r_f 代表无风险收益率。如果夏普指数大于 CML 线的斜率，即位于 CML 之上，表示投资组合的表现要优于市场组合的绩效；反之，则表现劣于市场基准组合。与特雷诺指数一样，夏普

指数也是通过用单位风险收益率来比较任意两个基金的绩效，只不过夏普指数反映的是单位总风险给投资者带来的收益率。

夏普指数不仅考虑了系统风险，而且考虑了非系统性风险，基金经理的分散和降低系统性风险的能力被体现出来，因此它对基金业绩的绩效评价较特雷诺指数更为合理。

综合来看，特雷诺指数和夏普指数的共同优点是：不论评价的基金是否属于同一类型，都可以通过单位风险收益率来进行排名。如果证券投资基金已经完全分散了非系统性风险，则夏普指数和特雷诺指数的评价结果一致。

3）詹森（Jensen）指数

迈克尔·詹森（Michael C Jensen，1968）在其发表的《1954—1964 年间共同基金的业绩》一文中提出一种评价基金业绩的绝对指标，即詹森（Jensen）指数。詹森认为，已有的评价方法注重对基金业绩的排名，多数设计成相对指标，缺乏评价业绩的绝对指标。因此，他根据 CML 估计基金的超常收益率，即通过比较评价期的实际收益和 CAPM 推算出的预期收益来评价基金业绩，超过预期收益的部分即为基金管理人通过积极管理战胜市场所获得收益的绝对值。单因素詹森指数的计算如公式为

$$r_p - r_f = \alpha_p + \beta_p(r_m - r_f) + \varepsilon_p \qquad (7-17)$$

其中 r_p 和 r_m 分别为基金和市场指数的收益率；r_f 为无风险收益率；β_p 为基金所承担的系统性风险；α_p 为詹森指数；ε_p 为随机扰动项。

如果 $\alpha_p = 0$，说明基金的收益率与 CAPM 推算出的预期收益率不存在明显的差异，该基金的表现是中性的；如果 $\alpha_p > 0$，表明基金的投资收益率超过了预期的收益率，基金管理人对市场变化的预测或对股票的选择是正确的，表现出超越市场的能力。

2. 三大风险调整收益率指标的区别和联系

通过上面对三种风险调整收益率方法的描述和分析，可以看出，这三种方法具有以下共同点：

（1）是对基金总体绩效的衡量方法；

（2）建立在资本资产定价模型的基础上；

（3）将风险因素纳入到绩效的衡量中；

（4）基于与市场组合表现的联系评价单一投资组合的绩效（即都是一种单参量衡量指标）。

这三种方法有如下区别和联系：

（1）夏普指数与特雷诺指数给出的是单位风险的超额收益率，因而是一种相对衡量指标，而詹森指数给出的是差异率指标，是一种绝对衡量指标，由此

得出的结论会有所不同。

(2) 夏普指数与特雷诺指数尽管衡量的都是单位风险的收益率，但二者对风险的计量不同，夏普指数考虑的是总风险，而特雷诺指数考虑的是市场风险。当投资者将其大部分的资金投资于一个基金时，那么他就会比较关心该基金的全部风险，这时适宜的衡量指标是夏普指数；当投资者投资于无风险证券和某一基金组合时，就会比较关注该组合的市场风险，在这种情况下，特雷诺指数就会被认为是比较适用的度量指标。

(3) 夏普指数与特雷诺指数在对基金绩效的排序上有可能不一致。两种衡量方法评价结果不同，是由分散风险水平的不同而引起的。当基金完全分散投资或高度分散时，业绩排序是一致的，但当分散程度较差的组合与分散程度较好的组合进行比较时，两个指标衡量的结果就可能不同。

(4) 特雷诺指数与詹森指数只对基金绩效的深度加以考虑，而夏普指数则同时考虑了绩效的深度和广度。深度指的是基金经理所获得的超额回报的大小，而广度指的是对组合的分散程度。这是因为组合的标准差会随着组合证券中证券数量的增加而减少，所以夏普指数同时考虑了组合的深度和广度因素，那些分散程度不高的组合的夏普指数会比较低。相反，由于特雷诺指数与詹森指数对风险的考虑只涉及 β 值，而组合的 β 值并不会随着证券数量的增加而减少，因此不能够对基金绩效的广度做出考察。

总体来看，夏普指数和特雷诺指数给出的是一种相对评价指标，而詹森指数给出的是一种绝对评价指标；夏普指数能同时对组合的超额回报与分散程度加以考察，而特雷诺指数与詹森指数对风险的考虑只涉及 β 值。

三大经典风险调整收益指标为基金绩效的合理评价提供了重要途径，它们在发达国家资本市场得到广泛应用，但在中国资本市场上的有效性还有待检验。

在对以上三种指标的应用上，由于夏普指数和特雷诺指数均为相对业绩度量方法，而詹森指数是一种以风险调整为基础的绝对业绩度量方法，且特雷诺指数和詹森指数在对基金业绩评估时忽略了基金投资组合中所含证券的数目（即基金投资组合的广度），因此夏普指数模型和特雷诺指数模型对基金绩效评估较为客观，而詹森指数模型用来衡量基金实际收益的差异较好。在夏普指数模型和特雷诺指数模型的选择上，模型选择取决于所评估基金的类型。如果所评估的基金是属于充分分散投资的基金，特雷诺指数模型是较好的选择；如果评估的基金是属于专门投资于某一行业的基金时，相应的风险指标为投资组合收益的标准差，运用夏普指数模型比较适宜。

3. 风险调整的资本收益率(RAROC)

Bankers Trust 提出基于风险价值(VaR)的基金绩效评价方法 RAROC (Risk Adjusted Return on Capital,风险调整资本收益率或风险调整资本回报率)。目前它主要有三种不同的计算方式:

(1) 用 RAPM(Risk – Adjusted Performance Measurement,经过风险调整后的绩效衡量指标)来测量,计算公式为

$$RAPM = \frac{收益}{EC}, EC = VaR \qquad (7-18)$$

其中,EC 为经济成本,指权益资本在一定置信水平下承担的潜在风险。当只考虑市场风险时,EC 等于权益资本的 VaR 值。

(2) 用损失一个单位资本所带来的超额回报的大小来度量。与第一种计算方法相比,它考虑了资金成本,反映了基金获取收益的风险效率,计算公式为

$$RAROC = \frac{收益 - 资本成本}{VaR}$$

其中,资本成本通常用无风险利率 r_f 来表示,对于证券投资基金也称为基于 VaR 的 Sharp 指数,即

$$RAROC = \frac{r_p - r_f}{VaR} \qquad (7-19)$$

一般情况下,RAROC 值越大,表示基金的绩效越好。

(3) 第三种计算方法由 Bankers Trust 在 1970 年代提出,其计算公式为

$$RAROC = \frac{收益 - 风险因子}{资本}$$

$$风险因子 = 2.33 \times \sigma \times \sqrt{52} \times (1 - 税率) \qquad (7-20)$$

其中,σ 为基金收益率的标准差。

除了上述三种方式之外,也有研究提出考虑市场风险、操作风险、营运风险来计算 RAROC 值,但其本质都是将风险和收益率同时考虑,以期绩效评价能够同时兼顾风险和报酬两个方面。目前第二种方法应用较为普遍。

7.3.4　多因素风险调整收益评价方法

基于基金收益风险调整的不同绩效评价方法,通常是根据基金的表现与某种基准投资组合的比较而得出的结论。由于选取的基准投资组合不同,其结果也有所不同。因此,基准组合的选取成为基金评价方法的关键,也是最具争议的问题。Grinblatt 和 Titman(1987)的研究就指出,如果影响股票收益率的因素有四个,在不存在套利机会的情况下,四个充分分散的投资组合可以组成均

值-方差有效边界，并认为采用多个基准投资组合优于单一基准投资组合。在投资实践中，形成了多个基金绩效评价模型。

1. APT 模型

Ross(1976)提出一种替代性的资本资产定价模型，即套利定价模型(the Arbitrage Pricing Theory，简称 APT 模型)。相比 CAPM 理论，APT 模型要求的假设条件更少，其结果与 CAPM 模型有很多相似之处。

1) 模型假设

(1) 资本市场是完全竞争的，无摩擦的。

(2) 投资者是风险厌恶的，且是非满足的。当具有套利机会时，他们会构造套利证券组合来增加自己的财富，从而追求效用最大化。

(3) 所有投资者有相同的预期。任何证券 i 的收益率都是一个线性函数，其中包含 k 个影响该证券收益率的因素，其函数表达式为

$$\tilde{r}_i = E(\tilde{r}_i) + b_{i1}\tilde{F}_1 + b_{i2}\tilde{F}_2 + \cdots + b_{ik}\tilde{F}_k + \varepsilon_i \qquad (7-21)$$

其中，$\tilde{r}_i$ 为证券 i 的实际收益率，它是一个随机变量；$E(\tilde{r}_i)$ 为证券 i 的期望收益率；$\tilde{F}_k$ 为第 k 个影响因素的指数；b_{ik} 为证券 i 的收益对因素 k 的敏感度；ε_i 为影响证券 i 的收益率的随机误差。

(4) 市场上的证券品种 n 必须远远超过模型中影响因素的种类 k。

(5) 误差项 ε_i 用来衡量证券 i 收益中的非系统风险部分，它与所有影响因素及证券 i 以外的其他证券的误差项是彼此独立不相关的。

2) 套利行为

套利是利用同一种实物资产或证券的不同价格来获取无风险收益的行为。套利收益是没有风险的，投资者一旦发现这种机会就会设法利用，随着交易的进行套利机会逐渐消失，市场达到均衡。

3) 套利组合

根据套利定价理论，投资者将尽力发现并构造一个套利组合，以便在不增加风险的情况下，提高组合的预期收益率。如果一个证券组合同时满足：① 初始价格为 0；② 组合的风险为零；③ 期望收益率为正。这种证券组合称为套利组合。

根据以上条件，满足下面三个条件的证券组合符合这一要求：① 投资者投资证券 i 占其总投资的比例 ω_i 充分小；② 所包括的证券种类尽量多，以分散风险；③ 选择特定的投资比例 ω_i，使投资比例的加权平均数等于零。

Ross 证明证券或证券组合的期望收益率与风险因素之间的关系只服从线性关系时，才能达到套利均衡。即由 Farkas 引理可知，存在 $k+1$ 个常数 λ_0，λ_1，$\cdots\lambda_k$，使得：

$$E(\tilde{r}_i) = \lambda_0 + \lambda_1 b_{i1} + \cdots + \lambda_k b_{ik} \qquad (7-22)$$

当证券 i 是一种无风险资产时，表示它不受任何因素的影响，即

$$b_{ij} = 0, \quad j = 1, 2, \cdots k$$

令该种无风险资产的收益率为 r_f，则 $r_f = \lambda_0$，可得到：

$$E(\tilde{r}_i) = r_f + \lambda_1 b_{i1} + \cdots + \lambda_k b_{ik} \qquad (7-23)$$

若影响证券 i 收益率的因素 $k > 1$，则 $\bar{\delta}_k$ 表示对第 k 个因素有单位敏感度、但对别的因素敏感度为零的证券组合的期望收益率。λ_k 表示对第 k 个因素有单位敏感度但对别的因素敏感度为零的证券组合的风险酬金，所以有

$$E(\tilde{r}_i) = r_f + (\bar{\delta}_1 - r_f)b_{i1} + \cdots + (\bar{\delta}_k - r_f)b_{ik} \qquad (7-24)$$

这就是套利定价理论的一般表达式。

APT 模型具有直观上的吸引力。该模型表明风险资产均衡价格可能存在多种影响因素，但是模型自身无法确定这些因素是什么。

2. 三因素与五因素模型

通过对影响 APT 模型多种风险因素的探讨，学者提出了不同的多因素基金绩效评价模型。Fama 与 French(1993，1996)通过对大量因素的实证研究认为，股票市场指数、公司规模、B/P 值(Book to Price ratio，净价与市值比)是影响股票组合的三个主要风险因素，而债券到期期限、信用风险溢价则是影响债券组合的两个主要风险因素，据此提出计算詹森指数的五因素业绩评价模型：

$$r_{it} - r_{ft} = \alpha_i + \beta_{i1}(r_{mt} - r_{ft}) + \beta_{i2} \text{HML}_t + \beta_{i3} \text{SMB}_t + \beta_{i4}(r_{\text{LTG}t} - r_f)$$
$$+ \beta_{i5}(r_{\text{CB}t} - r_{\text{LTG}t}) + \xi_{it} \qquad (7-25)$$

其中，r_m 代表市场组合在某时间段的收益率；HML_t 指高面值/市值比组合在该时间段的收益率；SMB_t 指小公司减大公司组合在该时间段 t 的收益率；$r_{\text{LTG}t}$ 是长期政府债券在该时间段 t 的收益率；$r_{\text{CB}t}$ 指长期公司债券在该时间段 t 的收益率。

如果仅对股票组合的业绩进行评价，则五因素模型可简化为三因素模型。

3. 四因素模型

Carhart(1997)在三因素模型的基础上，引进了确定的趋势因素(Momentum Factor)，得到估计詹森指数的四因素模型，并通过研究美国基金发现，美国共同基金偏好于小盘股和低 B/E 股(成长股)。

7.3.5 无基准业绩的评价方法

以资本资产定价模型为基础发展的基金绩效评价方法，面临着选择市场组合对投资组合是否有效的争议。据此，出现了一种被称为事件研究研究法

(Event study measures，ESM)或无基准业绩的评价指标。

从发展过程来看，考内尔(Cornell，1979)提出了一种无需使用基准投资组合的基金业绩评价方法。之后，考博兰德(Copeland)和梅耶斯(Meyaers，1982)对考内尔的 ESM 做出了改进。格仁布拉特和坦特曼(Grinblatt 和 Titman，1993)则进一步提出了一种被称为组合变动法(protfolio change measure，PCM)的新的 ESM 评价方法，即 GT 度量。

1. Cornell 的事件研究法(ESM)

Cornell(1979)假设某时期风险资产的收益率固定不变，则可以用第 t 期投资组合 P 的实际收益率与期望收益率之差的平均数对投资组合 P 的业绩表现进行 ESM 度量，即

$$\mathrm{ESM}_P^C = \frac{\sum_{t=1}^{T}\sum_{t=1}^{N}\left[w_{pit}(R_{pit} - \bar{R}_{pi(t-1)})\right]}{T} \qquad (7-26)$$

其中，投资组合 P 的 Cornell 测度值记为 ESM_P^C；w_{pit} 为 t 时期投资组合 P 中资产 i 的占比，即权重；R_{pit} 为 t 时期投资组合 P 中资产 i 的收益率；T 为研究总期数；N 为投资组合中的类别数。

2. Copeland 和 Mayers 的事件研究法(ESM)

Copeland 和 Mayers(1982)认为，Cornell 事件研究法根据资产的历史表现选择资产，容易造成统计上的系统偏差，因此他们改用评价期(事件)后的一段样本区间进行期望收益率的估计，即

$$\mathrm{ESM}_P^{CM} = \frac{\sum_{t=1}^{T}\sum_{i=1}^{N}\left[w_{pit}(R_{pit} - R_{pit+\tau})\right]}{T} \qquad (7-27)$$

其中，投资组合 P 的 Copeland 和 Mayers 测度值记为 ESM_P^{CM}；R_{pit} 为 t 时期投资组合 P 中资产 i 的收益率，$R_{pit+\tau}$ 为 $t+\tau$ 时期投资组合 P 中资产 i 的收益率。

但是，采用后续期间进行收益率的估计，也存在因收购兼并等特殊情况造成估计困难和偏差的问题。

3. GT 度量

Roll 认为基于 CAPM 和 APT 的业绩评价方法易受基准组合的影响。Grinblatt 和 Titman(1993)提出投资组合变动度量(Portfolio Change Measurement)，称为 GT 度量，即利用被评价的基金组合在上一时期的持股权重作为当期的基准，从而克服了外生基准无法观测带来的问题，其模型为

$$\mathrm{GT} = \frac{\sum_{t=2}^{T}\sum_{i=1}^{N} r_{it}(w_{i,t} - w_{i,t-1})}{T-1} \qquad (7-28)$$

GT(1993)基准没有完全考虑基金规模、B/M(Book‐to‐Market ratio,账面市值比)及动量效应等收益异常,而动量效应的存在会显著影响 GT 度量的结果。

总之,无基准业绩评价法虽然解决了评价基准的问题,但是在数据收集整理和计算方面费时、费力。此外,当基金经理更具风险偏好性时,会投资一些高风险证券,从而使绩效评价结果产生误差,故在实践中仍需结合传统的绩效评价方法进行分析。

7.3.6　基金绩效评价指标的比较分析

通过上述分析,各种基金绩效评价指标各有优劣,其比较分析见表 7‐1。

表 7‐1　基金绩效评价指标的比较分析

类型	指标	优缺点
收益类指标	净值收益率、几何平均收益率	净值收益率适用对基金单期收益率的评价,几何平均收益率适用于对多期基金收益率的评价。 收益率指标计算简单,但只考虑了基金的收益和基金收益率的高低,无法分清是由于整个市场行情的原因,还是由于承担了不同的风险,并且对于不同类型、不同风险的基金来说,该指标的可比性较差
风险类指标	收益率标准差、β 系数、VaR 值	收益率标准差用于衡量基金总风险,β 系数用于衡量基金系统风险,VaR 用于衡量基金下方风险,该指标更加符合人们对风险的感知。 指标计算简单,但只考虑了基金的风险,难以说明基金承担的风险是否合适
单因素的经风险调整的三大经典绩效指标	特雷诺指数、夏普指数、Jensen 指数	三大指数较好地综合了基金的收益和风险两个方面,并且数据处理方便,在西方国家得到大量应用。 夏普指数用报酬变动性比率衡量;特雷诺指数用报酬波动性比率衡量,认为多元化投资组合能消除非系统性风险;詹森指数用于衡量基金与基准组合的差异回报率。 三大指数目前存在的主要问题:一是均建立在 CAPM 模型基础上,有待检验;二是当分子为负时,夏普指数和特雷诺指数可能得出错误结果

续表

类型	指标	优缺点
改进的单因素经风险调整绩效指标	M² 指数、RAROC 法	M² 指数同夏普指数相比，其经济解释更为直观，但当基金平均收益为负值时，该指标评价可能会在熊市造成误导。 RAROC 法综合了夏普指数和 VaR 指数的优点，但超额收益为负，同样会出现结果误导
多因素的经风险调整绩效指标	APT 模型、Fama 与 French 三因素与五因素模型、Carhart 四因素模型	模型解释力较单因素模型有所增强，但是目前理论没有明确给出对风险资产定价所需要的所有因素或因素的个数，要想找到一组恰当的因素来衡量基金绩效，其难度较大。 在实证研究中，因素选择受到个人主观判断的影响
无基准业绩评价指数	Cornell、Copeland 和 Mayers 的事件研究法、GT 度量	解决了基准选择问题，但是数据收集整理和计算时费时、费力，并且当基金经理是冒险型时，会投资一些高风险证券，从而使绩效评价结果出现误差

　　整体而言，对基金绩效的评价目前主要从基金收益、基金风险、经风险调整的收益三个方面来构建评级体系，包括净值收益率、几何平均收益率、标准差、β 系数、风险价值（VAR）、夏普指数、特雷诺指数和詹森指数等指标。考虑到这些设计方法各有优劣，在实践中应综合应用。如果仅用收益率来进行基金绩效评价，会使得基金经理以高风险为代价而一味地追求高收益率。经风险调整的绩效指标能够促使基金经理自觉地在风险与收益之间进行平衡，具有一定的合理性。经典的经风险调整的单因素绩效评估方法简便，易操作，但是受到CAPM 前提假设等的制约。多因素模型解释能力增强，但要求能识别所有的相关因素，而实践中因素选择没有统一标准，相关因素很难全部有效识别，并且由于绩效评估结果对因素选择有依赖性，因此多因素基金绩效评价结果往往受到个人主观判断的影响（Chen，Roll，1996）。目前，西方国家关于多因素和单因素评价孰优孰劣尚未有定论。此外，无基准业绩评价指标虽然解决了基准选择问题，但由于其数据收集整理困难，目前运用不是很多。因此，本书采用改进的单因素经风险调整绩效指标 RAROC，即改进的 RAROC 来对基金绩效进行衡量。

本章小结

　　证券投资基金是重要的机构投资者，因而对其绩效的评估不仅是基金投资者关心的问题，也是基金公司能否长期发展的关键。基于以上考虑，本章介绍了证券投资基金绩效的不同评价方法，比较了它们的优缺点，并且为下一章的实证分析提供了理论支持。

第八章　证券投资基金的绩效
测定与比较分析

如前所述，评价基金绩效的不同模型各有特点。对于证券投资基金绩效的评价，如果仅用收益率度量基金绩效，可能会导致基金经理以高风险为代价而追求高收益率。如果使用经风险调整的绩效指标，则能够促使基金经理自觉地在风险与收益之间进行平衡，实现长远发展。

基于以上原因，本章在国内外研究成果的基础上，对 2005—2010 年间我国股票型和混合型开放式基金的绩效进行了测定，其中混合型基金又划分为偏股型、平衡型、偏债型三种。在风险调整收益研究方面，本章比较了 Sharp 指数、Treynor 指数和 Jensen 指数，并从收益指标、风险指标、经风险调整的基金绩效指标三个方面衡量了基金的业绩表现。

立足以往研究，本章提出了改进的单因素经风险调整的绩效指标 RAROC，该方法将收益和风险加以综合考虑，在理论上克服了以收益率为标准的基金绩效评价的缺陷，解决了不同风险程度的基金之间无法进行绩效比较的问题。

本章首先采用下方风险 VaR 取代总风险 α 和系统风险 β 来衡量基金风险。面对不完善的金融环境，非系统风险在总风险中占有一定比重，系统风险将会低估实际风险，而计量 VaR 下方风险，这更加符合投资者对基金风险的认识和心理感受。其次，对于经风险调整的基金绩效，当收益为负时，可能会出现结果误判。为了避免这种情况，我们根据基金行业的最低收益率对 RAROC 指数中的分子进行向上修正，确保评价结果的一致性。然后，针对金融收益数据的"尖峰厚尾"和方差"波动集聚"（波动集聚性是指金融资产价格的变化往往是大的波动后跟随大的波动，小的波动后跟随小的波动，即波动具有正相关性，高波动率和低波动率往往会各自聚集在某一时间段，而且高波动率和低波动率聚集的时期会交替出现）特性，本章进行了系统检验，以考察标准正态分布和 GARCH 模型哪个更好地度量基金收益的下方风险。最后根据实证数据，得出基金绩效评价的研究结论。

8.1 样本数据选取

开放式证券投资基金具有市场选择性强、流动性大、透明度高以及便于投资等优点，是目前资本市场的一种主要投资方式。开放式基金按照投资标的可分为股票型基金、债券型基金、货币型基金和混合型基金四种。其中，债券型基金以债券为主要投资对象，货币型基金以货币市场为投资对象，二者的投资风险和投资难度都较小，本节不对它们进行研究。此外，由于投资市场的不同，我们也不研究合格境内机构投资者(QDII)基金。

在研究基金绩效时，需要确定样本期间。通常认为 5 ~ 10 年的数据能够反映一个证券的周期特性。为此，本节样本时间跨度为 2005—2010 年，图 8 - 1 体现了上证综指的发展趋势。在这段时间内，我国证券市场经历了一次完整的上升、下降、调整周期。通过考察各种指标在一个完整周期内不同阶段的表现，可以使问题反映更加清晰。

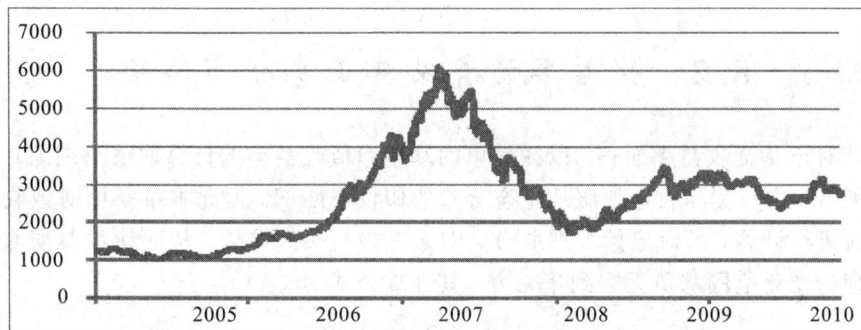

图 8 - 1　上证综合指数走势图

我国基金市场发展较晚，2001 年第一支开放式证券投资基金——华安创新——问世。2003 年 10 月 28 日《证券投资基金法》颁布并实施，从此我国基金业进入了一个崭新的发展阶段。本节仅以 2004 年年底前成立的、在 2005—2010 年存续的开放式股票型和混合型基金为研究样本，并对这些基金进行分组研究，每组基金研究期间相同。为了确保数据的完整性，基金必须在研究年度之前成立，剔除数据不完整的基金，最终得到的研究基金组成如表 8 - 1 所示。

考虑到基金样本量较大而篇幅有限，本章基金收益率序列检验分析及其绩效评价主要以样本组 1，即 2005 年前成立的 75 只基金中的 26 支开放式股票型基金为例进行详细阐述；其他基金的分析过程相同，只给出汇总结果。本节数据来源于巨灵数据库公布的每日基金复权净值。复权净值是对基金的单位净值进行了复权计算，度量了基金在没有进行任何分红或拆分情况下的历史净值，从而能够更加客观地反映基金历史增长率的真实面貌。

表 8-1　研究样本基金的构成

样本组	基金成立时间	基金数量	基金收益率数据研究期间	有效数据
样本组 1	2005 年之前	75	2005.01.01～2010.12.31	1462
样本组 2	2005.01.01～2005.12.31	26	2006.01.01～2010.12.31	1219
样本组 3	2006.01.01～2006.12.31	59	2007.01.01～2010.12.31	977
样本组 4	2007.01.01～2007.12.31	40	2008.01.01～2010.12.31	732
样本组 5	2008.01.01～2008.12.31	52	2009.01.01～2010.12.31	486
样本组 6	2009.01.01～2009.12.31	71	2010.01.01～2010.12.31	243

8.2　收益率计算及其正态分布检验

对于基金收益率而言，以往简单的基金净值收益率的计算取值范围为 0 到正无穷，这与实际收益率服从正态分布的假设不匹配。据此本章采用对数收益率法进行计算，即对原始数据取自然对数并进行一阶差分，从而使收益率取值的理论变化范围从负无穷到正无穷，其计算公式为

$$r_t = \ln\left(\frac{P_t}{P_{t-1}}\right) \tag{8-1}$$

其中，P_t 和 P_{t-1} 分别是 t 日和第 $t-1$ 日基金的复权净值。

在此基础上，就可检验收益率 r_t 是否服从正态分布。

收益率 R_t 的正态分布检验通常采用 Jarque-Bera 统计量。如果序列服从正态分布，那么 JB 统计量服从自由度为 2 的 χ^2 分布；如果 JB 统计量大于该 χ^2 分布的临界值，则拒绝服从正态分布的原假设。2005 年前成立的 26 支开放式股票型基金在研究期间的收益率序列的峰度、偏度和 JB 统计量值等统计结果见表 8-2，其余样本组内基金在研究期间的收益率统计量只给出汇总结果，如表 8-3 所示。其中峰度系数（Kurtosis）是用来反映频数分布曲线顶端尖峭或扁平程度的指标，用四阶中心矩除以概率分布方差的平方来表示。如峰度系数大于 3，则呈现"尖峰厚尾"形态。偏度（Skewness）也称偏度系数，是统计数据

分布偏斜方向和程度的度量，用三阶中心矩除以概率分布标准差的立方来表示，描述数据分布的对称性。当偏度＜0 时，称为负偏或左偏，数据出现左侧长尾；而当偏度＞0 时，称为正偏或右偏，数据出现右侧长尾。JB 统计量（Jarque‐Bera）用来检验一组样本数据是否具有正态分布的偏度和峰度特征（即是否来自正态分布），它依据 OLS 残差，对大样本进行检验（或称为渐进检验）。若变量服从正态分布，JB 统计量的值为零，而如果变量不是正态变量，则 JB 统计量将为一个逐渐增大的数值。如果 JB 统计量值较大，则不能认为样本来自正态分布；反之亦成立。

表 8 - 2　**2005 年前成立的股票型基金日收益率的基本统计量**

基金	平均值	中位数	最大值	最小值	标准差	偏度	峰度	JB 统计量	概率（P 值）
SER01	0.001022	0.001261	0.062535	−0.07621	0.015397	−0.37025	4.963019	268.1424	0
SER02	0.000747	0.001755	0.061432	−0.07429	0.015995	−0.419	4.769093	233.4283	0
SER03	0.001131	0.001683	0.063557	−0.09248	0.016242	−0.45784	5.301761	373.8197	0
SER04	0.000941	0.001338	0.062539	−0.07339	0.013988	−0.34623	4.947149	260.1691	0
SER05	0.000881	0.001989	0.087472	−0.09127	0.018986	−0.45431	5.427405	409.2314	0
SER06	0.000739	0.001713	0.086471	−0.09364	0.018992	−0.39318	5.550401	433.9028	0
SER07	0.000833	0.001242	0.063717	−0.06618	0.014675	−0.38618	4.952923	268.6703	0
SER08	0.00114	0.001784	0.059563	−0.07725	0.01428	−0.41092	5.110246	312.4137	0
SER09	0.001128	0.001431	0.063899	−0.0785	0.015587	−0.32821	4.732984	209.1953	0
SER10	0.000878	0.000884	0.060585	−0.07719	0.014326	−0.2528	4.813067	215.8181	0
SER11	0.001048	0.001524	0.064083	−0.06971	0.01449	−0.31885	5.371876	367.4764	0
SER12	0.000711	0.001904	0.082353	−0.0916	0.019169	−0.39169	5.353511	374.8027	0
SER13	0.000953	0.002265	0.087319	−0.09406	0.020073	−0.47377	5.108278	325.4564	0
SER14	0.000823	0.001302	0.067038	−0.07657	0.015501	−0.29557	5.053352	278.1276	0
SER15	0.001151	0.001851	0.06687	−0.09033	0.017034	−0.45743	4.951084	282.878	0
SER16	0.00066	0.000832	0.085185	−0.09675	0.019245	−0.25642	5.283484	333.6589	0
SER17	0.001031	0.001748	0.065799	−0.09389	0.015366	−0.48595	5.278171	373.7019	0

基金	平均值	中位数	最大值	最小值	标准差	偏度	峰度	JB统计量	概率（P值）
SER18	0.000853	0.001959	0.088519	−0.08296	0.019492	−0.3995	5.280632	355.7339	0
SER19	0.001221	0.00141	0.064258	−0.09094	0.015293	−0.37003	5.516829	419.2351	0
SER20	0.000909	0.001264	0.062881	−0.06929	0.01552	−0.29275	4.885358	237.4159	0
SER21	0.00122	0.001804	0.073599	−0.06981	0.017482	−0.35919	4.621299	191.5634	0
SER22	0.001224	0.001438	0.072177	−0.0928	0.01715	−0.25138	4.72193	196.0186	0
SER23	0.000954	0.001462	0.07173	−0.09287	0.017335	−0.35621	5.018028	278.9976	0
SER24	0.000815	0.001748	0.086394	−0.0883	0.019572	−0.34807	5.313106	355.4533	0
SER25	0.001131	0.00173	0.059786	−0.09002	0.01612	−0.43427	4.931747	273.2734	0
SER26	0.00118	0.00215	0.086243	−0.0857	0.017869	−0.41066	5.479247	415.5271	0

注：SER01～SER26分别代表26支基金，基金代码依次为090001、210001、020001、040001、040002、519180、217001、162201、162202、162203、240001、050002、161604、260101、110002、110003、240005、200002、100020、050004、260104、162204、180003、360001、110005、375010。

表8-3　全部样本基金日收益率的基本统计量结果汇总

样本组	偏度		峰度		JB统计量	
	大于0	小于0	大于3	小于3	0.05水平下显著	0.05水平下不显著
样本组1	0	75	75	0	75	0
样本组2	0	26	26	0	26	0
样本组3	0	59	59	0	59	0
样本组4	0	40	40	0	40	0
样本组5	2	50	52	0	52	0
样本组6	0	71	71	0	68	3

检验结果表明：全部基金的净值收益率时间序列均值较小，标准差普遍比均值的绝对值大10倍，说明收益变化较为剧烈。同时，收益率序列的偏度较小，峰度均超过3，具有一定的偏斜、厚尾特征，其中除样本组5中的2支基金

外，其余收益率的偏度系数 Skewness 全部都小于 0，收益率具有负的偏斜度（左偏），而峰度系数 Kurtosis 全部都大于 3，具有明显的厚尾特征，拒绝收益率序列服从均值为 0 的正态分布。此外，除样本组 6 中的 3 支基金外，其余基金的正态检验 Jarque – Bera 统计量明显大于 0.05 显著性水平下的临界值，在 5% 的显著性水平下拒绝正态性假设，因此本节认为基金收益率序列不服从正态分布。

8.3　收益率的平稳性及其 ARCH 效应检验

1. 收益率的平稳性检验

ARCH 模型（Autoregressive conditional heteroskedasticity model）即"自回归条件异方差模型"，解决了传统的计量经济学对时间序列变量的第二个假设（方差恒定）所引起的问题，认为正态分布的均值为零，方差是一个随时间变化的量（即为条件异方差），并且这个随时间变化的方差是过去有限项噪声值平方的线性组合（即为自回归），这样就构成了自回归条件异方差模型。ARCH 模型比较符合金融产品收益波动幅度随时间变化的特性，能够很好地捕捉收益率序列中的波动集聚现象，使人们能更加准确地把握风险，尤其在风险价值（Value at Risk）理论中广泛应用。GARCH 模型称为广义 ARCH 模型，是 ARCH 模型的拓展，即方差用 ARMA 模型来表示，则 ARCH 模型的变形为 GARCH 模型。对收益率序列 R_t 进行 ARCH/GARCH 效应分析之前，首先应确保该序列具有平稳性，否则要进行平稳化处理。平稳性是指建立的自回归模型中，被解释变量呈现均值回归（mean-reverting）特征，表现为方程不存在单位根（unit root）。

以下运用 ADF 法（Augmented Dickey-Fuller Test）对平稳性进行检验。假设原数据序列存在单位根，如果 ADF 统计量比临界值小，则可在该显著性水平下拒绝原序列存在单位根的原假设，即原序列是平稳的。如果一个随机过程的均值和方差在时间过程上都是常数，并且在任何两时期的协方差仅依赖于该两时期间的距离或滞后期，而不依赖于计算这个协方差的实际时间，就称它为平稳的。设原数据序列存在单位根，考虑 AR（1）过程为

$$y_t = \mu + \beta y_{t-1} + \varepsilon_t \tag{8-2}$$

$$原假设 H_0: \beta = 1$$

其中：$\{y_t\}$ 为时间序列，即依赖于参数 t（时间）的随机变量集合；μ 和 β 为参数；ε 为残差项，假定服从均值为 0、同方差的独立分布。

利用 Eviews 5.0 对上述 26 支基金的 ADF 检验进行统计，其中 t_{ADF} 为 ADF 检验的 t 统计量，结果如表 8-4 所示。

表 8-4　ADF 检验统计结果

基金	SER01	SER02	SER03	SER04	SER05	SER06	SER07	SER08	SER09
t_{ADF}	-35.966	-37.570	-36.402	-35.939	-37.213	-37.743	-36.130	-35.730	-35.161
基金	SER10	SER11	SER12	SER13	SER14	SER15	SER16	SER17	SER18
t_{ADF}	-36.469	-36.331	-37.351	-36.010	-36.175	-35.486	-37.880	-36.734	-37.258
基金	SER19	SER20	SER21	SER22	SER23	SER24	SER25	SER26	
t_{ADF}	-36.299	-36.862	-35.766	-36.052	-36.563	-36.933	-35.975	-35.551	

不同显著性水平下的检验临界值：1％水平，-3.435；5％水平，-2.863；10％水平，-2.567。

根据 ADF 统计量的性质，$t_{ADF}<$临界值，则数据平稳。从 Eviews 统计结果可以看出，t_{ADF} 的最大值为 -35.161，对应 p 值 $=0$；而 1％、5％和 10％显著性水平下的 t 统计量的临界值分别为 -3.435、-2.863、-2.567，即满足：

$$t_{ADF} = -35.161 < -3.435 = t_{0.01}$$

所以拒绝原假设，表明数据不存在单位根，即数据平稳。因而可以运用 ARCH 模型进行建模，解释收益率时间序列的变化。

用单位根检验法对其他基金收益率的 ADF 检验进行统计，结果汇总如表 8-5 所示。从表 8-5 可看出样本数据均在 1％显著性水平下拒绝原假设，可见数据是平稳的。

表 8-5　所有样本 ADF 检验统计结果汇总

样本组	最小值	最大值	均值	0.01 水平下显著的样本量占比
样本组 1	37.88036	-35.2812	-35.16102	100％
样本组 2	-34.4958	-32.1275	-33.0921	100％
样本组 3	-31.0146	-28.7326	-29.9808	100％
样本组 4	-26.8081	-24.9527	-25.8318	100％
样本组 5	-21.5158	-19.0545	-20.4867	100％
样本组 6	-20.544	-14.4917	-18.173	100％

2. ARCH 效应检验

通过对收益率序列绘图的初步观察，不难发现其方差具有一定的波动集聚性。为了检验基金收益的波动是否具有条件异方差性，可用 Engle(1982)提出的残差序列 ARCH 效应的拉格朗日乘数检验(Lagrange Multiplier Test, ARCH LM 检验)对基金收益率数据进行评价。

为了刻画预测误差的条件方差中可能存在的相关性，恩格尔(Engle)提出了自回归条件异方差模型。ARCH 模型的主要思想是：扰动项(随机误差项)u_t 的条件方差依赖于它的前期值 u_{t-1} 的大小。如果将一个平衡随机变量表述为自回归 AR(p)形式，则随机误差项的方差可用误差项平方的 q 阶分布滞后模型来描述。例如，设 x_t 的自回归 AR(p)形式为

$$x_t = \beta_0 + \beta_1 x_{t-1} + \beta_2 x_{t-2} + \cdots \beta_p x_{t-p} + u_t \qquad (8-3)$$

则随机误差项 u_t 的方差为

$$\mathrm{VaR}(u_t) = \sigma_t^2 = \alpha_0 + \alpha_1 u_{t-1}^2 + \alpha_2 u_{t-2}^2 + \cdots + \alpha_q u_{t-q}^2 \qquad (8-4)$$

其中，回归模型的参数 $\alpha_0, \alpha_1, \alpha_2, \cdots, \alpha_q$ 均为非负数，这样才能保证方差 σ_t^2 为正。我们称这里的随机误差项服从 q 阶的 ARCH 过程，记作 $u_t \sim \mathrm{ARCH}(q)$。$u_t$ 的均值为 0，也称式(8-3)为均值方程。式(8-4)称为自回归条件异方差模型。

如果随机误差项 u_t 服从 q 阶的 ARCH 过程，则随机变量 x_t 可用 AR(p)-ARCH(q)模型来表述。

ARCH LM 检验统计量由一个辅助检验回归计算。为检验原假设："残差序列中直到 q 阶都不存在 ARCH 效应"，需进行如下回归：

$$\hat{u}_t^2 = \alpha_0 + \left(\sum_{s=1}^{q} \alpha_s \hat{u}_{t-s}^2 \right) + \varepsilon_t \qquad (8-5)$$

其中，$\hat{u}_t$ 是残差。

式(8-5)表示残差平方 $\hat{u}_t^2$ 对一个常数和直到 q 阶的残差平方的滞后 $\hat{u}_{t-s}^2$ ($s=1, 2, \cdots, q$)所作的一个回归。这个检验回归有两个统计量：

(1) F 统计量(F-statistic)是对所有残差的滞后的联合显著性所作的一个省略变量检验，这与前述回归分析中的 F 统计量的含义相同。

(2) Obs * R-squared，即 Obs * R^2 统计量或 $T \times R^2$ 统计量，是 Engle'LM 检验统计量，用观测值个数 T 乘以回归检验的 R^2 得到。

ARCH 效应检验结果如表 8-6 所示。

表 8 - 6　ARCH 效应检验结果

基金	SER01	SER02	SER03	SER04	SER05	SER06	SER07	SER08	SER09
F-statistic	8.818361	10.65919	9.478989	10.48917	12.33052	13.83458	9.111033	6.270128	7.418630
Obs * R-squared	83.73265	100.0079	89.61833	98.52101	114.4528	127.1907	86.34639	60.54544	71.09258
基金	SER10	SER11	SER12	SER13	SER14	SER15	SER16	SER17	SER18
F-statistic	6.049980	11.31294	11.32928	10.71255	9.733204	8.935511	12.18134	4.853072	12.24079
Obs * R-squared	58.50531	105.6951	105.8367	100.4739	91.86971	84.78007	113.1761	47.30792	113.6851
基金	SER19	SER20	SER21	SER22	SER23	SER24	SER25	SER26	
F-statistic	6.601273	8.231861	8.584650	7.366614	7.578354	13.24905	6.239310	14.20616	
Obs * R-squared	63.60297	78.46462	81.63828	70.61836	72.54674	122.2608	60.26020	130.3003	

对式(8-5)的残差进行 ARCH - LM 检验,表中 F 和 $T \times R^2$ 值所对应的 p 值均为 0,都小于 0.05,可见,数据残差存在 ARCH 效应,即收益率序列存在显著的异方差性,并且这些基金全部存在高阶 ARCH 效应,在滞后 6 阶后仍然显著,即存在 GARCH 效应,如表 8 - 7 所示。

表 8 - 7　GARCH 效应检验结果

样本组	最小值	最大值	均值	0.01 水平下显著的样本量占比	0.05 水平下显著的样本量占比	在 0.1 水平下显著的样本量占比
样本组 1:F-statistic	4.853072	18.71460	10.02672	100%	100%	100%
样本组 1:Obs * R-squared	47.30792	166.8990	94.02467	100%	100%	100%
样本组 2:F-statistic	3.444669	12.57718	6.593182	100%	100%	100%
样本组 2:Obs * R-squared	33.79136	114.8673	62.72480	100%	100%	100%
样本组 3:F-statistic	2.303110	7.739868	4.467406	98.3051%	100%	100%

样本组	最小值	最大值	均值	0.01 水平下显著的样本量占比	0.05 水平下显著的样本量占比	在 0.1 水平下显著的样本量占比
样本组 3：Obs ∗ R-squared	22.74807	72.42561	42.95910	96.6102％	100％	100％
样本组 4：F-statistic	2.208552	8.373138	4.566924	95％	95％	95％
样本组 4：Obs ∗ R-squared	21.75155	76.06854	43.32773	95％	95％	95％
样本组 5：F-statistic	1.362252	9.342807	4.386785	86.5385％	92.3077％	96.1538％
样本组 5：Obs ∗ R-squared	13.54788	79.63740	40.49193	86.5385％	92.3077％	96.1538％
样本组 6：F-statistic	0.477294	5.770319	2.007423	29.5775％	46.4789％	50.7042％
样本组 6：Obs ∗ R-squared	4.859400	50.90989	19.24612	29.5775％	46.4789％	50.7042％

ARCH 模型在实践中的难点就是：随着滞后阶数 q 的增大，往往会违背 a_i 都是非负的限定条件，而事实上恰恰需要这个限定来保证条件方差 σ_t^2 为正数。考虑到公式（8-4）是 σ_t^2 的一个分布滞后模型，就可以用一个或两个 σ_t^2 的滞后值代替许多 u_t^2 的滞后值，这就是广义自回归条件异方差模型（Generalized Autoregressive Conditional Heteroskedasticity Model，GARCH 模型）的基本思想。

标准的 GARCH(1, 1) 模型为

$$y_t = x_t^{\mathrm{T}} \times \boldsymbol{\gamma} + u_t \qquad t = 1, 2, \cdots, T \qquad (8-6)$$

$$\sigma_t^2 = w + \alpha u_{t-1}^2 + \beta \sigma_{t-1}^2 \qquad (8-7)$$

在式（8-6）中：$x_t^{\mathrm{T}} = (x_{1t}, x_{2t}, \cdots, x_{kt})^{\mathrm{T}}$ 是解释变量向量；$\boldsymbol{\gamma} = (\gamma_1, \gamma_2, \cdots \gamma_k)^{\mathrm{T}}$ 是系数向量。式（8-6）给出的均值方程是一个带有扰动项的外生变量函数。由于 σ_t^2 是以前面信息为基础的一期向前预测方差，所以被称为条件方差。式（8-7）也被称为条件方差方程，并具有三个部分：

（1）常数项：w。

（2）用均值方程的扰动项平方的滞后来度量从前期得到的波动性的信息：u_{t-1}^2（ARCH 项）。

（3）上一期的预测方差 σ_{t-1}^2（GARCH 项）。

对基金日收益率的 ARCH - LM 检验结果表明，样本组 1、2、3 所有基金的 Obs * R^2 统计量下的伴随概率 p 值都小于 0.05，拒绝原假设，即基金日收益率序列存在异方差性。但是随着样本量的减少，样本组 4 和 5 中分别有 95%、92.3% 的基金的 Obs * R^2 统计量下的伴随概率 p 值小于 0.05。而样本组 6 中仅有 46.5% 的基金的 Obs * R^2 统计量下的伴随概率 p 值小于 0.05，可见在 0.05 水平下仅有不到一半的基金日收益率数据具有条件异方差性，即使在 0.1 显著水平下，本样组基金通过显著性检验的占比也仅为 50.7%。本节的研究认为，这主要是 GARCH 模型的估计需要一定的数据量，在 ARCH 效应分析中应基于一定的数据量(2～3 年)才能更好地反映事物的客观实际；而样本组 6 中的基金仅包含 1 年 242 个有效日的数据，观测值数据量较小，可能影响了结果的准确性。从整体来看，大部分基金拒绝原假设，存在着 ARCH 效应，收益率序列适合用 GARCH 模型进行分析。

8.4 GARCH 模型参数估计及其效果分析

上述统计数据说明我国开放式基金的日收益率时间序列存在以下三个统计特征：右偏性、尖峰肥尾性和波动聚集性。如果用基于正态假设的风险度量和计算方法去估计开放式基金日收益率的风险，势必造成估计偏差。而忽视波动率的时变性不仅会失去风险的变动信息，而且会造成风险估计的不准确和较差的预测性。同时，上述计算过程表明，基金日收益率为平稳序列，且不存在自相关，所以均值方程中不含收益率滞后项，即 $r_t = \mu + \varepsilon_t$。经过反复试算，我们发现选择滞后阶数 (p, q) 为 $(1, 1)$ 时比较合适，所以以下模型均为 GARCH $(1, 1)$ 模型，即收益率的条件方差方程为 $\sigma_t^2 = w + \alpha \varepsilon_{t-1}^2 + \beta \sigma_{t-1}^2$，并在残差的不同分布假设下，分别建立 GARCH$(1, 1)$-正态分布模型、GARCH$(1, 1)$-$T$ 分布模型和 GARCH$(1, 1)$-GED 分布模型。本节采用极大似然估计(MLE)法来估计方程的各个参数，汇总结果如表 8-8 所示。

从模型参数估计的统计结果表 8-8 来看，GARCH$(1, 1)$ 模型在三种分布下，26 支基金的 arch 和 garch 系数 α、β 均在 0.05 水平下显著，系数 β 值都大于 0.7，系数 α 值都小于 0.25，$\alpha + \beta < 1$，说明收益率波动具有一定的持续性和稳定性，并且在 T 分布下的 D.F(自由度)的最大值为 7.674478，而不是趋向正无穷；GED 下的 d(自由度)的最大值为 1.405501，小于 2，进一步证实了基金收益率序列的尖峰、厚尾性。此外，对估计残差再进行异方差效应的 LM 检验表明收益率已经不存在显著的异方差现象，表明所选模型较好地刻画了基金收益率的异方差现象。表 8-9 为不同分布条件下的模型参数估计结果。

表 8 - 8　GARCH 模型的估计参数

基金	正态分布			T 分布				GED 分布			
	w	α	β	ω	α	β	D.F	ω	α	β	d
SER01	2.33E-06	0.070662	0.922111	1.72E-06	0.076457	0.922122	5.945887	2.04E-06	0.074238	0.92072	1.318365
SER02	4.03E-06	0.098758	0.890105	3.75E-06	0.102915	0.888995	7.090613	4.00E-06	0.102177	0.887335	1.40501
SER03	4.34E-06	0.101755	0.886914	4.69E-06	0.111979	0.878428	6.457092	4.62E-06	0.109803	0.879286	1.318807
SER04	4.67E-06	0.097478	0.881847	6.00E-06	0.110834	0.863517	7.174267	5.37E-06	0.104238	0.871714	1.402099
SER05	2.68E-06	0.064034	0.930569	2.45E-06	0.065093	0.931986	5.549814	2.57E-06	0.065187	0.930003	1.276085
SER06	1.84E-06	0.064288	0.933069	1.77E-06	0.063649	0.935107	5.761809	1.88E-06	0.064847	0.932386	1.289998
SER07	3.76E-06	0.09589	0.891627	4.06E-06	0.109698	0.880839	6.043072	3.92E-06	0.103406	0.884389	1.347252
SER08	4.93E-06	0.088151	0.891685	8.66E-06	0.115607	0.849628	6.124543	6.72E-06	0.101647	0.869856	1.355689
SER09	4.13E-06	0.079711	0.906574	6.34E-06	0.09977	0.881021	6.61127	5.41E-06	0.091522	0.890394	1.399553
SER10	2.62E-06	0.074327	0.916247	3.79E-06	0.085745	0.901141	6.631552	3.13E-06	0.079618	0.90864	1.395817
SER11	1.77E-06	0.086016	0.909887	2.11E-06	0.09532	0.901009	6.290169	1.90E-06	0.09059	0.905137	1.330216
SER12	2.30E-06	0.057407	0.938066	2.06E-06	0.059077	0.938713	5.506224	2.25E-06	0.060495	0.935648	1.235334
SER13	4.29E-06	0.061309	0.929311	3.83E-06	0.068102	0.926068	5.856911	4.07E-06	0.065292	0.926371	1.317787
SER14	1.67E-06	0.075755	0.921118	2.19E-06	0.092567	0.906075	5.959434	1.99E-06	0.083941	0.912346	1.330638

续表

基金	正态分布			T 分布				GED 分布			
	w	α	β	ω	α	β	D.F	ω	α	β	d
SER15	2.13E-06	0.070748	0.925304	3.39E-06	0.089918	0.904287	7.222784	2.83E-06	0.082481	0.912267	1.398663
SER16	1.76E-06	0.059255	0.93807	1.67E-06	0.055755	0.942628	6.090649	1.72E-06	0.057704	0.939711	1.30893
SER17	2.52E-06	0.061602	0.930157	2.71E-06	0.068895	0.924207	5.893857	2.55E-06	0.066426	0.925716	1.320586
SER18	2.79E-06	0.058709	0.935366	2.45E-06	0.05958	0.937109	5.629308	2.58E-06	0.059712	0.935269	1.267245
SER19	3.66E-06	0.09152	0.897821	4.94E-06	0.105628	0.881255	6.081999	4.32E-06	0.099544	0.887583	1.329198
SER20	1.16E-06	0.059004	0.939075	1.51E-06	0.064189	0.934183	5.797771	1.28E-06	0.061133	0.936536	1.311348
SER21	3.38E-06	0.083989	0.909257	3.60E-06	0.096796	0.899549	6.207726	3.46E-06	0.088823	0.904722	1.377483
SER22	2.79E-06	0.077838	0.916364	4.05E-06	0.093755	0.898566	7.674478	3.48E-06	0.088597	0.904546	1.405501
SER23	3.84E-06	0.067429	0.921994	3.56E-06	0.076714	0.916771	6.113216	3.68E-06	0.072371	0.918334	1.341514
SER24	2.49E-06	0.063205	0.932355	2.37E-06	0.067196	0.930515	5.985414	2.47E-06	0.065383	0.930536	1.308299
SER25	2.25E-06	0.074455	0.921003	3.58E-06	0.091419	0.901325	6.92806	2.96E-06	0.083608	0.909839	1.399635
SER26	2.03E-06	0.068579	0.92734	2.01E-06	0.079642	0.919939	6.003993	2.05E-06	0.073348	0.923299	1.350184

注：w 为常数项；α 为 ARCH 项系数，β 为 GARCH 项系数；D.F 为 T 分布下的自由度；d 为 GED 下的自由度。

表 8-9 基于不同分布的模型参数估计结果统计

分布	参数	指标	样本组 1	样本组 2	样本组 3	样本组 4	样本组 5	样本组 6
正态分布	α	均值	0.084 089	0.089 652	0.069 571	0.062 232	0.083 964	0.061 777
		占比	100%	100%	100%	100%	100%	50.00%
	β	均值	0.907 465	0.890 458	0.895 861	0.908 797	0.833 133	0.894 643
		占比	100%	100%	100%	100%	100%	100%
T 分布	α	均值	0.093 624	0.108 422	0.081 169	0.067 616	0.105 734	0.065 702
		占比	100%	100%	100%	100%	58.00%	38.89%
	β	均值	0.900 597	0.880 33	0.887 497	0.909 691	0.803 871	0.890 602
		占比	100%	100%	100%	100%	100%	100%
	D.F	均值	6.119 617	5.729 095	6.855 592	7.100 245	6.858 659	6.03E+10
		最大值	12.105 05	7.957 845	9.753 079	9.973 062	15.197 04	6.03E+10
GED 分布	α	均值	0.090 344 2	0.100 232	0.077 676	0.065 182	0.103 894	0.063 432
		占比	100%	100%	100%	97.50%	34.00%	33.33%
	β	均值	0.901 424 5	0.882 71	0.887 808	0.909 139	0.768 324	0.891 577
		占比	100%	100%	100%	100%	100%	100%
	d	均值	1.318 582	1.300 874	1.372 77	1.359 268	1.310 125	1.683 157
		最大值	1.445 503	1.472 145	1.515 001	1.512 032	1.644 865	2.243 965

注：占比为 GARCH(1,1)模型回归中系数在 0.05 水平下显著的样本量占比。

　　由表 8-9 可以看出,样本组 1、2、3 在 GARCH(1,1) 模型的三种分布下的参数估计统计结果同上述 26 支基金,均表明 GARCH 模型能够更好地描述基金收益率序列的波动特性。在样本组 4 中,仅有 2.5% 的基金的 arch 系数在 0.05 水平下不显著,其他结果同上。随着样本组 5 和 6 内基金收益率数据量的减少,其显著性变差,可能是样本数量不足的结果。整体而言,大部分基金 GARCH(1,1) 模型的估计参数在 5% 置信水平下显著,估计残差的 ARCH-LM 检验表明不存在显著的异方差现象,并且 T 分布的自由度是一个有限的定值, GED 分布的自由度均小于 2,因此 GARCH 模型能够较好地刻画基金收益率异方差现象和尖峰、厚尾特征。对于那些系数不显著的 82 支基金,下面的研究中将不予考虑。

8.5　VaR 值计算及 VaR 模型的返回检验

　　VaR 作为一个统计估计量,其准确程度受到估计模型的影响。在计算 VaR 的基础上,本节通过对 VaR 模型的回返检验来验证 GARCH(1,1) 模型在三种分布下的模型准确性。

　　基金在时刻 t 的 VaR 值由公式 (8-8) 计算而来:

$$\text{VaR} = E(r) - r^* = \mu - \left[\mu - \sigma_t F^{-1}(C)\right] \qquad (8-8)$$
$$= \sigma_t F^{-1}(C)$$

其中,μ 是基金收益率 r 的期望值;σ_t 是 t 时刻不同分布假设下的 GARCH 模型所产生的条件方差序列所对应的标准差序列;$F^{-1}(C)$ 是各分布在置信水平 C 下的分位数,其中 t 分布和 GED 分布的分位数是运用 Matlab 7.0 的逆累计分布函数值的计算功能和数值积分功能分别算出的。

　　利用 Eviews 5.0 的 GARCH 方差序列生成条件方差,对其取平方根得到条件标准差,再对条件标准差取均值带入公式 (8-9),乘以 95% 水平下三种分布的分位数,即得到研究期间每支样本基金日收益率在 95% 置信水平下的 VaR 值:

$$\text{VaR} = \overline{\sigma_t} F^{-1}(C) \qquad (8-9)$$

　　基于上述计算基础,可通过对 VaR 模型的回返检验来验证 GARCH(1,1) 模型在三种分布下的模型准确性。Kupiec(1995) 的失败频率检验以其简单实用的特点而被广泛应用,其思路如下:若考察期 T 内某日的实际损失小于等于根据 GARCH 估算的 VaR 值,称为估计成功;否则称为估计失败。考察期 T 内失败的观察结果可视为一系列独立的贝努里试验。若实际考察期为 T 天(周),失败天(周)数为 N，则失败频率为 $P(N/T)$，用频率估计概率，则模型准确性的检验就相当于检验失败概率等于特定概率的零假设，即

$$H0: P = P^*$$
$$H1: P \neq P^*$$

其中，P^* 为失败的期望概率，$P^* = 1 - C$，C 为置信水平。

Kupiec 提出了对零假设最适合的检验——似然比率检验，即

$$LR = -2\ln\left[(1 - P^*)^{T-N} P^{*N}\right] + 2\ln\left[\left(1 - \frac{N}{T}\right)^{T-N}\left(\frac{N}{T}\right)^N\right] \quad (8-10)$$

在零假设的条件下，统计量 LR 服从自由度为 1 的 χ^2 分布。

根据以上思路，本节计算了上述 26 支基金在研究期间 1462 天的 VaR 的失败数和失败率，计算结果如表 8-10 所示，所有样本组的汇总结果如表 8-11 所示。

由表 8-10 可以看出，在 95% 的置信水平下，根据 GARCH(1，1)-T 分布模型计算的样本基金的 VaR 值除 SER02 外，其他基金的计算值都大于根据正态分布和 GED 分布计算的值，因此在这种分布下的基金除 SER02 外，在研究期间的失败率均最低，分布在 [5.2%，6.36%] 区间内。除 SER02 和 SER08 外，GARCH(1，1)-GED 分布模型计算的样本基金的 VaR 值大于等于正态分布模型计算的值，失败率小于等于正态分布模型计算的值。

从表 8-11 可以看出，在 95% 的置信水平下，用 GARCH(1，1)-T 分布、GED 分布、正态分布模型计算的所有样本组基金的 VaR 均值依次减小，而平均失败率依次增大。GARCH(1，1)-T 分布模型估计的 VaR 计算的平均失败率最大为 4.51%，其估计相对过于保守，可能高估了基金的风险；而 GARCH(1，1)-正态分布模型的平均失败率最大为 6.55%，相对过于乐观，可能低估了基金的风险。下文对此作进一步的验证。

Kupiec 构建的似然比率 LR 统计量服从 $\chi^2(1)$，据此，我们根据某一置信水平(95% 或 99%)来确定 $\chi^2_{1-c}(1)$ 对应的接受域和拒绝域，其中 95% 显著性水平下的 Kupiec 检验的接受域如表 8-12 所示。Kupiec 似然比检验是一种双边检验，在 95% 置信水平下，LR 的临界值为 3.841，如果 VaR 实际预测失败次数落在接受区间内，则其 LR 值就小于 3.841，该方法有效；若失败次数大于接受区间的上限值，则 VaR 模型低估了损失发生概率；若失败次数小于接受区间的下限值，则 VaR 模型过于保守，高估了损失发生的概率。利用此方法得到的各样本组内基金失败数的区域分布情况如表 8-13 所示，据此我们可以结合计算结果与实际预期结果的偏离程度进行模型优劣程度的比较。

表 8 – 10　2005 年成立的 26 支股票型基金 VaR 的失败数和失败率计算结果表

基金	正态分布			T 分布			GED 分布		
	VaR 均值	失败数	失败率	VaR 均值	失败数	失败率	VaR 均值	失败数	失败率
SER01	0.024 631	83	5.68%	0.029 603	81	5.54%	0.024 794	83	5.68%
SER02	0.025 68	91	6.22%	0.029 359	93	6.36%	0.025 636	93	6.36%
SER03	0.025 85	86	5.88%	0.030 416	85	5.81%	0.026 018	86	5.88%
SER04	0.022 337	80	5.47%	0.025 749	79	5.40%	0.022 433	80	5.47%
SER05	0.029 958	90	6.16%	0.036 367	88	6.02%	0.030 091	90	6.16%
SER06	0.029 828	92	6.29%	0.035 857	90	6.16%	0.029 927	92	6.29%
SER07	0.023 619	85	5.81%	0.028 22	83	5.68%	0.023 746	83	5.68%
SER08	0.023 084	81	5.54%	0.027 339	78	5.34%	0.023 14	82	5.61%
SER09	0.025 202	82	5.61%	0.029 561	81	5.54%	0.025 324	82	5.61%
SER10	0.023 169	82	5.61%	0.027 099	82	5.61%	0.023 249	82	5.61%
SER11	0.022 908	86	5.88%	0.027 025	86	5.88%	0.023 005	86	5.88%
SER12	0.030 376	92	6.29%	0.036 906	91	6.22%	0.030 517	92	6.29%
SER13	0.031 895	90	6.16%	0.038 298	87	5.95%	0.032 042	90	6.16%

续表

基金	正态分布			T 分布			GED 分布		
	VaR 均值	失败数	失败率	VaR 均值	失败数	失败率	VaR 均值	失败数	失败率
SER14	0.024 739	91	6.22%	0.029 656	87	5.95%	0.024 851	91	6.22%
SER15	0.027 405	85	5.81%	0.031 59	84	5.75%	0.027 568	85	5.81%
SER16	0.030 492	84	5.75%	0.036 268	80	5.47%	0.030 623	84	5.75%
SER17	0.024 819	87	5.95%	0.029 735	85	5.81%	0.024 935	86	5.88%
SER18	0.030 81	92	6.29%	0.037 285	90	6.16%	0.030 949	92	6.29%
SER19	0.024 61	78	5.34%	0.029 237	76	5.20%	0.024 696	78	5.34%
SER20	0.024 992	88	6.02%	0.030 037	88	6.02%	0.025 075	88	6.02%
SER21	0.028 147	96	6.57%	0.033 473	92	6.29%	0.028 279	96	6.57%
SER22	0.027 62	87	5.95%	0.031 593	85	5.81%	0.027 816	87	5.95%
SER23	0.027 868	81	5.54%	0.033 256	80	5.47%	0.028 025	81	5.54%
SER24	0.030 901	90	6.16%	0.036 915	88	6.02%	0.031 037	89	6.09%
SER25	0.026 099	86	5.88%	0.030 27	85	5.81%	0.026 216	86	5.88%
SER26	0.027 905	91	6.22%	0.033 505	89	6.09%	0.028 103	90	6.16%

表 8－11　所有基金 VaR 的失败数和失败率计算结果汇总表

样本组	正态分布			T 分布			GED 分布		
	VaR 均值	平均失败数	平均失败率	VaR 均值	平均失败数	平均失败率	VaR 均值	平均失败数	平均失败率
样本组 1	0.024 745 4	85	5.81%	0.029 619 3	66	4.51%	0.024 889 7	84	5.75%
样本组 2	0.026 891	75	6.15%	0.032 809	47	3.86%	0.027 094	74	6.07%
样本组 3	0.029 505	64	6.55%	0.034 538	44	4.50%	0.029 686	63	6.45%
样本组 4	0.029 204	47	6.42%	0.034 096	32	4.37%	0.029 448	46	6.28%
样本组 5	0.024 325	31	6.38%	0.029 021 1	21	4.32%	0.024 499 7	31	6.38%
样本组 6	0.022 012 9	12	4.94%	0.023 591 1	10	4.12%	0.022 096 6	12	4.94%

表 8－12　Kupiec 检验的接受域(显著性水平为 95%)

指标	样本组 1	样本组 2	样本组 3	样本组 4	样本组 5	样本组 6
检验样本数据个数 T	1462	1219	977	732	486	243
接受区域 N	[57, 90]	[47, 77]	[36, 63]	[26, 49]	[16, 34]	[6, 20\]

表 8 - 13　各 VaR 计算模型返回检验的失败个数

分布	预测失败数	指标	样本组 1	样本组 2	样本组 3	样本组 4	样本组 5	样本组 6
正态分布	小于接受域下界	个数	0	0	5	0	4	2
		占比	0%	0%	8%	0%	8%	6%
	落在接受域	个数	62	19	31	36	30	32
		占比	85%	73%	53%	90%	60%	94%
	大于接受域上界	个数	11	7	23	4	16	0
		占比	15%	27%	39%	10%	32%	0%
T分布	小于接受域下界	个数	22	11	10		9	3
		占比	30%	42%	17%	0%	18%	9%
	落在接受域	个数	48	15	45	40	39	31
		占比	66%	58%	76%	100%	78%	91%
	大于接受域上界	个数	3	0	4	0	2	0
		占比	4%	0%	7%	0%	4%	0%
GED分布	小于接受域下界	个数	0	0	5	0	4	2
		占比	0%	0%	8%	0%	8%	6%
	落在接受域	个数	66	19	31	37	31	32
		占比	90%	73%	53%	93%	62%	94%
	大于接受域上界	个数	7	7	23	3	15	0
		占比	10%	27%	39%	8%	30%	0%

从各 VaR 模型返回检验的失败个数的区域分布来看,GARCH(1,1)-GED 分布和 GARCH(1,1)-正态分布的失败个数预测结果相似,对于 Kupiec 似然比率 LR 接受域的数据分布,前者略优于后者;样本组 1、4、6 通过检验的基金个数占比达到 90% 以上,其他样本组的占比较低。小于接受域下界值没通过检验的基金个数较少,样本组 1、2、4 的个数占比均为 0%,样本组 3 和 5 均为 8%,样本组 6 为 6%;大于接受域上界值而没通过检验的基金个数较多,除样本组 6 占比为 0 外,其他样本组在 GARCH(1,1)-GED 分布下的占比分别为 10%、27%、39%、8%、30%,而 GARCH(1,1)-正态分布下的占比更高,分别为 15%、27%、39%、10%、32%。可见,根据 GARCH(1,1)-GED 分布和 GARCH(1,1)-正态分布模型计算的 VaR 值较为乐观,会低估基金的真实

风险。

GARCH(1，1)-T 分布的失败数估计结果则存在较大差异，各样本组中失败个数落在接受域通过检验的基金量占比分别为 66%、58%、76%、100%、78% 和 91%，在接受域之外，除样本组 4 外，主要分布在接受域下界值域中；样本组 1 和 2 的基金量数据占比分别高达 30% 和 42%，样本组 3 和 5 的数据占比分别为 17% 和 18%，而大于接受域上界的基金数据量较小，样本组 3 内的数据占比最大为 7%，其他均不足 5%。可见，根据 GARCH(1，1)-T 模型计算的 VaR 值较为保守，会高估真实的风险。

整体而言，GARCH(1，1)-T 分布和 GARCH(1，1)-GED 分布都较好地刻画了基金收益率序列的尖峰厚尾特征。当今我国股市波动较大，有效防范基金风险、维护投资者利益是首要任务。因此采用较为保守的 GARCH(1，1)-T 分布模型进行基金收益率波动的条件方差的计算更为可取，据此本节选取该模型进行基金 VaR 值的计算。

8.6　基金绩效比较分析

如前所述，根据投资对象的不同，证券投资基金可分为股票型、偏股型、平衡型、偏债型等类型，它们的收益率不同，而与收益率相对应的风险也有所不同，需要进行比较分析。

1. 基金收益率比较

样本基金在研究期间的收益率比较结果见表 8-14。

表 8-14　2005—2010 年样本基金收益率均值比较

类型	2005 年	2006 年	2007 年	2008 年	2009 年	2010 年
股票型	0.000 119	0.003 381	0.003 32	−0.003 01	0.003 112	0.000 516
偏股型	8.59E−05	0.006 12	0.009 554	−0.010 26	0.007 964	0.000 783
平衡型	0.000 151 3	0.003 049 1	0.006 052	−0.003 617	0.003 022 6	−6.97E−06
偏债型	0.000 181	0.004 336	0.007 731	−0.006 09	0.004 355	0.000 214

由表 8-14 可以看出，在 2008 年的大熊市环境下，所有类型的基金平均收益率均为负，而除 2010 年平衡型基金的平均收益率为负外，其他年份其他类型的基金收益率均为正，说明基金收益与环境相关。与此同时，基金收益与

其类型也相关。在 2008 年大熊市中，偏股型基金平均收益率最低，偏债型基金位居其次；在 2005 年调整市中，股票型基金收益率最高，其次为偏债型、平衡型和偏股型，而 2010 年调整市的排序为偏股型、股票型、偏债型和平衡型。

2. 基金风险比较

本节基于 GARCH(1，1)-正态分布、GARCH(1，1)-T 分布和 GARCH(1，1)-GED 分布三种情况，分别计算了样本基金在研究期间的 VaR 风险值，比较结果见表 8-15。

表 8-15　2005—2010 年样本基金风险均值比较

指标	2005 年				2006 年			
	股票型	偏股型	平衡型	偏债型	股票型	偏股型	平衡型	偏债型
VAR(N)	0.018 91	0.017 72	0.016 80	0.014 74	0.022 38	0.021 47	0.020 33	0.016 31
VAR(T)	0.022 42	0.021 04	0.019 89	0.017 93	0.026 49	0.025 85	0.024 30	0.020 00
VAR(G)	0.018 99	0.017 81	0.016 88	0.014 85	0.022 40	0.021 53	0.020 47	0.016 36
指标	2007 年				2008 年			
	股票型	偏股型	平衡型	偏债型	股票型	偏股型	平衡型	偏债型
VAR(N)	0.031 83	0.030 2	0.029 39	0.025 25	0.035 77	0.033 48	0.031 77	0.025 10
VAR(T)	0.037 56	0.036 03	0.034 99	0.030 74	0.042 76	0.040 26	0.038 38	0.030 77
VAR(G)	0.031 92	0.030 28	0.029 57	0.025 27	0.036 27	0.033 91	0.032 33	0.025 39
指标	2009 年				2010 年			
	股票型	偏股型	平衡型	偏债型	股票型	偏股型	平衡型	偏债型
VAR(N)	0.028 11	0.025 82	0.023 35	0.021 04	0.024 99	0.022 33	0.019 76	0.018 32
VAR(T)	0.032 99	0.030 77	0.027 49	0.025 74	0.029 10	0.026 37	0.023 4	0.022 38
VAR(G)	0.028 18	0.025 91	0.023 42	0.021 14	0.025 14	0.022 50	0.019 92	0.018 47

从表 8-15 可以看出，无论牛市、熊市还是调整市，股票型、偏股型、平衡型和偏债型的风险依次降低。2007、2008、2009、2010、2006、2005 年，基金风险依次降低，可见熊市风险大于牛市风险，牛市风险大于调整市风险。说明在市场行情特别好和特别差的情况下，基金投资更加激进，呈现出更大的风险属性。

3. 风险调整的基金收益率(RAROC)比较

本节采用较为保守的 GARCH(1，1)-T 分布模型进行基金 VaR 值的计算。针对当分子的收益（或超额收益）为负时可能出现结果误判问题，本节提出了改进的单因素经风险调整的绩效指标 RAROC，即根据基金行业的最低收益率对 RAROC 指数中的分子进行向上修正，亦即

$$\text{改进的 RAROC} = \frac{r_p - r_{\min}}{\text{VaR}} \qquad (8-11)$$

其中，$r_{\min}$ 为样本基金的最低年收益率。

　　改进的 RAROC 方法将收益和风险加以综合考虑，在理论上克服了以收益率为标准的基金绩效评价的缺陷，解决了不同风险程度的基金之间无法进行绩效比较的问题，同时较好地保证了评价结果的一致性。利用此方法得到的计算结果如表 8-16 所示。

表 8-16　2005—2010 年样本基金经风险调整的收益率均值比较

指标	类型	2005 年	2006 年	2007 年	2008 年	2009 年	2010 年
RAROC	股票型	0.003 596	0.147 382	0.100 694	−0.084 6	0.108 322	0.018 403
	偏股型	0.001 653	0.272 122	0.305 353	−0.319 46	0.297 761	0.020 798
	平衡型	0.005 209	0.145 293	0.194 065	−0.107 96	0.119 684	−0.008 44
	偏债型	0.006 791	0.273 984	0.303 451	−0.253 23	0.196 414	0.015 29
改进的 RAROC	股票型	2.443 048	3.495 945	25.099	3.320 139	43.976 27	3.696 994
	偏股型	2.577 798	7.173 715	79.384 57	15.959 19	13.098 81	17.066 48
	平衡型	2.724 744	3.821 481	53.382 14	8.170 902	7.008 003	9.6179 78
	偏债型	3.096 102	10.800 37	101.824 8	18.562 92	12.554 93	17.522 31

　　由表 8-16 可以看出，考虑到 2008 年基金平均收益率为负，RAROC 值全部为负，而其他年份除 2010 年平衡型基金外，RAROC 值全部为正。对于不同的基金类别而言，在 2006 年和 2007 年的大牛市阶段，偏股型基金和偏债型基金的平均经风险调整的基金收益率基本持平，优于平衡型基金和股票型基金。在 2009 年，偏股型基金优于偏债型基金，其次为平衡型基金，略优于最差的股票型基金。在 2005 年和 2010 年的震荡市中，不同类型基金经风险调整的基金收益率略有差异，但差距不是很大。

　　采用改进的 RAROC 计算结果表明，偏债型基金优于偏股型基金，其次为平衡型基金，最后为股票型基金。

本 章 小 结

　　绩效评价是证券投资基金的重要研究内容，其研究方法较多，且各有优势与不足。为较为准确地度量基金业绩，本章在国内外研究成果上，对收益类指标、风险类指标和单因素经风险调整的三大经典绩效指标进行了分析，并对我国股票型和混合型开放式基金进行了实证研究，给出了在不同市场行情下不同类型基金绩效的排序。整体而言，综合基金收益和风险两个方面，采用改进的RAROC 计算结果表明，偏债型基金优于偏股型基金，其次为平衡型基金，最后为股票型基金。

第九章 证券投资基金治理结构对基金绩效影响的实证研究

经过几十年的发展，我国证券投资基金取得了长足发展，逐渐成为促进我国证券市场稳定发展的一支重要力量。但是，基金运作绩效差异较大，人们普遍认为基金治理结构对基金绩效差异具有显著的解释力。本文从基金治理角度出发，结合公司治理相关理论，在国内外相关研究基础上，从独立董事特征、基金经理个性特征、持有人结构和基金经理离职四个维度来研究基金内部治理对基金绩效的影响，从而为完善我国基金治理，有效保护广大基金投资者的利益，增强整个基金行业的社会公信力提供有益的借鉴。

9.1 我国基金管理公司独立董事特征对基金绩效影响的效应分析

董事会不仅要对公司业务发展进行决策，也应减少经理人和股东之间的利益冲突。独立董事制度就是为解决"董事会失灵"和"内部人控制"问题的制度创新，其核心是通过公司治理结构的设计形成有效的制衡机制，防范和遏制"内部人控制"的局面，维护全体股东和公司的整体利益。如果证券投资基金领域的委托代理"链条"较长，信息不对称所导致的情况会日益严重，因而应保证独立董事的独立性。

为考察独立董事的作用，本节以 2010 年底以前我国成立的 58 家基金管理公司的独立董事为样本，以 2005—2010 年为研究期间，对基金管理公司的独立董事特征与其旗下管理的股票型基金和混合型基金的基金绩效进行研究。

9.1.1 相关研究综述

独立董事指独立于公司股东且不在公司内部任职，与公司或公司经营管理者没有重要的业务联系或专业联系，并对公司事务做出独立判断的董事。基于委托代理理论、资源依赖理论等，国内外学者围绕独立董事进行了大量研究，但是主要集中在一般公司或上市公司，而对于基金管理公司的研究较为欠缺。

2001 年初，我国证监会要求在基金管理公司董事会中设立独立董事。2004 年对此要求进一步强化，应当至少有 3 名以上独立董事，独立董事的人数应多于公司最大股东委派的董事人数，并且占董事会的比例不得低于三分之一。独立董事作为我国目前保护基金持有人利益的重要机制，其作用值得探讨。

借鉴一般公司独立董事的研究，国内外学者对我国基金管理公司独立董事的作用进行了探索性研究。从国外看，Fama(1980)指出独立董事的介入会降低公司管理层和董事合谋的可能性，同时董事会作为进行低成本控制权内部转换的市场引致机制，活力会得到加强。独立董事的作用是监督企业管理者的行为，并发挥其作为专职的调停人和监督人的作用，从而有效地降低管理者对剩余所有权拥有者利益的侵害。Rosenstein 和 Wyatt(1990)的统计分析发现，独立董事和公司股票价格显著正相关。Tufano 和 Sevick(1997)通过研究美国开放式基金的样本发现，当基金董事会基本由独立董事构成时，基金费用率趋于下降；并且基金费用率随董事会规模的缩小而降低。Dann 等(2002)以封闭式基金的样本进行了同样的研究，也得到了相似的结果。

国内学者也对独立董事的作用进行了分析，如林树和汤震宇(2005)的实证研究发现，独立董事在董事会中的比例与基金费率呈负相关关系。公司实践表明，从形式上看，现有基金管理公司的独立董事制度符合法律法规的基本要求，但是基金管理公司侵害基金份额持有人利益的道德风险问题却时有发生，因此有必要进一步实证研究基金公司独立董事的实际作用。

9.1.2　研究假设

独立董事制度是公司治理的一项重要内容，长期受到国内外广泛关注。建立独立董事制度的目的在于解决公司经营过程中的委托代理问题，达到提升公司绩效的目的。为了研究基金公司独立董事的作用，就需要对其特征进行描述。一般而言，独立董事的特征可通过其比例、学历、专业、来源等指标来描述。

以下就从这几个方面进行分析。

1. 独立董事比例与基金绩效的关系

董事独立性是董事会进行客观经营决策与监督的基础，关系到董事会的有效运行，是衡量董事会质量高低的一个重要指标。在基金管理公司中，相对于普通董事而言，独立董事出于对社会声誉和自身长期利益的考虑，更能起到监督经理人员的行为、防范道德风险的作用，并且有利于进行独立、公正的判断，从而维护并促进基金绩效的提高。因此，有如下假设：

假设 H1：独立董事比例与基金绩效正相关。

2. 独立董事的学历与基金绩效的关系

学历是人力资本及其能力的象征,学历的高低在一定程度上可以决定个人是否能胜任相应的职务。所以独立董事中高学历的占比越高,就越能够提高管理效率和公司绩效。目前,越来越多的高学历人才进入董事会,对公司绩效起着重要作用。据此假设如下:

假设 H2:高学历独立董事占比与基金绩效正相关。

3. 独立董事的专业与基金绩效的关系

社会分工能够提高工作效率,而专业则能体现社会分工的这种作用。专业不仅决定了个体技能,而且极大地影响着人们的思维方式。相对于理工类专业,经管类专业能够通过对经济管理、金融等知识的系统学习,有助于独立董事提高其对宏观经济环境的洞悉和企业管理决策的分析能力。2004 年 9 月 27 号,证监会发布的《证券投资基金管理公司管理办法》明确要求:基金管理公司董事会中至少有三名以上的董事具有 5 年以上金融、法律或财务工作经验,并有足够的时间和精力履行董事职责,这对维护基金管理公司董事会的独立性和有效性提出了新的要求。因此,假设如下:

假设 H3:经管类专业的独立董事占比与基金绩效正相关。

4. 独立董事的职称与基金绩效的关系

职称代表着一个人的知识水平高低及工作能力的强弱,是个人能力的综合体现。独立董事的能力越高,其监督能力越强,对公司绩效的促进作用更大。因此,提出如下假设:

假设 H4:高级职称独立董事的占比与基金绩效正相关。

5. 独立董事的来源与基金绩效的关系

公司是公众型企业,需要多元化的人才。人才的多元化有利于公司运用多种力量高效处理公司运营中的不同事项,从而提高公司绩效。根据基金公司独立董事来源的背景,可将其来源划分为学校、科研院所、会计师事务所、律师事务所、金融机构及工商企业等。如果独立董事不具备一定的行业经验,其见解就不能影响董事会决策,就会变成"花瓶董事"或"人情董事",不利于公司管理效率和绩效的提高。因此,假设如下:

假设 H5:来自会计师事务所、律师事务所、金融机构等实践性较强行业的独立董事占比与基金绩效正相关。

9.1.3 样本选取、变量定义及其描述性统计分析

为检验上述假设,本节选择 2005—2010 年的基金公司为样本。为确保基金数据的完整性,基金必须在研究年度之前成立;同时为了更好地体现独立董

事的主动性，我们剔除了债券型基金、偏债型基金、LOF 和 QDII，主要筛取股票型基金和混合型基金；研究变量由被解释变量、解释变量和控制变量三大部分组成。表 9-1 对变量进行了汇总，表 9-2 则是对样本数据的描述性统计分析。

表 9-1　变量定义一览表

变量类型	变量	说　明
被解释变量	基金收益	基金 i 的超额收益率，即基金 i 收益率－样本基金最低收益率
	基金风险	基金 i 收益率的标准差
	经风险调整的基金绩效	基金 i 的 Sharp 指数
解释变量	独立董事占比	独立董事人数/董事会总人数
	学历	独立董事学士人数占比
		独立董事硕士人数占比
		独立董事博士人数占比
	专业	独立董事经管类人数占比
		法律类人数占比
		理工类人数占比
	职称	高级职称人数占比
	来源	来自学校、科研机构人数占比
		来自会计师、律师事务所人数占比
		来自金融机构人数占比
		来自工商企业人数占比
控制变量	基金规模	基金 i 年度份额均值
	基金存续时间	基金 i 截止研究年度的成立月数
	市场行情	牛市＝1(包含 2006、2007、2009 年)，否则为 0；熊市＝1(包含 2008 年)，否则为 0

表 9 - 2　独立董事规模的描述性统计结果

年份	样本数	最小值	最大值	均值	标准差
2005	35	2	6	3.5429	.81684
2006	47	3	5	3.5319	.62035
2007	52	3	6	3.4615	.64051
2008	55	3	5	3.3636	.52223
2009	58	3	5	3.3621	.55245
2010	58	3	5	3.3793	.58722

由表 9 - 2 可以看出，2005—2010 年我国基金管理公司独立董事规模变化不大，最大值为 6，最小值为 2，其中 90% 以上的基金管理公司独立董事规模为 3 人或 4 人，均达到了证监会基金管理公司至少有三名独立董事的要求。图 9 - 1、图 9 - 2 和图 9 - 3 进一步显示了独立董事的学历、专业和来源特征。

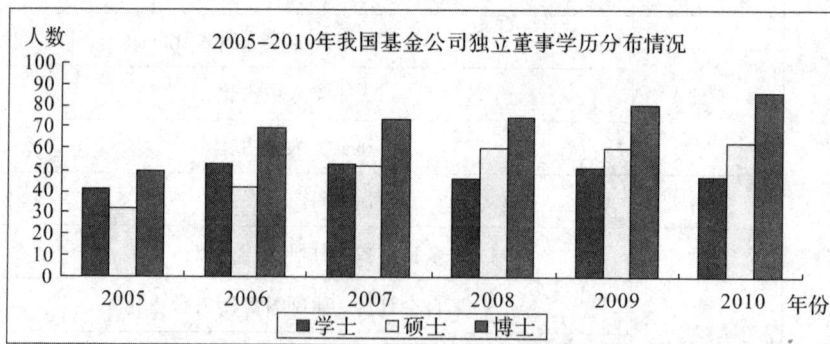

图 9 - 1　独立董事学历情况

图 9 - 1 显示我国基金公司独立董事的学历以博士为主，并且博士在各年独立董事总人数中的占比呈上升趋势，尤其是 2010 年占比达 44.0158%。硕士学历也呈现上升趋势，而学士学历呈逐年下降趋势，由 2005 年最高占比 33.2258% 下降至 2010 年的 23.9444%。这表明我国基金管理公司对独立董事的学历要求越来越严格，追求高学历的管理层使其获取更好的绩效。

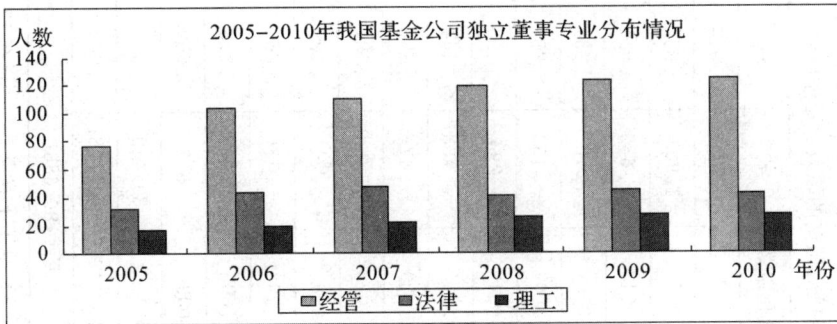

图 9-2　独立董事专业的分布情况

从图 9-2 我们可以看出，我国基金管理公司独立董事中经济管理类专业为主，2005—2010 年间年均占比高达 62.552％。相对于经济管理类专业而言，法律类专业在这 6 年中的占比却呈现递减趋势。

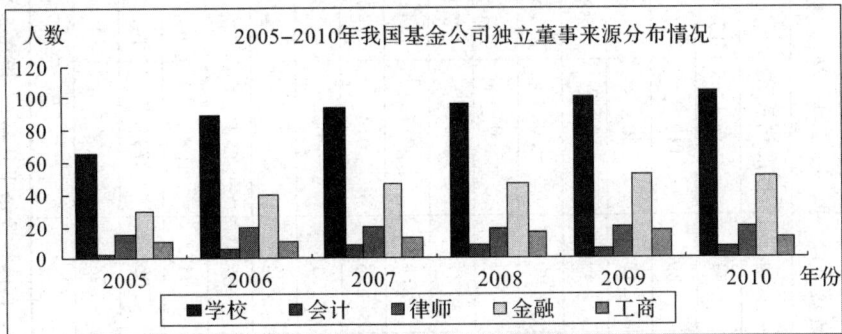

图 9-3　独立董事来源的分布情况

图 9-3 的结果显示，我国基金管理公司独立董事来自于学校和科研机构的人数占比占绝对优势，其次是来自金融机构，并在 2005—2010 年间占比逐步上升。比较而言，其他来自会计师事务所、律师事务所和工商企业的独立董事只占全部独立董事的 20％左右。这种结构表明基金管理公司需要有独立判断的研究性人才，而不是操作性人才。

9.1.4　回归结果分析

独立董事特征与基金绩效的回归结果见表 9-3。

表 9 – 3 独立董事特征与基金绩效的回归结果

模型	基金收益率（超行业收益率）			基金风险（标准差）			经风险调整的绩效：夏普指数		
	标准化系数	t	Sig.	标准化系数	t	Sig.	标准化系数	t	Sig.
常数项		.651	.515		15.326	.000		-.096	.924
独立董事占比	-.029	-.847	.397	-.110***	-4.237	.000	.035	1.903	.057
硕士学历占比	-.063	-1.289	.198	.006	.162	.871	-.017	-.658	.511
博士学历占比	-.046	-.880	.379	.015	.381	.703	.006	.210	.834
经管专业占比	.012	.243	.808	-.023	-.632	.527	-.004	-.150	.881
法律专业占比	.057	1.173	.241	-.016	-.444	.657	.034	1.294	.196
高级职称占比	-.033	-.886	.376	-.079***	-2.811	.005	-.015	-.733	.464
来自会计师事务所占比	.009	.276	.782	.011	.429	.668	-.009	-.474	.635
来自律师事务所占比	-.022	-.569	.569	.014	.493	.622	-.028	-1.338	.181
来自金融机构占比	.039	1.015	.310	-.009	-.309	.757	.006	.271	.787
来自工商企业占比	.079**	2.286	.022	-.072***	-2.791	.005	-.008	-.436	.663
基金成立时间（月数）	-.028	-.882	.378	-.088***	-3.645	.000	-.003	-.160	.873
基金年均份额	.065*	1.985	.047	.158***	6.362	.000	.009	.512	.609
上升阶段	.062	1.734	.083	.379***	14.099	.000	.565***	29.449	.000
下降阶段	-.019	-.540	.589	.670***	24.670	.000	-.414***	-21.386	.000
	$F=1.748**$			$F=58.873***$			$F=186.686***$		

注：回归方程均通过多重共线性与异方差检验，具体检验结果从略；*指在5%水平上显著；**指在3%水平上显著；***指在1%水平上显著。

由表 9-3 所示的回归结果可以发现，独立董事占比在 6% 水平上与基金风险显著负相关，与经风险调整的夏普指数正相关，这与已有研究结果一致，说明引进独立董事制度能够在一定程度上缓解基金持有人和基金管理公司之间的委托代理问题，对基金风险控制起到了积极作用。与此同时，独立董事相对内部董事而言，对公司经营的了解程度较低，管理决策的支持作用较弱，因此对基金收益具有负影响，但其风险控制的正向作用超过其负面影响，因此对基金经风险调整的绩效具有正效应。

表 9-3 中的数据表明，独立董事的学历和专业对基金绩效的影响，无论是收益、风险还是经风险调整的收益均不显著，但具有高级职称的独立董事占比对基金风险具有显著性负影响。从独立董事来源的影响看，独立董事中来自工商企业的独立董事占比与基金收益显著正相关，与基金风险负相关，可能原因是来自工商企业的独立董事与基金管理公司没有任何关系，能够更好地确保其监督的客观性，并且他们能够凭借其长期的实践经验，从外部帮助基金管理公司进行更好的投资决策，从而对基金绩效具有一定的积极正影响。

表 9-3 中的数据同时表明，基金成立时间对基金收益和风险均具有负影响，表明基金运作时间越长，其操作越保守，收益和风险均较低，但是它对经风险调整的基金绩效的影响不显著。与此同时，在上升行情，基金收益、风险和经风险调整的绩效均较高，但在下降行情时基金收益较低。

9.2　我国基金经理个性特征对基金绩效影响的效应分析

管理大师彼得·F.德鲁克(Perter F Drucker)认为，在当今世界，管理者的素质和能力决定企业的成败存亡。决定经理层能力以及能力发挥的影响因素众多，包括个性特征、职业特征、胜任力特征、行为特征、外部环境等。本节只研究个性特征和职业特征的影响，并以 2010 年运作满一年的股票型和混合型开放式证券投资基金为对象，以 2010 年为研究期，采用多元线性回归分析法对基金经理的个性特征与绩效关系进行分析。

9.2.1　相关研究综述

投资者由于自身时间、精力、能力等因素的制约，将资金交由专业基金管理者代为管理及操作。基金经理手握投资大权，决定买卖的品种和时间，对基金运作绩效的优劣起着举足轻重的作用。基金经理作为证券投资基金的直接操作者，其投资理念和思路对基金运作有着深远影响。据美国艾莫利大学的巴克斯教授测算，基金经理对基金业绩的贡献可达10%～15%，说明基金经理人的个人特质如性别、年资、教育背景等是影响基金绩效的重要因素。现有研究主要从以下几个方面探讨基金经理特征的影响。

1. 性别

Bliss 和 Potter(2001)的研究发现，女性基金经理比男性基金经理有更高的风险偏好，所管理基金的业绩更好，但二者的经风险调整后的基金绩效没有显著差异。Ruenzi 和 Niessen(2006)的研究发现，大公司和声誉较好的公司更倾向于雇佣女性基金经理。同时，在基金运作过程中，女性基金经理较少采用极端的投资风格，而男性基金经理更喜欢主动投资，但其整体业绩不具有显著差异。国内的研究有不同的结论，于欣(2007)的研究表明，女性基金经理在短期业绩表现、选股能力与选时能力上较男性基金经理略胜一筹。陈立梅(2010)的研究发现，我国女性基金经理所管理基金的周和年回报率高于平均值；但三个月和半年的业绩回报率低于平均值；胡俊英(2009)、曾爱青(2011)等的研究也有类似的结论。

2. 年龄

Joseph and Golee(1996)、Chevalier 和 Ellison (1999)的研究认为，年轻的基金经理出于自身职业发展的需要，需付出更多的努力，比年龄大的基金经理表现出更加优秀的业绩。徐明东和黎捷(2003)的实证研究发现，我国基金经理的年龄、从业时间等因素对基金业绩有显著影响。易振(2008)的研究也发现，基金经理的年龄与基金业绩显著负相关，年轻基金经理的业绩明显好于年老的基金经理的业绩。

3. 学历教育

Chevalier 和 Ellison(1999)的研究结果表明，基金经理的毕业院校排名和其在本科毕业时接受的学术智能测验成绩与基金业绩呈现出正相关关系。这可能是得益于良好的教育，或是不同院校提供的社会关系网络的差异。Gottesman 等(2006)的研究发现，好学校毕业的 MBA 经理有着更好的业绩。李晓梅和刘志新(2010)的研究表明具有博士学历的基金经理所管理的基金投资回报率更高，表现出一定的风险规避倾向，其夏普比率高于平均水平；学士学历群体则与之相反。MBA 学历对基金绩效具有反向作用。

4. 从业时间与任期

Joseph 和 Golee(1996)的研究开创了基金经理特性与绩效关系研究的先河。他们研究发现，一个相对年轻、取得 MBA 学位、具有更长从业年限的基金经理管理的基金经调整风险后的回报更高。国内学者王品和李紫沁(2010)的研究发现，基金经理的从业经验与投资收益率正相关，但不显著，而与基金的风险控制能力显著正相关。赵文娟(2010)也发现经验丰富的基金经理能获得更高的投资收益率。

5. 资格证书与海外经历

Lome 等(2007)的分析发现，CFA 证书对经理业绩会产生积极的影响。国内学者胡晓燕(2011)分析认为，CFA 等资格证书与公募基金经理的投资能力密切联系，而私募基金经理则不然。许琳(2011)的分析也表明，从业时间长、学历较高、有着"海归"背景的基金经理的基金业绩较好。

6. 管理团队与管理基金个数

吴琦(2010)对开放式股票型基金的研究表明，同一支基金的基金经理人数对基金的业绩没有明显的解释力。李曾爱青(2011)通过对比分析发现，团队管理更适合货币型基金。

从上述研究看，学者从不同视角分析了基金经理个性特征与基金绩效的关系，但尚未得出一致性结论，因此需要进一步分析。

9.2.2　研究假设

从以上研究可知，影响基金绩效的基金经理个性特征因素较多。证券从业时间的长短代表着经理人对行业的了解程度、经验积累的多少。从业时间越长，基金经理所建立的社会关系越广，信息来源也就越多，有利于提升基金经理对证券投资组合的配置和未来市场行情的判断能力。基金经理任单一基金的时间即任职时间也有类似作用。拥有高学历，表明基金经理的理论基础雄厚，逻辑性较强，这些都可能对基金绩效有正影响。但如果基金经理的年龄较大，则其防范风险的意识较强，可能降低基金绩效。进一步看，男性基金经理一般比女性在精力、体力上更占优势，也能够承受更大的风险和压力，这有利于提高基金绩效。经管类专业、有海外经历、有经管类证书、有基金分析或实战经历的基金经理及更多的基金经理数量可能有利于提高基金绩效。据此，本节有如下假设：

假设 1：基金经理从业时间对基金绩效有正影响。

假设 2：基金经理任职时间对基金绩效有正影响。

假设 3：基金经理学历对基金绩效有正影响。

假设 4：基金经理的年龄对基金绩效有负影响。

假设 5：性别对基金绩效有一定的影响，男性基金经理管理的基金绩效优于女性基金经理。

假设 6：经济专业和具有 MBA/EMBA 学历的基金经理对基金绩效有正影响。

假设 7：基金经理的海外留学经历对基金绩效有正影响。

假设 8：基金经理具有特许金融分析师（Chartered Financial Analyse，CFA）、金融风险管理师（Financial Risk Manager，FRM）、注册会计师（Certified Public Accountant，CPA）资格对基金绩效有正影响。

假设 9：具有基金经理助理和基金投资研究人员经历的基金经理占比对基金绩效具有正影响。

假设 10：基金经理人数对基金绩效有正影响。

9.2.3　样本选取及变量描述性统计分析

为检验以上假设，本节选取 2010 年我国运作满一年的股票型和混合型开放式证券投资基金为样本进行研究，共有 304 支基金，涉及 536 个基金经理。分析数据来自北大 CCER 金融数据库、清华金融研究数据库和各基金的相关公告。基金经理个性特征的描述性统计分析如表 9-4 所示。

表 9-4　基金经理个性特征的描述性统计

指标	分布与统计值
证券从业 时间/年	1～5 年：91 人；6～10 年：276 人；11 年及以上：203 人。 最长从业时间＝32；最短从业时间＝1；平均从业时间＝8.36
本基金任职 时间/年	0～1 年：122 人；1～2 年：211 人；2～3 年：126 人；3 年及以上：77 人。 最长任职时间＝5.8；最短任职时间＝0；平均任职时间＝1.78
基金经理人数	1 个：227 人；1～2 个：252 人；2～3 个：30 人；3 个以上：6 人。 最大人数＝6；最小人数＝1；平均人数＝1.52
年龄/岁	20～30 岁：12 人；31～40 岁：193 人；41～50 岁：41 人。 最大年龄＝49；最小年龄＝28；平均年龄＝37
学历	大专：1 人；本科：28 人；硕士：420 人；博士：87 人。
性别	男：494 人；女：42 人
专业	经济：361 人；理工：55 人
出身来源	基金经理：273 人；基金经理助理：97 人；研究投资人员：155 人；其他：2 人
其他资质 与经历	MBA/EMBA：85 人；海外留学经历：60 人；CFA\FRM\CPA：79 人

1．年龄

样本数据表明，基金经理平均年龄处于 35～37 岁之间，其中最小年龄为 27 岁，最大年龄为 49 岁，其年龄分布结构如图 9-4 所示。

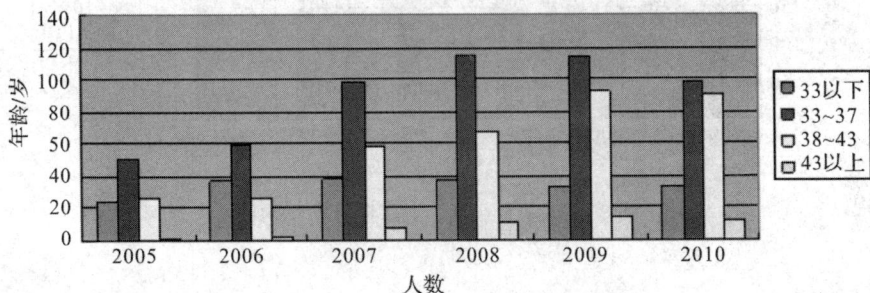

图 9-4　基金经理年龄分布结构图

2．性别

虽然近年研究中对女性基金经理的能力提出诸多赞许，但是从数据来看，在我国基金管理公司中，女性基金经理仍然较少，我国基金经理性别分布结构如图 9-5 所示。

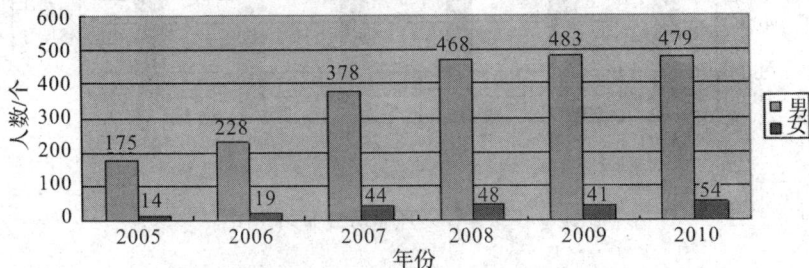

图 9-5　基金经理性别分布结构图

3．从业年限

样本数据显示，我国基金经理从业平均时长维持在 8～9 年间，并有逐步增长的趋势。对样本数据分析发现，2005—2010 年基金经理离职率分别为 23.81%、13.77%、23.46%、22.09%、25.24%、8.46%，我国基金经理从业年限分布图如图 9-6 所示。

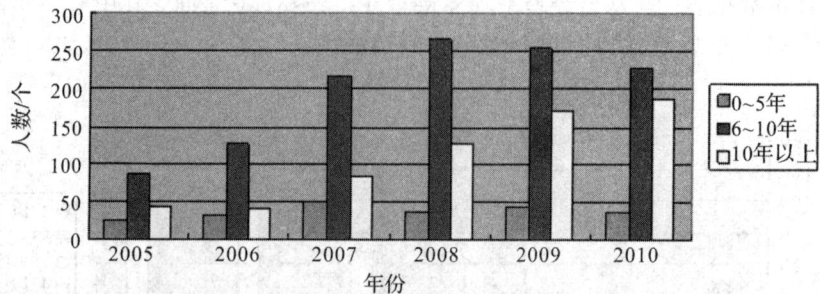

图 9-6 基金经理从业年限分布结构图

4. 学历

样本数据表明，多数基金经理有硕士学历；有博士学历的基金经理从 2005 年的 17 名增长到 2010 年的 77 位，体现出逐年上升的态势。我国基金经理的学历分布如图 9-7 所示。

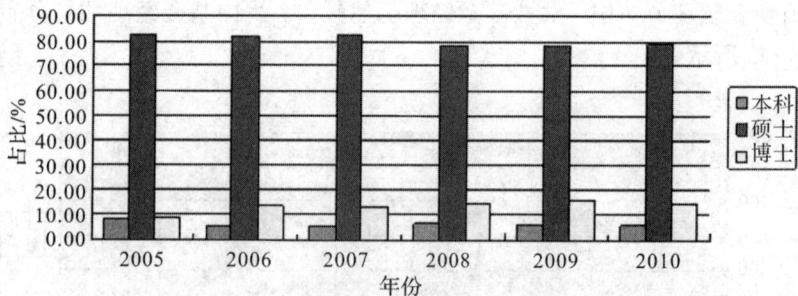

图 9-7 基金经理学历分布结构图

5. 专业

样本数据显示，80％以上的基金经理毕业于财经类专业，这说明基金经理经济类职业素养的形成有利于基金管理业务的开展。我国基金经理学科背景分布如图 9-8 所示。

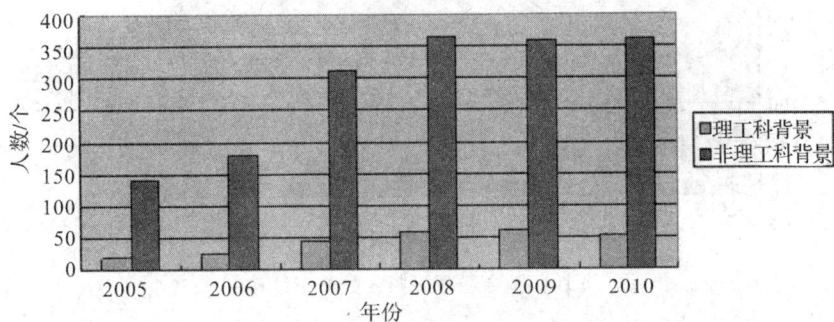

图 9-8　基金经理学科背景分布结构图

6. 证书情况

基金行业需要专业知识与经验。是否持有 CFA、FRM、CPA 等相关国际专业资格证书，被认为是个人专业知识水平的体现。样本数据显示，我国基金经理的证书持有者数量有逐年上升的趋势，CFA、FRM、CPA 等证书取得人数分布结构如图 9-9 所示。

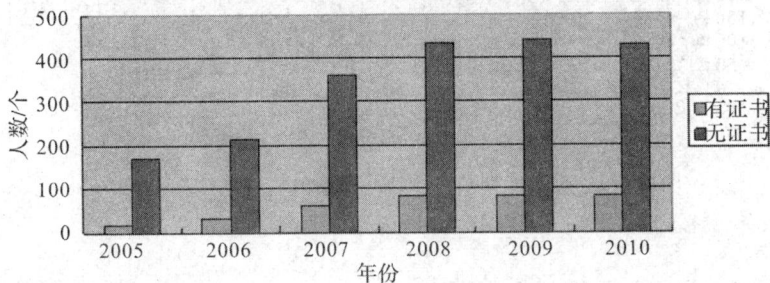

图 9-9　基金经理 CFA、FRM、CPA 等证书取得人数分布结构图

7. 海归背景

赵秀娟和汪寿阳(2010)的分析表明，海归背景与收益能力或风险控制能力并没有显著持续关系，海归派表现有负众望。样本数据表明，我国具有海外背景的基金经理维持在 13% 左右。总体来说，我国基金经理海归人数分布结构如图 9-10 所示。

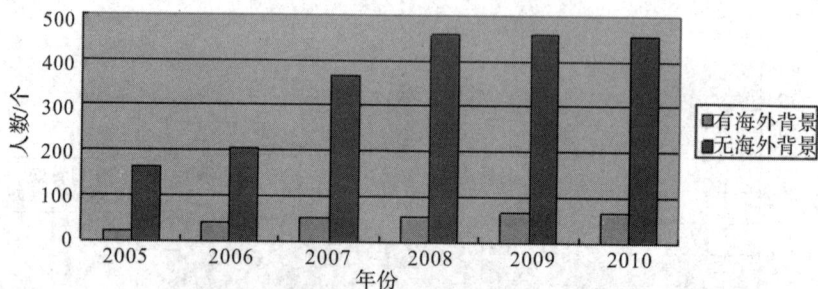

图 9-10　基金经理海归人数分布结构图

8. 是否兼任其他基金与团队的人数

曾爱青(2011)认为同时兼任多支基金能够促使基金经理投入更多精力，对提高基金绩效有很大帮助；Qiu(2003)的分析表明，一个基金采取多经理制可以分散投资风格，也可以使决策分散化。所以多数基金投资团队以 1～2 人为主。图 9-11 和图 9-12 显示了样本的相应数据。

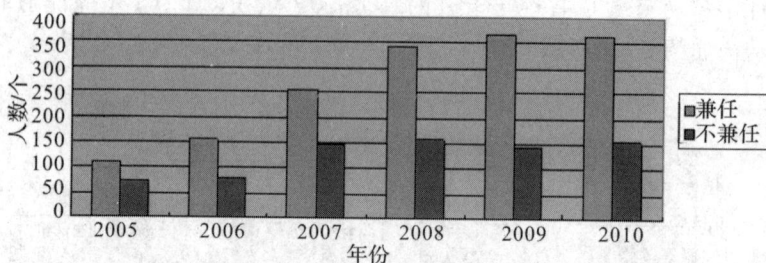

图 9-11　基金经理是否兼任其他基金的人数分布结构图

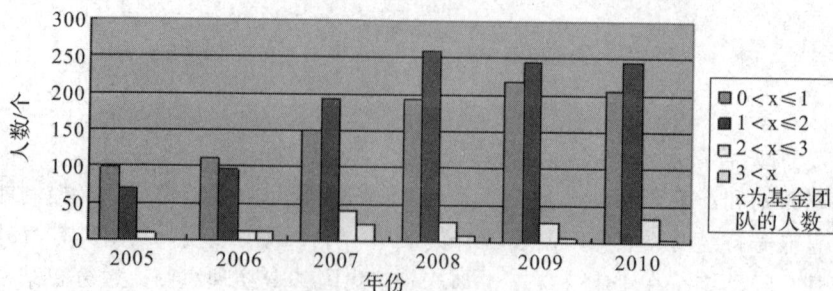

图 9-12　基金团队人数分布结构图

9. 所在基金任职年限

一般来说基金经理的任职年限和基金业绩呈正相关关系。也就是说，基金经理的任职年限越长，经验越丰富，业绩越好。由于基金经理受到基金业绩排名的压力，一个基金经理的任职年限能够体现其对基金业绩的贡献度。我国基金经理本基金任职年限分布如图 9-13 所示。

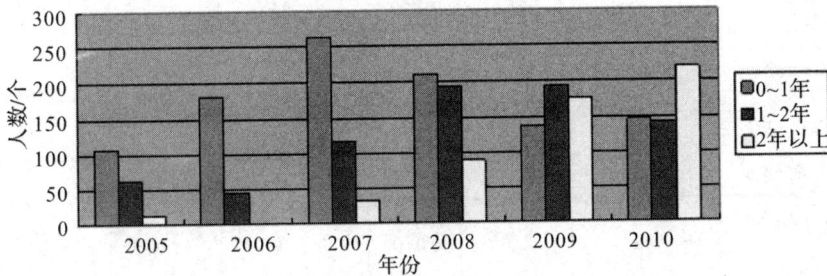

图 9-13　基金经理本基金任职年限分布结构图

样本数据显示，2005—2010 年，我国基金经理在某基金的平均任职时间分别为 12 个月、8 个月、11 个月、16 个月、21 个月、24 个月。可见，基金经理在某基金的任职年限有趋长的态势。

9.2.4　回归结果分析

本节采用多元线性回归分析法对基金经理的个性特征与基金绩效关系进行分析，公式如下：

$$P = f(x_1, x_2, \cdots x_n, y_1, y_2)$$
$$= \alpha + \sum b_i \times x_i + c_1 \times y_1 + c_2 \times y_2 \qquad (9-1)$$

其中，P 为基金绩效，分别采用收益性指标和风险性指标来衡量，其中收益指标用基金周平均收益率来表示，风险指标采用基金周收益率的方差来表示；x_i 为基金经理的个性特征；y_1 为基金成立时间；y_2 为基金规模。

对于从业半年以上的基金经理，作为单独样本保留；对于从业时间小于半年的记录，进行删除，并将证券从业时间、本基金任职时间和年龄等定量指标加权放入保留记录中。采用 SPSS 17.0 和最小二乘法的回归模型分析结果见表 9-5。

表 9 - 5　回归模型分析结果

模型　　相关性　变量	基金收益:年内周平均收益率			基金风险:年内周收益率方差		
	标准化回归系数	t	Sig.	标准化回归系数	t	Sig.
证券从业时间	-.255***	-3.213	.002	.126	1.359	.176
本基金任职时间	.057	.747	.457	.081	.906	.367
硕士	.045	.217	.829	-.212	-.870	.386
博士	.015	.069	.945	-.124	-.506	.613
年龄	.289***	3.693	.000	-.168	-1.842	.068
性别:男	-.029	-.393	.695	-.071	-.810	.419
专业:经济类	-.004	-.056	.955	.004	.049	.961
MBA(EMBA)学历	-.208***	-2.628	.010	-.007	-.079	.937
海外留学经历	.039	.489	.626	.023	.247	.805
CFA\FRM\CPA等资质	.182**	2.382	.019	-.054	-.602	.548
拥有基金经理助理	.353	1.747	.083	.110	.467	.641
拥有基金经理	.472*	2.039	.043	.231	.858	.392
拥有研究、投资、分析人员	.248	1.194	.234	.292	1.210	.228
基金经理人数	-.351***	-4.505	.000	-.104	-1.149	.253
基金成立时间	.081	1.129	.261	.021	.256	.798
基金规模	.255***	3.294	.001	.097	1.071	.286
模型拟合优度	$R^2=0.335$, D-W=1.713　$F=4.249$***			$R^2=0.110$, D-W=1.939　$F=0.936$***		

注:D-W为检验德宾-沃森(Durbin-Watson)检验值,适用于变量一阶自相关检验,一般该值越接近2越好。* 指在5%水平上显著; ** 指在3%水平上显著; *** 指在1%水平上显著。

从表9-5可以看出,本基金任职时间、年龄、CFA\FRM\CPA等资质、拥有基金经理助理等对基金收益有显著的正影响;学历、海外留学经历、拥有研究投资分析人员等对基金收益有正影响,但不显著,支持研究假设2、3、7、

8 和 9。与此同时，证券从业时间、MBA（EMBA）学历、基金经理人数则对绩效有显著的负影响；男性和经济专业对基金绩效有负影响，但影响不显著。从基金风险方面看，模型不成立，说明基金经理的个性特征对降低基金风险、减少收益波动的影响较小。这些结论对基金管理公司和投资者都有实践意义。

9.3　我国基金持有人结构对基金绩效影响的效应分析

作为基金的实际拥有者，基金持有人不仅享有基金最终的剩余索取权，而且有权通过集体决策机制参与基金的运营，影响基金绩效。基金持有人的结构是基金持有人的重要特征，有必要分析其对基金绩效的影响。

9.3.1　相关研究综述和研究假设

证券投资基金是一种通过发行投资基金股份或受益凭证的方式汇聚社会闲散资金，委托专业金融投资机构进行管理和操作，并按出资比例分享投资收益的一种投资工具。近年来，大量学者围绕基金公司董事会结构、基金经理激励约束机制、基金持有人结构等与基金绩效的关系进行了探讨，其中基金持有人的结构主要从持有人的性质和基金份额持有人的集中度两个方面来分析。

基金持有人一般分为个人持有者和机构持有者两种，其中机构持有者又可分为管理人持有者、外资持有者、金融机构持有者等，但现有研究没有统一结论。何杰（2005）分析了基金治理结构与基金绩效的关系，发现基金前十大持有人中机构投资者持有基金的比例、基金管理公司及其股东持有基金的比例对基金业绩无显著影响；但徐静和张黎明（2007）的分析表明，证券公司持有基金管理公司的股份比例与基金业绩之间存在负相关关系。因此，需要进一步分析基金持有人结构与基金绩效的关系。

1. 基金持有人的属性与基金绩效

根据持有人属性，基金的持有者包括机构持有者和个人持有者两种。个人持有者由于其自身时间、精力、能力的制约，参与基金治理的成本较大，因此采用消极的"用脚投票"方式。与此不同，机构持有人持有的份额数量较大，对基金管理公司的监督也更有动力，往往采用"用手投票"的方式积极介入基金治理，对基金绩效的影响较大。据此，假设如下：

假设 1：机构持有人所占比例对基金绩效有正影响。

2. 基金持有人的集中度与基金绩效

基金持有人集中度的提高在一定程度上有利于强化其对基金公司的监督。

出于自身利益的考虑，大持有人拥有更大的监督动机，以避免基金管理公司对持有人的利益造成损害。基金公司的股东与基金持有人的利益在一定程度上具有一致性；基金公司的股权结构对基金绩效具有一定的传递效应，其股权结构的集中也可能对基金绩效具有一定的正影响。因此，有如下假设：

假设 2：一定程度集中的持有人结构有利于基金绩效的提升，即第一大持有人占比和户均持有份额与基金绩效正相关。

9.3.2　样本选取、变量定义及变量描述性统计分析

为检验以上研究假设，需要在选择研究样本和确定研究变量的基础上，进行描述性分析。

1. 样本选取

开放式基金由于高流动性、高透明度、便于投资等优势受到人们的青睐，而开放式股票型基金则是其主流。本文选取 2010 年的股票型基金，剔除特殊的上市型开放式基金外，得到 201 支基金，基金持有人结构和基金绩效数据来源于巨灵金融数据库。

2. 变量定义

对于基金绩效，不仅需要关心净值的增长率，也要考虑基金风险，因此形成了经风险调整的基金绩效衡量指标，如 Treynor 指数、Sharpe 指数、Jensen 指数。Sharpe 指数和 Treynor 指数均为相对业绩度量方法；而 Jensen 指数是一种在风险调整基础上的绝对业绩度量方法，表示在完全的风险水平情况下，基金经理对证券价格的准确判断能力。为了避免基金负收益率对经风险调整基金绩效误判的影响，本节选用调整后的修正夏普（Sharp）指数、修正特雷诺（Treynor）指数、詹森（Jesen）指数来衡量基金的绩效水平。变量定义见表 9 - 6。

表 9 - 6　被解释变量的定义

变量名	名　称	定　义
SPX	修正夏普指数	（基金收益率－所有样本基金的最低收益率）/基金风险
TLX	修正特雷诺指数	（基金收益率－所有样本基金的最低收益率）/基金系统风险
JSX	詹森指数	超市场基准收益率

关于解释变量：本节用机构投资者持有份额比例衡量持有人性质，户均持有份额和基金管理公司第一大持股比例衡量持有人集中度，其变量名以及具体含义见表 9 - 7。

表 9 - 7　变 量 解 释

变量名	名　称	含　义
JG	机构持有基金份额比例	基金份额的占比
PS	户均持有份额	户均持有的基金份数
C1	基金管理公司第一大持有人持有比例	基金管理公司的第一大持有人持有比例

关于控制变量：本节选取目前广泛使用的基金规模和基金存续时间作为控制变量，变量名以及具体含义见表 9 - 8。

表 9 - 8　控制变量

变量名	名　称	含　义
GM	基金规模	基金规模为样本期末基金资产净值总份额
LT	基金存续时间	基金从发行上市到样本统计时间为止的存续月数

3. 样本数据的描述性统计

利用 Eviews 软件对样本数据进行描述性统计分析，结果见表 9 - 9。

表 9 - 9　2010 年股票型基金绩效指标和持有人结构统计

变量\指标	SPX	TLX	JSX	JG	PS	C1	GM	LT
均值	0.176 665	0.005 398	0.000 650	21.566 08	34120.84	0.48	5.04E＋09	41.545
中位数	0.182 81	0.005 444	0.000 710	15.705	26225.75	0.49	2.38E＋09	40
最大值	0.366 994	0.013 486	0.006 521	78.99	149896.5	1	3.47E＋10	111
最小值	−7.62E−08	−2.52E−09	−0.004 476	0.085	4805.5	0.16	597 35476	12
方差	0.070 242	0.002 434	3.974E−06	20.691 96	22524.34	0.140 53	6.27E＋09	23.354 77
偏度	−0.086 647	0.3444	0.061 960	1.005 941	1.819 382	0.969 832	2.239 544	0.755 651
峰度	2.575 543	2.937 468	−0.286 685	3.013 466	7.370 523	6.755 059	8.833 174	2.849 142

9.3.3 回归结果分析

根据分析本样本及变量,本节分别用修正夏普指数(SPX)、修正特雷诺指数(TLX)、詹森指数(JSX)作为被解释变量,采用 SPSS17.0 进行多元线性回归,回归结果如表 9 - 10 所示。

表 9 - 10 基金持有人结构与基金绩效回归方程

相关性 解释变量 \ 被解释变量	SPX	TLX	JSX
JG	0.001 486 (0.000)	5.17E−05 (0.000)	3.23226E−05(0.000 11)
PS	2.51E−07 (0.3866)	6.76E−09 (0.4871)	1.4932E−08 (0.141 647)
C1	0.195 741 (0.000)	0.006 033 (0.000)	0.001 599 821 (0.016 939)
GM	−5.77E−13 (0.5430)	−2.8E−14 (0.3786)	−4.2815E−14 (0.073029)
LT	0.000 92 (0.000)	2.63E−05 (0.000)	2.9615E−06 (0.595 28)

由表 9 - 10 中数据可以看出,无论采用修正的夏普指数、特雷诺指数,还是詹森指数,基金持有人对基金绩效的影响效应均具有一致性,具体来说有:

(1)机构投资者持股比例对基金绩效在 0.01 水平下有显著的正影响,支持假设 1,即机构投资者持有比例的提高对基金绩效会产生积极的正影响。

(2)户均持有份额对基金绩效有正影响,但影响不显著,这可能是由于户均持有量相对较小造成的。

(3)基金管理公司第一大持有人基金持有比例对基金绩效具有显著的正影响。基金公司股权的适度集中一定程度上有利于公司的经营激励和经理监督,减少代理成本,对基金绩效具有一定的正影响。

这些结果表明,为提高基金绩效,应加大机构持有者在持有人结构中的比例,并提高基金管理公司的股权集中度,尤其是第一大股东的持有比例,逐步将分散型股权结构转换为绝对控股型或相对控股型股权结构,使大股东能够更好地参与、指导、监督基金公司的运作。

9.4　我国基金经理离职对基金绩效影响的效应分析

通常在国外的成熟市场中，对一名基金经理的培养和考察至少需要 5 年，甚至是 10 年的时间。但是在中国，由于竞争的激烈以及公司和投资人的压力，对于基金经理的要求显得有些急功近利。根据晨星（Morningstar）公司统计，美国大盘和中盘基金经理的平均任职期限分别为 5.5 至 5.65 年；欧洲 6 成以上的基金经理任职年限超过 4 年，任职期限在 2 年以内的只占 3%；澳大利亚基金经理的任职期限也在 3 年左右。但是我国基金经理的平均任期仅为 1 年半，其中单人管理基金的基金经理干不满 2 年离职的比率高达 78%；而美国单人管理的股票型基金的经理人干不满 2 年离职的比率仅为 8%。相比于成熟证券市场而言，中国基金经理的更换过于频繁。因此，从基金经理离职这一视角，探讨基金绩效是否导致基金经理离职、基金经理的离职对于基金业绩是否产生影响，对于投资者选择基金、基金公司提高基金管理效率有现实意义。

9.4.1　研究假设

国内外学者对经理基金的离职行为研究较多，但研究结论不同。Gallo 和 Lockwood(1999)分析比较了基金经理离职前后基金业绩的变化情况，发现经理离职后基金业绩提高了；调整业绩较差的基金经理后，基金业绩会有明显改善。Rowe 和 Davidson Ⅲ(2000)的实证研究发现，基金经理离职公告并没有引起市场的特别反应，基金经理替换的异常回报率并不显著异于 0；基金经理更换后，会计业绩（费用率）有了明显改善，但体现市场业绩的溢价率、Sharpe 比率和 Treynor 比率并没有明显的改善。从国内看，赵清光(2005)的研究表明，基金经理的更换行为没有对基金业绩产生积极影响；李伟和劳川奇(2007)、陆家骆和王茂斌(2007)、杨敏敏(2010)等的研究也有类似结论，因此有必要进一步进行分析。

基金经理离职后，继任的基金经理往往被寄予厚望，基金经理会承受着基金管理公司和投资者迫切想要扭转基金业绩差的期望的压力，将会更加尽心尽力地工作，显示自己较强的工作能力，努力提高基金绩效。据此，提出假设 1：

假设 1：基金经理的离职与基金业绩相关。离职前基金业绩差，离职后基金业绩将得到改善。

基金锦标赛导致基金经理面临着一种类似期权的激励结构，这相当于给基金经理一个看涨期权，从而使基金经理增加基金的投资组合风险，以便提高期权的价值。原来的基金经理离职后，公司会给予新任基金经理一个新的期权激励，新任基金经理会在业绩排名落后的压力下提高基金绩效，但也会导致投资风险的增加。与此同时，基于基金经理职业生涯的考虑，基金经理更换后，新任基金经理的资产管理能力，即择时能力和选股能力应该有明显的改善。因此提出假设：

假设 2：基金的投资风险随基金经理的离职而变化，基金经理离职后的投资风险大于离职前的投资风险。

假设 3：基金的择时能力和选股能力随基金经理的离职而变化。基金经理离职后，新上任基金经理的择时选股能力大于前任基金经理。

9.4.2　样本选择、变量定义及描述性统计分析

为检验以上研究假设，需要在选择研究样本和确定研究变量的基础上进行描述性分析。

1. 样本选择

开放式基金是我国机构投资者的主体，基本上能够代表我国基金经理离职样本的总体情况。因此，本节仅以股票型开放式基金为研究对象。由于对于基金经理更换前后基金绩效的比较需要一定的样本和持续研究时间，因此选取 2010 年离职基金经理离职前后半年时间点上的绩效指标来进行比较分析。为此，我们收集了 2010 年 1 月 1 日～12 月 31 日之间 188 个基金经理的离职样本，数据来源于国泰安数据库，数据处理软件为 SPSS。

2. 变量定义

为了全面了解基金经理离职对基金绩效的影响，本节选取的绩效指标涉及基于基金收益的超额平均收益率、总风险、BETA 值，基于单因素整体绩效评价的夏普指数、特雷诺指数、詹森指数，基于投资能力的 TM 模型的择时选股能力和 CL 模型的择时选股能力。以上变量见表 9-11。

表 9-11　研究变量表

一级指标	二级指标	指 标 定 义
收益	超额平均收益率	研究期间基金的日平均收益率与指标平均收益率之差
风险	总风险	研究期间基金日收益率的标准差
	系统风险	研究期间的系统风险 BETA 值
单因素整体绩效	夏普指数	基金平均收益率超出无风险收益率部分与基金总风险之比
	特雷诺指数	基金平均收益率超出无风险收益率部分与系统风险之比
	詹森指数	基金收益率与相同系统风险水平下市场投资组合收益率的差
选股能力	TM 模型选股能力	TM 模型计算的选股能力 α
	CL 模型选股能力	CL 模型计算的选股能力 α
择时能力	TM 模型择时能力	TM 模型计算的择时能力 β_2
	CL 模型择时能力	CL 模型计算的择时能力 $\beta_2 - \beta_1$

3. 基金经理离职现状统计

为更好地了解我国基金经理的离职现状，我们统计了 2005 年 1 月 1 日到 2011 年 4 月 30 日之间所有基金经理离职的情况。表 9-12、表 9-13、表 9-14、表 9-15 和表 9-16 分别从性别、学历、专业职业证书、海外经历等不同角度对离职现状进行了统计，下面加以具体叙述。

1）性别

性别与离职率的关系如表 9-12 所示。

表 9-12　基金经理性别与离职率的关系

性别	总人数	离职人数	离职率
男	960	640	67%
女	93	57	61%

从表 9-12 可以看出，男性基金经理共有 960 人，其中有 640 人曾有过离职行为，离职率为 67%；女性基金经理共有 93 人，其中有 57 人曾有过离职行为，离职率为 61%。男性基金经理较女性而言离职率相对较高，但总体上看，性别对基金经理离职率影响的差异不大。

2）学历

学历与离职率的关系如表 9-13 所示。

表 9-13　基金经理学历与离职率的关系

学历	总人数	离职人数	离职率
硕士	841	558	66%
博士	139	89	64%
MBA	85	51	60%

从表 9-13 可以看出，具有硕士学历的基金经理共有 841 人，其中 558 人曾有过离职行为，离职率为 66%；具有博士学历的基金经理共有 139 人，其中 89 人曾有过离职行为，离职率为 64%；具有 MBA 学历的基金经理共有 85 人，其中 51 人曾有过离职行为，离职率为 60%。这说明学历对基金经理离职率影响的差别也不大。

3）专业

专业与离职率的关系如表 9-14 所示。

表 9-14　所学专业与离职率的关系

类别	总人数	离职人数	离职率
经济类	742	500	67%
非经济类	359	198	55%

从表 9-14 可见，经济类专业毕业的基金经理共有 742 人，其中有 500 人有过离职行为，离职率为 67%；非经济类专业毕业的基金经理共有 359 人，其中 198 人有过离职行为，离职率为 55%。经济类专业毕业的基金经理离职率高于非经济类专业毕业的基金经理，这可能是因专业不同导致的思维方式及绩效的差异造成的。

4）职业证书

职业证书与离职率的关系如表 9-15 所示。

表 9-15　职业证书与离职率的关系

指标 特征	总人数	离职人数	离职率
有	212	111	53%
没有	890	587	66%

职业证书包括注册会计师 CPA（Certified Public Accountant）、特许金融分析师 CFA（Chartered Financial Analyst）、注册金融规划师 CFP（Certified Financial Planner）、国际注册会计师 ACCA（The Association of Chartered Certified Accountants）、金融风险管理师 FRM（Financial Risk Manager）、国际数量金融工程证书 CQF（Certificate in Quantitative Finance）等金融行业职业资格认证。从表 9-15 可以看出，具有这些职业资格认证的基金经理共有212 人，有过离职行为的基金经理有 111 人，离职率为 53%；不具有执业资格认证的基金经理共有 890 人，占总人数的 80%，有过离职行为的基金经理共有587 人，离职率为 66%，高于前者。

5）海外经历

海外经历与离职率的关系如表 9-16 所示。

表 9-16　海外经历与离职率的关系

特征	总人数	离职人数	离职率
有	207	99	48%
没有	894	597	67%

从表 9-16 可以看出，具有海外留学或者从业经历的基金经理有 207 人，其中有过离职行为的基金经理有 99 人，离职率为 48%；没有海外留学或从业经历的基金经理共有 894 人，其中有过离职行为的基金经理有 597 人，离职率为 67%。统计结果显示，具有海外留学或从业经历的基金经理的离职率低于后者。

9.4.3　基于配对样本 T 检验的基金经理离职前后基金绩效对比分析

为了更进一步研究基金经理的离职对基金绩效的影响，就需要用不同样本进行分析。本节将基于配对样本的 T 检验，比较分析基金经理离职前后的基金超额收益率、基金投资风险、基金单因素整体绩效以及基金的择时选股能力。

1. 配对样本 T 检验

配对样本（成对样本）是指对同一样本进行两次测试所获得的两组数据，或对两个完全相同的样本在不同条件下进行测试所得的两组数据。两个配对样本 T 检验就是根据样本数据对两个配对样本总体的均值是否有显著差异进行推断。

设总体 X_1 服从正态分布 $N(\mu_1, \sigma_1^2)$，总体 X_2 服从正态分布 $N(\mu_2, \sigma_2^2)$，分别从这两个总体中抽取样本$(x_{11}, x_{12}, \cdots, x_{1n})$和$(x_{21}, x_{22}, \cdots, x_{2n})$，且两

样本相互配对。为检验 μ_1 和 μ_2 是否有显著差异，引进一个新的随机变量 $Y=X_1-X_2$，对应的样本值为 $(y_1,y_2,\cdots,y_n)$，其中 $y_i=x_{1i}-x_{2i}(i=1,2,\cdots,n)$

这样，检验的问题就转化为单样本 T 检验问题，即 Y 的均值是否与 0 有显著差异。

建立零假设为

$$H_0:\mu_y=0$$

构造 t 统计量为

$$t=\frac{\bar{y}}{S_y/\sqrt{n-1}}\sim t(n-1)$$

t 值对应的 p 值小于显著水平 α，则拒绝零假设，即认为两总体均值存在显著差异；反之，即两总体均值不存在显著差异。

2. 基金经理离职前后基金超额收益率的比较分析

为了剔除市场行情对基金收益率的影响，本节采用基金超额收益率即基金收益率与市场收益率的差额来衡量基金的获利能力。为了使研究细化，本书借鉴了国外研究，以基金经理离职前半年和离职后半年为时间窗，将研究样本划分为之前绩效差和绩效好两种情况。若基金经理离职前的平均收益率高于同期上证指数的平均收益率，则认为离职前基金绩效较好，称为正样本；反之称为负样本。本节共收集离职样本 189 个，其中三个基金同天两基金经理离职，只视为一个样本。在 186 个有效样本中，正样本为 142 个，负样本为 44 个，说明我国基金表现出一定的投资能力。相关数据来源于国泰安数据库和巨灵数据库。

我们根据基金经理离职前半年的超额收益率和离职后半年的超额收益率进行了配对样本 T 检验，以研究其离职前后基金绩效是否发生显著差异，结果见表 9-17。

表 9-17   基于超额收益率的基金绩效指标半年前后成对样本 T 检验

样本	成对差分（$HY_{-6m}-HY_{+6m}$）					T 检验		
	均值	标准差	均值的标准误差	95%置信区间		t	Sig.（双侧）	是否显著
				下限	上限			
正样本	0.066	0.983	0.008	0.049	0.082	8.017	0.000	是
负样本	−0.096	0.064	0.009	−0.116	−0.769	−9.904	0.000	是

注：HY_{-6m}、HY_{+6m} 分别为基金经理离职前半年收益率和离职后半年的超额收益率，均值、标准差、均值的标准误差分别为两配对样本的配对差的均值、标准差、均值的标准误差，t 为配对样本配对差的 t 统计量值，Sig. 为对应的概率 p 值。

从表 9-17 可以看出，基金经理变更之后，正样本基金的超额收益率显著降低，负样本基金的超额收益率显著提高。可见，负样本基金经理的调整一定程度上能带来收益率的提升。

3. 基金经理离职前后基金投资风险的比较分析

采用配对 T 检验，对基金经理离职前后的基金的总体风险和系统性风险的检验结果如表 9-18 和表 9-19。

表 9-18　正样本基金风险——成对样本 T 检验

指标　风险	正样本成对差分					T 检验	
	均值	标准差	均值的标准误差	95% 置信区间		t	Sig.（双侧）
				下限	上限		
总风险	−0.030	0.242	0.020	−0.071	0.010	−1.478	0.142
系统风险	−0.027	0.114	0.009	−0.046	−0.008	−2.881	0.005

表 9-19　负样本基金风险——成对样本 T 检验

指标　风险	负样本成对差分					T 检验	
	均值	标准差	均值的标准误差	95% 置信区间		t	Sig.（双侧）
				下限	上限		
总风险	0.102	0.262	0.039	0.022	0.181	2.583	0.013
系统风险	0.019	0.099	0.015	−0.010	0.050	1.322	0.193

从表 9-18 和表 9-19 的风险配对 T 检验结果看，基金经理变更之后，正样本基金的总风险和系统风险都提升，而负样本基金的总风险和系统风险都有所降低。可见，负样本基金经理调整后一般更趋保守，表现出一定程度上的风险规避，但对系统风险的影响效果不显著；而正样本基金经理调整后，往往为了保持以往的基金绩效表现出一定的风险偏好，更趋向于增大投资风险而博取高风险、高收益，但是仅系统风险有显著提高，总风险提高在 95% 的显著性水平下没有通过检验。因此，假设 2 没有通过验证。

4. 基金经理离职前后基金单因素整体绩效的比较分析

利用夏普指数、特雷诺指数、詹森指数三大经典单因素基金绩效评价指标，对基金经理离职前后的基金绩效变化的配对 T 检验结果如表 9-20 和表 9-21 所示。

表 9－20   正样本基金单因素整体绩效——成对样本 T 检验

指标\绩效	正样本成对差分					T 检验	
	均值	标准差	均值的标准误差	95％ 置信区间		t	Sig.（双侧）
				下限	上限		
夏普指数	−0.030	0.127	0.010	−0.515	−0.009	−2.847	0.005
特雷诺指数	0.054	0.965	0.081	−0.106	0.214	0.668	0.505
詹森指数	0.020	0.062	0.005	0.010	0.031	3.958	0.000

表 9－21   负样本基金单因素整体绩效——成对样本 T 检验

指标\绩效	负样本成对差分					T 检验	
	均值	标准差	均值的标准误差	95％置信区间		t	Sig.（双侧）
				下限	上限		
夏普指数	0.021	0.100	0.015	−0.008	0.051	1.428	0.161
特雷诺指数	0.638	4.135	0.623	−0.618	1.896	1.025	0.311
詹森指数	−0.566	0.065	0.009	−0.076	−0.036	−5.771	0.000

从表 9－20 和表 9－21 可以看出，对于正样本而言，基金经理离职后，夏普指数在 1％水平下显著提高，詹森指数在 1％水平下显著降低，特雷诺指有所降低但不显著。对于负样本基金，夏普指数和特雷诺指数都有所降低，但不显著，而詹森指数则显著提高。可见，对正样本而言，基金经理变动带来报酬变动性比率的显著提升；对负样本而言，调整后的基金与基准组合的差异回报率显著提高。

5. 基金经理离职前后基金择时选股能力的比较分析

为研究基金经理离职前后基金择时选股能力的变化，我们利用 TM 模型和 CL 模型进行评估，计算基金经理离职前后半年这个时间点上的择时选股能力是否有显著性差异，配对 T 检验结果见表 9－22 和表 9－23。

表 9-22　正样本基金的选股择时能力——成对样本 T 检验

能力\指标	正样本成对差分					T 检验	
	均值	标准差	均值的标准误差	95％置信区间		t	Sig.（双侧）
				下限	上限		
TM 模型选股能力	0.040	0.079	0.006	0.026	0.053	6.011	0.000
TM 模型选时能力	0.010	0.019	0.001	-0.007	0.013	6.297	0.000
CL 模型选股能力	-0.009	0.245	0.020	-0.049	0.031	-0.439	0.661
CL 模型选时能力	0.084	0.198	0.016	0.051	0.117	5.075	0.000

表 9-23　负样本基金的选股择时能力——成对样本 T 检验

能力\指标	负样本成对差分					T 检验	
	均值	标准差	均值的标准误差	95％置信区间		t	Sig.（双侧）
				下限	上限		
TM 模型选股能力	-0.060	0.069	0.010	-0.081	-0.389	-5.721	0.000
TM 模型选时能力	-0.000	0.012	0.001	-0.004	0.003	-0.183	0.856
CL 模型选股能力	0.103	0.246	0.037	0.028	0.178	2.771	0.008
CL 模型选时能力	-0.025	0.119	0.018	-0.062	0.010	-1.433	0.159

由表 9-22 可以看出，基金经理离职前后半年择时选股能力有着明显的差异。对于正样本来说，TM 模型的选股能力、TM 模型的选时能力、CL 模型的选时能力三个方面都显著降低；CL 模型的选股能力提升，但前后差异并不显著。可见，对于正样本基金，基金经理之前业绩较好，可能被提升或者跳槽，新继任者的选股和择时能力整体出现下滑，因此拒绝假设 3。

由表 9-23 可以看出，对于负样本基金，TM 模型的选股能力、TM 模型的选时能力、CL 模型的选时能力三个方面都有所改善，但 TM 模型的选时能力在基金经理变更前后的差异不显著，CL 模型的选股能力明显降低。因此，对于负样本基金而言，假设 3 通过检验，即基金经理离职后，新上任基金经理的择时选股能力强于前任的择时选股能力。

　　综上所述，对于正样本基金而言，基金经理离职后，基金的超额收益率、詹森指数、选股择时能力（除 CL 模型的选股能力）均显著降低。这说明之前绩效好的基金在基金经理离职后，基金绩效显著变差；可见，实证结果基本支持假设 1，即对于正样本而言，基金经理的离职对绩效具有负影响。对于负样本基金而言，基金经理离职后半年和离职前半年的夏普指数、特雷诺指数无显著差异；詹森指数、TM 模型的选股能力显著提高，而 CL 模型的选股能力显著降低。实证结果说明，离职前绩效差的基金，基金经理更换后收益率上升，詹森指数和选股能力有所提高，绩效水平一定程度上得到改善。

　　这些结果表明，我国基金经理具有一定的投资理财能力，之前绩效好的基金经理离职之后绩效恶化，之前绩效差的基金经理离职之后绩效改善，较好解释了我国基金经理离职与基金绩效的关系。

本 章 小 结

　　基金业绩不仅是基金持有人关心的问题，也是基金经理和管理公司关心的问题，因此，在评价基金业绩的同时，有必要考察董事会特征、基金持有人和基金经理个性特征等基金治理变量对基金绩效的影响。据此，本章实证分析了基金管理公司的独立董事特征、基金经理的个性特征、基金持有人的结构以及基金经理的离职行为对基金绩效的影响。这种分析有助于深入理解基金利益相关者在基金投资过程中的影响作用，为完善基金治理结构、提高基金运作绩效提供有益的指导。

第十章　私募基金概述

10.1　私募基金的起源

　　私募基金是指由私募管理者通过非公开的方式，在做出一定承诺的基础上，向特定组织、机构、企业或个人募集资金，通过对企业进行投资以获得投资收益的基金。从广义上看，私募基金是指私募基金管理者将募集到的资金投资于处于不同发展阶段的企业，投资范围包括企业首次公开发行前的每个阶段（种子期、创建期、发展期、扩张期、成熟期和上市前期）的权益资本，其投资对象不仅包括成熟期的企业和处于其他各时期的企业，还包括企业上市后的私募股权投资和并购资金等。狭义的私募基金的投资目标一般是具有一定规模、并能产生稳定现金流的成熟企业，即投资于偏后期发展阶段的企业。从总体投向上看，私募基金需要投入到有发展前途的企业或创业企业。图 10-1 列出了对于私募基金的不同理解。

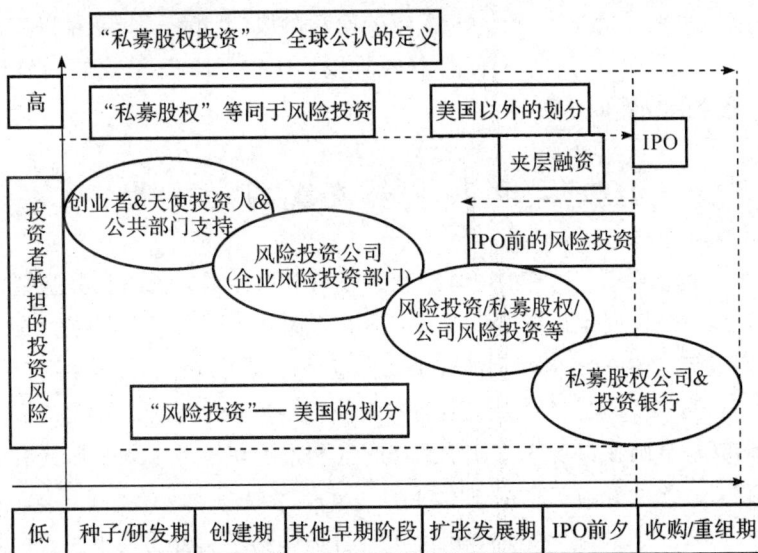

图 10-1　创业过程及融资支持的划分
资料来源：Martin Haemming, The Globalization of Venture Capital, 2005。

目前，全球公认的私募基金指的是私募股权投资基金，因为目前大多数私募基金进行的都是权益性的投资。然而，从图 10-1 中可以看出，不同地区对私募基金的定义有所不同，如在美国，私募基金被定义为风险投资，因为私募基金的投资风险很高。另外，投资于企业的不同发展阶段，所面临的投资风险也有所不同。企业的发展越成熟，投资者面临的投资风险越低。例如，投资种子期或研发期的企业时，投资者要承担的投资风险最高。因为这时的企业未正式成立或刚刚成立，产品的研发、生产包装、宣传以及销售等流程需要一定数额的资金来支撑，对投资者来说专业性要求较高，投资风险很大；但如果投资成功，则会取得丰厚的收益。

从起源看，1946 年美国研究发展公司（American Research & Development，ARD）的成立，标志着现代意义上私募基金的诞生。经过多年的发展，私募基金在投资规模、融资渠道以及募集、投资和退出方式等方面都已经十分成熟。从世界私募基金市场的发展来看，1996 年之前，私募基金主要以创业风险投资的形式存在于美国。从 1997 年开始，私募基金开始进入欧洲和亚洲市场，并迅速进入快速发展时期。根据欧洲私募基金与创业投资协会（the European Private Equity and Venture Capital Association，EVCA）提供的数据，在 20 世纪 90 年代中期，欧洲的私募基金市场得到极大的发展；而在亚洲，私募基金的投融资活动在 20 世纪 90 年代末十分活跃。从私募基金市场的角度看，世界私募基金市场大致经历了 1946—1967 年的萌芽阶段、1968—1969 年以有限合伙制创业风险投资的产生为代表的发展阶段、1980—1995 年代的调整阶段和1995 年至今的成熟四个阶段。

10.2　私募基金在我国的发展

作为一种社会化、普遍化、理想化的投资理财工具，我国私募基金的产生和发展，是一个在资本市场制度变迁与环境演进中寻求经济利润的结果，私募基金的兴衰起伏在一定程度上体现了我国经济的发展规律。我国私募基金自产生之日起，就与公募基金经历了不同的路径。公募基金在政策的支持下大力发展，而私募基金则在市场中自发孕育、产生和发展，经历了逐步阳光化、合法化的过程，大致可分为三个发展阶段：

第一阶段：20 世纪 90 年代初至 2004 年，私募基金处于地下生长阶段。当时我国资本市场初步建立，制度建设滞后，存在大量利用制度进行套利和操纵股价的市场机会。随着改革开放的发展，部分先富裕的人群拥有大量的闲置资金，此时公募基金仍然处于初步探索阶段，在基金品种较少、管理资产规模较小的不利环境下，他们需要寻找合适的投资渠道。在这种资本市场存在制度缺陷和公募基金发展不完善的情况下，市场上逐步出现了客户与证券公司之间不太正规的信托资金委托关系，这便是我国私募证券投资基金的雏形。

1996—2000 年间，由于股市的震荡上涨，投资者在股市中获得越来越多的利润，闲散资金的积累逐渐增多，越来越多的资金通过委托理财的形式进入股市。由于市场中理财需求的不断增大，许多证券公司开始以委托理财的方式设立投资咨询公司、投资顾问公司以及投资管理公司，逐步产生了更接近于严格意义上的私募基金。2001 年至 2003 年，全国人大常委会陆续通过了《信托法》、《证券投资基金法》和《合格境外机构投资者境内证券投资管理暂行办法》，标志着我国私募基金自产生之后，初步获得了法律的认可，获得了新的发展契机。

第二阶段：2004—2013 年，私募基金的阳光化成长阶段。2004 年 2 月20 日，私募投资人赵丹阳与深国投信托合作，成立"深国投·赤子之心（中国）集合投资信托计划"，被视为国内首只阳光私募产品，以"投资顾问"的形式开启了私募基金的阳光化模式。这一创新使私募契约、信息披露和资金募集渠道更加规范化、公开化和阳光化。因此，私募基金逐渐被越来越多的投资人和基金经理所接受，日益得到了市场的信任。由于私募基金设立了灵活的薪酬激励机制，大批优秀的公募基金经理转投到私募基金机构，促进了私募基金的发展。

第三阶段：2013 年至今，私募基金的合法化发展阶段。在此阶段，政策的支持力度不断加大，为私募基金的发展提供了良好环境。2013 年 6 月，《证券投资基金法》开始实施；2014 年 6 月，证监会出台了《关于大力推进证券投资基金行业创新发展的意见》，8 月证监会又出台了《私募投资基金监督管理暂行办法》。这些政策的出台为私募基金的发展提供了契机。在扶持、激励私募基金的同时，监管机构也加大了对私募基金的规范力度。2016 年，中国基金业协会清理空壳私募，对已有私募基金产品、私募基金管理人和投资经理进行备案，并提高了私募基金行业的准入门槛。随着这一系列扶持和规范私募基金政策的出台，我国的私募基金行业得到了快速迅速。

目前，我国私募基金已经在较多类型。根据 Wind 数据库的资料，我国私募基金可以细分为投资经理背景类私募基金、投资顾问类私募基金、投资通道类私募基金、投资范畴类私募基金和投资策略类私募基金。这些内容我们会在第十一章探讨私募基金的收益时详细说明。

10.3　私募基金的作用

私募基金是资本市场发展自然发展的结果，是对公募基金市场的完善与补充，已经成长为资本市场不容忽视的投资力量，它对增强机构投资力量、发挥资本市场的信息传递和价格发现功能、完善金融市场体系等都有积极的促进作用，在宏观和微观方面发挥正向作用。

从宏观上看，私募基金对证券市场有三方面作用：第一，私募基金有利于证券市场的稳定和发展。私募基金产权关系明确，利益约束较强，能够在价格发现和信息披露方面发挥重要作用，促进证券市场的发展。第二，私募基金有利于缓解证券市场的资金紧张问题。私募基金能够将闲散资金和存款集中起来进行专家投资，为证券市场提供资金支持，增强证券市场的流动性。第三，私募基金可以分散我国证券市场的投资风险。在证券市场中，由于信息不完全，大部分投资者缺乏信息获取和分析能力，容易受到其他投资者情绪的影响，从而对证券市场产生冲击。而私募基金具有投资方向多、投资策略灵活等优势，能够把筹集的资金投资于不同国家的不同的金融产品，不仅可以通过对冲分散风险，也可以通过及时利用市场机会取得较高的投资收益。

从微观上看，私募基金对投资者的作用主要体现为两点：第一，私募基金拓宽了中小投资者的投资渠道。中小投资者的资金规模较小，且获取信息和处理信息的能力不足，承担的市场风险较大。作为一种新型的投资工具，私募基金不仅能够弥补中小投资者自身的缺陷，而且有机会享受专家理财的收益，是较理想的投资工具。第二，私募基金可以优化机构投资者的结构。私募基金的出现不仅能够满足不同层次投资者的需求，而且在一定程度上有利于打破公募基金"一基独大"的现状，使投资基金、养老基金、保险公司和私募基金均衡发展，分散市场风险。

10.4　我国私募基金的现状分析

10.4.1　私募基金管理人的数量

近年来，我国私募基金发展迅速，基金管理人的数量也在不断增加。格上理财的统计显示，2016 年共有 3656 家私募管理人完成备案，10 651 家"空壳私募"被协会注销管理人资格，还有 854 家证券类私募基金管理人的核心高管因不具备基金从业资格被取消资格。根据私募基金管理人所管理的基金总规模划分，管理规模在 1 亿元至 10 亿元之间的有 3982 家，10 亿元至 20 亿元的有 560 家，20 亿元至 50 亿元之间的有 439 家，50 亿元至 100 亿元的有 157 家，100 亿元以上的有 133 家。2017 年 3 月底，中国证券投资基金业协会已登记的私募基金管理人 18596 家，发展较快。

10.4.2　私募基金的产品数量和资金规模

随着经济的快速发展和居民收入水平的提高，私募基金在产品数量及增幅、资金规模以及清盘数量上都发生了较大变化。

1. 产品数量和增幅

从私募基金的产品数量和增幅看，我国的私募基金发展迅速。根据格上理财上的资料统计，2016 年私募基金产品数量保持逐月稳步增长状态，图 10 - 2 所示。

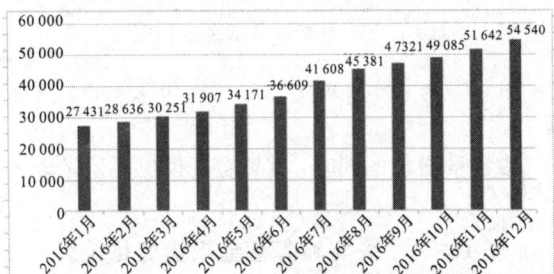

图 10 - 2　2016 年度私募基金数量（月度末）

数据来源：格上理财。

从图 10 - 2 可以看出，截至 2016 年 12 月 31 日，基金业协会已备案的私募基金产品达 54 540 支，同比增长 114.97%，如图 10 - 3 所示。比较 2014 年、2015 年和 2016 年的数据可以发现，近三年的增长速度很高。从图 10 - 4 可看出，证券投资基金和股权投资基金为占全部私募基金的 74% 左右，表明它们是私募基金的主导产品。

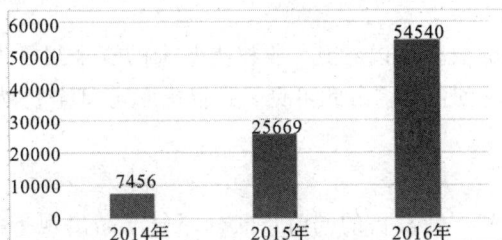

图 10 - 3　私募基金数量（年度末）

数据来源：格上理财。

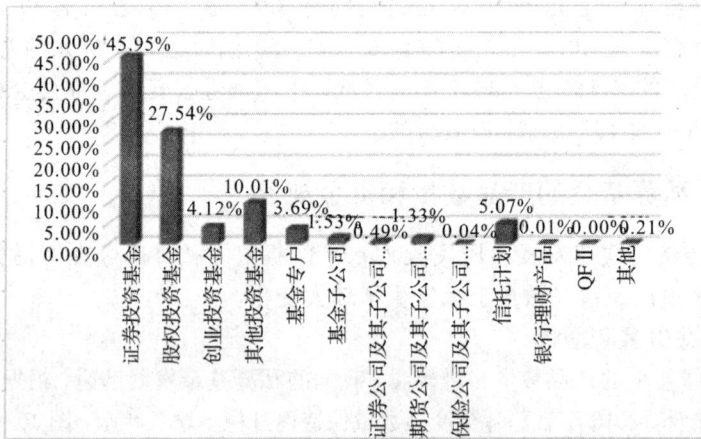

图 10 - 4　各类私募基金占比统计

数据来源：格上理财。

2. 资金规模

在私募基金产品数量增加的同时，其资金规模也了生了较大变化，如表10 - 1所示。

表 10 - 1　各类私募基金规模变化统计

年度变化 / 类别	2015 年末/万亿	2016 年末/万亿	变化量	增长率
证券类	1.7892	2.7661	0.9769	54.6％
股权类	2.7985	6.6738	3.8753	138.48％
创投类	0.2670	0.3648	0.0978	36.63％
其他	0.2177	0.4355	0.2176	99.95％
总数	5.0724	10.2400	5.1676	101.88％

数据来源：基金业协会。

由表 10 - 1 中的数据可以看到，股权类基金的资金规模增长速度最快，其次是证券类，第三是创业类。由此可见，股权类私募基金仍然是私募基金的主要力量。

3. 基金清盘

在私募基金产品不断发售的同时，也有部分产品出现了清盘，如图 10 - 5 所示。

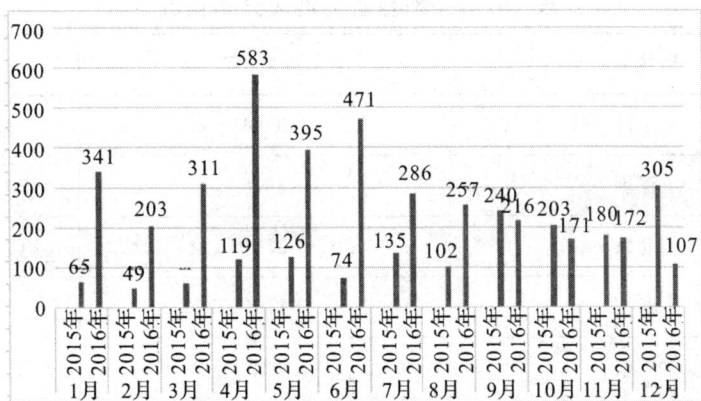

图 10-5　清盘情况对比

数据来源：格上理财。

从图 10-5 可以看出，2016 年清盘的私募产品高达 3513 只，相比于 2015 年的 1660 只清盘量，增幅达 116.63%；并且 2016 年上半年为清盘高峰期，清盘量为 2304 只，占全年清盘量的 65.58%，超过了 2015 年全年清盘量，宏观经济环境的变化可能是导致这种现象的主要原因。

10.4.3　私募基金的地区分布

私募基金的发行不仅与管理人的意识、管理能力等相关，而且与其发行地区有关。在私募基金发行前，既要考虑基金产品的特性，也应考虑发行市场对基金产品的接受程度。一般而言，经济发达地区的人们收入水平高，有投资私募基金的内在需求，因此私募基金产品倾向于向有更多优质客户资源的地区发行，或者向具有明显产业聚集效应的地区发行。表 10-2 和图 10-6 提供了 2016 年 12 月相应的信息。

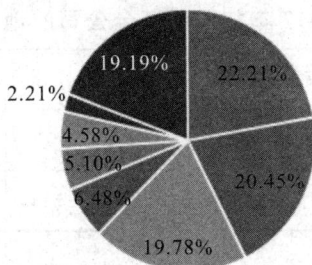

图 10-6　地区分布占比图

数据来源：格上理财。

表 10 - 2　私募基金地区分布情况

地域分布	数量/家	占比/%
上海	3394	22.21%
深圳	3678	20.45%
北京	3557	19.78%
浙江	1165	6.48%
广东	918	5.10%
江苏	824	4.58%
天津	397	2.21%
其他	3452	19.19%
合计	17985	100.0%

数据来源：格上理财。

从表 10 - 2 和图 10 - 6 可知，目前我国私募基金 80% 的产品集中在北京、天津，长江三角洲和珠江三角洲。这些地区的共同特点是：具有众多的金融机构和大型交易所，潜在的优质客户资源丰富，区域经济发达。这说明经济发达程度与私募基金的地区分布紧密相关。

从 2017 年数据看，私募基金的地区分布没有明显变化，而是呈现出"强者更强，弱者更弱"的态势。根据私募基金排排网的数据，截至 2017 年年初各地区私募基金公司的情况如表 10 - 3 所示。

表 10 - 3　2017 年初私募基金公司的地区分布

地区	上海	北京	深圳	杭州	广州	天津	宁波	其他
私募基金公司/家	4130	3248	3119	696	501	256	201	3293
所占比例/（%）	26.74%	21.03%	20.19%	4.52%	3.24%	1.66%	1.31%	21.32%

由表 10 - 3 可以看出，截至 2017 年初，上海地区的私募基金公司共 4130 家，北京地区的私募基金公司共 3246 家，深圳地区的私募基金公司共 3119 家，杭州地区的私募基金公司共 696 家，广州地区的私募基金公司共 501 家。

这五个经济发达地区的私募基金公司占到全国的 78.68%。由此可见，私募基金公司的数量能够在一定程度上体现区域经济发展的水平，可作为度量区域经济实力的参考指标。

10.5　私募基金与公募基金的比较分析

10.5.1　私募基金与公募基金的差异分析

私募基金和公募基金是两种完全不同的基金形态，它们虽然都是筹集资金并进行投资，以最大化投资收益，但从理论上看它们仍然有较大区别，这主要表现为如下几个方面：

（1）募集对象不同。公募基金的募集对象是广大社会公众，而私募基金的募集对象则是受到一定条件限制的投资者，即具备相应的风险识别能力和风险承担能力、能够投资单支私募基金的金额不低于 100 万元的单位和个人，且按照规定单支基金的合格投资者不得超过 200 人。

（2）监管程度不同。公募基金通过公开发售的形式募集资金，没有条件限制，因此，投资者的数量较多，风险较大，社会影响面大。所以，监管机构对公募基金的募集、基金份额、投资领域、投资比例、基金收益分配等方面都制定了严格的规范，并对其进行监督。私募基金仅针对少数的合格投资者，运营方式灵活，交易策略也具有保密性，受到的监管较少，也没有严格的限制信息披露机制。

（3）业绩报酬不同。公募基金只能按照固定比例收取管理费用，不允许业绩提成，不同类别公募基金的管理费率也有所不同。我国股票型公募基金的平均费率为 1%，债券型公募基金的平均费率为 0.6%，货币市场基金的费率为 0.3%。与此不同，私募基金的收费方式为固定管理费加收益提成，采取"2-20"的收费模式，即 2% 的固定管理费加上 20% 的业绩提成，其中，2% 的固定管理费用与业绩无关，20% 的业绩提成必须达到一定要求才可以收取，因此这 20% 的业绩费率被称为浮动管理费。

除了以上区别外，公募与私募基金在信息披露、投资目标等方面也有不同。表 10-4 汇总了公募与私募基金的差异。

表 10-4　私募基金与公募基金的区别对照表

类别\指标	私 募 基 金	公 募 基 金
募集人群	少数特定投资者	广大社会公众
募集方式	非公开	公开
信息披露	要求较低，具有保密性	要求严格，具有强制性
投资限制	协议约定	严格限定
业绩报酬	固定管理费＋业绩报酬费	固定管理费
投资门槛	至少 100 万元，追加最低认购资金为 10 万元的整数倍	1000 元起
投资目标	超越业绩比较基准，追求同行业排名	追求绝对收益或超额收益

10.5.2　我国私募基金与公募基金的发展现状比较

如上所述，公募与私募基金有理论上有较大区别。那么，从实践上看，它们又有什么不同呢？对此，我们进行了现实考察。

公募与私募基金的募集方式不同，这可能导致其投资收益、基金经理的性别等方面有所不同。从收益情况看，公募和私募基金的收益差异较大。从公募基金的绩效表现看，股票型基金 2016 年在各类基金中的表现最差，平均收益为－12.20%，与上证综指 2016 年 12.30% 的跌幅持平，而 QDII 基金平均收益率最高，达到 6.59%，这可能主要受益于港美股市场的良好表现以及人民币贬值产生的汇差收益。与此同时，2016 年全市场私募基金产品的平均收益为－3.93%。

进一步看，公募与私募基金经理的学历、性别结构也有所不同。通过对 Wind 数据库 2016 年的数据进行统计，结果见表 10-5。

由表 10-5 中数据可以看出，公募基金投资经理硕士以上学历的人数占比为 93.74%，私募基金仅为 74.60%，表明公募基金投资经理的学历水平总体情况要优于私募基金。

从整体情况来看，投资经理的学历以硕士为主，可见基金行业的入围门槛较高。具体来看，根据学历人数占比情况，公募和私募基金的博士人数的占比基本一样，大约为 12%，公募基金与私募基金的投资经理学历差别主要体现在硕士和本科这两个层次。公募基金硕士学历投资经理的占比高达 81.68%，而私募基金硕士学历投资经理的占比为 62.27%，相差大约为 20%。从私募基金投资经理背景的情况可以看出部分私募基金投资经理是民间投资高手，其学历相对较低。

表 10 - 5　基金投资经理学历和性别比较

类别＼指标	公募基金	私募基金	类别＼指标	公募基金	私募基金
总人数	2156	1055	总人数	2156	847
博士	260	130	男	1611	792
占比	12.06%	12.33%			
硕士	1761	657	占比	74.72%	93.51%
占比	81.68%	62.27%			
本科	131	262	女	545	55
占比	6.08%	24.83%			
专科	4	6	占比	25.28%	6.49%
占比	0.18%	0.57			

　　从表 10-5 中数据也可以看出，公募基金和私募基金的投资经理都以男性为主；但公募基金女性投资经理的人数占比大于私募基金。可能是因为公募基金行业竞争较小，风格以稳健为主；而私募基金行业竞争相对激烈，表现得比较激进，而女性投资经理比男性投资经理表现更为稳健，更加适合公募基金行业。

本 章 小 结

　　公募基金和私募基金是我国资本市场中两个重要的投资主体，它们都对证券市场的健康发展有促进作用。相对来说，现有文献对公募基金研究较多，而缺乏对私募基金的分析。因此，本章分别从私募基金的起源、发展等方面进行了分析，以便从总体上认识我国资本市场中的私募投资基金。研究发现，我国私募基金起步较晚，呈现出基金管理人、从业人员以及资金规模日益增多、地区分布较广的特点。其中，证券投资基金和股权投资基金是私募基金的两大主导力量，而经济发达地区则是私募基金公司的集中地。研究同时发现，我国私募基金与公募基金无论在理论上还是在实践上都较大区别。

第十一章 私募集基金的收益分析

与公募基金类似，私募基金的投资收益不仅是基金持有人关注的问题，也是基金管理人能力的体现。由于不同类型私募基金的背景、来源或投资方式等特征不同，其投资收益呈现出差异性。虽然如此，期望取得最大收益既是基金管理人的目标，也是基金持有人的投资目标。因此，本章对不同类型私募基金的收益进行分析，为投资者提供参考。

11.1 投资经理背景类私募基金的特征分析

由于投资经理背景不同，投资经理背景类的基金也就有不同子类，它们在投资收益、投资经理能力、投资经理的人文特征等方面各有特色。本节将进行具体分析。

11.1.1 投资经理背景类私募基金收益表现

投资经理背景类私募基金是以私募基金投资经理原行业的背景为依据进行分类的基金，主要包括公募派私募基金、券商派私募基金、媒体派私募基金、民间派私募基金和其他金融机构派私募基金。下面对各类型私募基金的收益进行考察。

1. 公募派私募基金的收益表现

公募派私募基金是指该类私募基金的创始人、决策者或基金经理来自于公募基金行业，有从事公募基金的领导人或公募基金经理的经历。正因为如此，公募派私募基金经理具有在金融机构工作的丰富经验、熟悉公募基金的投研体系、管理组织架构以及渠道关系等优势，这种特点有机会转化为私募基金投资收益的优势。在管理私募基金的过程中，公募派私募基金投资经理一般延续了投资公募基金的严谨系统的特点，注重基本面，以股票策略基金为主。

整理 Wind 数据后发现，2016 年公募派私募基金产品的平均收益率为 -4.1261%，收益率主要分布在 -20% 至 20% 之间，大约 70% 的产品的收益率为负值，获得正收益率产品的平均收益率仅为 6.1636%。这种业绩表现与基金持有人的希望有较大差距。

2. 媒体派私募基金的收益表现

媒体派私募基金是指该类私募基金的投资经理来自于财经媒体，以媒体的角度审视上市公司。由于基金经理的工作经历独特，审视角度与大众不同，其原有的工作习惯和多年的经验使其对政策具有强烈的敏感性，从而使其能够在很多政策出台时抓住交易机会，快速进行投资决策并取得良好收益。与此同时，由于与上市公司交流较多，财经媒体人大多与企业高管的关系密切，具有信息优势，这为其转型从事资产管理提供了重要资源。

与公募派私募基金类似，媒体派私募基金的收益没有体现出上面分析应得的结论。根据 Wind 数据库信息，2016 年，媒体派私募基金仅有 4 支私募基金产品公布了数据，收益率相差较大，分别为 91.92%、7.32%、−0.12%、−36.65%。由此可见，媒体派的投资经理虽然善于把握市场的时机，但每个投资经理的工作经验不同，所研究的行业不同，因此业绩表现也有很大差别。

3. 民间派私募基金的收益表现

民间派私募基金是指该类私募基金的投资经理是民间投资高手出身，凭借其自身多年的经验成为投资经理。民间派的投资经理与券商经纪人或者分析师一样，通常能说会道，虽然学历较低，但实战经历特别丰富，在实际操作方面具有优势。

民间派私募基金的市场表现也印证了上述分析。整理 Wind 数据库中的数据发现，2016 年，民间派私募基金产品的表现最为优异，平均收益率为 6.2632%，且大约 50% 的产品都获得了正收益，是除媒体派以外唯一获得正平均收益率的产品。收益率的最大值高达 682.5%，而最低收益率为−99.72%，收益主要分布在 −30% 至 40% 之间，且获得正收益产品的平均收益率为 25.8656%。投资领域中，"高手在民间"的说法得到了进一步验证。

4. 券商派私募基金的收益表现

券商派私募基金的投资经理来自于证券公司，其前身一般为证券公司的资产管理负责人，营业部拥有大量客户资源的经纪人，或者地方营业部负责客户服务的分析师。券商派私募基金的投资经理对基金的管理比较规范，有完善的组织体系，研究、投资、交易、风控等部门配备齐全，人脉资源和信息资源也较为丰富。由于拥有投资行业经验，券商派私募基金投资经理一般擅长发掘有潜力的个股，偏向于投资以前研究过的熟悉行业，并偏好重仓持有，以博取高收益，较少进行投资组合。从风险方面看，可归属于风险偏好型投资者。

考察 Wind 数据库中的数据发现，2016 年券商派私募基金产品的平均收益率为−4.1088%，收益率主要分布在−40% 至 40% 之间，且有将近 70% 的产品的收益率为负值，但收益率为正值的私募基金产品的平均收益率高达

120.53%，其中就包括取得收益率为300.67%的两支基金产品。综合来看，券商派的收益表现整体与公募派相近，但从获得正收益的产品数量来看，券商派私募基金产品的收益表现要略优于公募派产品。

5. 其他金融机构派私募基金的收益表现

其他金融机构派私募基金是指私募基金投资经理来自于其他类型的金融机构，多是保险系出身。一般来说，其他金融机构派私募基金的投资经理风格比较稳健，投资过程中考虑比较全面，会针对不同情况制定不同的应对措施，并且具有丰富的多领域资产配置经验，业务范围涵盖范围较广，涉及固定收益投资、权益投资、境外投资、基础设施及不动产投资等众多领域。

整理与分析 Wind 数据库中数据发现，2016 年其他金融机构派私募基金产品的平均收益率为一0.8239%，收益率主要分布在一30%至25%之间，大约有40%的产品获得正收益，该部分产品的平均收益率为16.9701%。比较来看，其他金融机构派收益表现虽然不如民间派产品收益，但平均收益率超过了公募派和券商派，处于中等水平。

综上所述，不同类型私募基金的收益表现差别较大。以2016年为例，民间派私募基金的收益好于其他金融机构派，其他金融机构派的收益好于券商派，而券商派的收益又好于公募和媒体派，这对基金持有人来说有现实意义。

11.1.2 投资经理背景类私募基金的收益比较

11.1.1 节我们从宏观上考察了不同类型私募基金的收益表现，但并没有用更多指标进行比较分析。事实上，对于基金收益的分析，通常使用夏普比率、索丁诺比率、收益—最大回撤比和信息比率四项指标。本节就用这四个指标进行比较不同类型投资背景类私募基金的收益。

1. 基于夏普比率的收益比较

威廉·夏普理论的核心思想是：理性的投资者将选择并持有有效的投资组合，即那些在给定的风险水平下，使期望回报最大化的投资组合，或那些在给定期望回报率的水平上，使风险最小化的投资组合。风险调整后的收益率是一个可以同时对收益与风险加以考虑的综合性指标，以排除风险因素对绩效评估的不利影响。夏普指数就是一个可以同时对收益与风险加以综合考虑的经典指标之一，它用某一时期内基金的平均超额收益率除以这个时期超额收益率的标准差来衡量基金风险调整后的回报。该比率表明每承担一个单位的风险所获得的超额收益。因此夏普比率越高，基金在风险相同的情况下获得的超额收益越高。

利用 Wind 数据库的数据，我们统计了不同背景类私募基金 2016 年全年的夏普指数数据，见表 11-1。

表 11-1　2016 年全年夏普指数

类别 指标	公募派	券商派	媒体派	民间派	其他金融机构派
最大值	1.7878	2.4198	0.00	1.5380	1.2431
最小值	0.0001	0.0005	0.00	0.1733	0.0013
平均值	0.1309	0.1413	0.00	0.0006	0.2118
正比率	255	270	0.00	322	185
占比	27.54%	30.20%	0.00	49.16%	35.44%
零比率	0.00	0.00	0.00	1.00	0.00
占比	0.00	0.00	0.00	0.15%	0.00
负比率	671.00	624.00	3.00	332.00	0.00
占比	72.46%	69.80%	100.0%	50.69%	64.56%

注：由于夏普指数为负值时没有意义，平均值、最大值和最小值都根据正值进行计算统计。

数据来源：根据 Wind 数据整理。

对于表 11-1 中的数据，可以从不同方面进行分析。如果从平均值来看，可以发现其他金融机构派的夏普比率平均值最大，为 0.2118，说明在相同的风险下，该类别的私募基金能够获得最高的超额收益。如果通过正值占比指标看，民间派私募基金产品有大约 50% 的产品获得超额收益，说明该类别较多产品的收益比较优异。如果对比极值，可以发现民间派私募基金产品的夏普比率极值差最小，为 1.3647，说明该类别的私募基金产品的收益分布相对集中。

2. 基于索丁诺比率的收益比较

索丁诺比率区分了收益率波动的好坏，即考虑投资组合的风险时，将其分为上行风险和下行风险，认为投资组合的正回报符合投资人的需求，因此只需要衡量下行风险，计算风险指标时采用的是超额收益率的下行标准差。和夏普比率相比，索丁诺比率这一衡量标准更符合那些对资产价值下跌较为敏感的投资者。因此，索丁诺比率越高，基金净值回调幅度越小，业绩表现越稳健。表 11-2 对 Wind 数据库中的 2016 年收益的数据进行了统计。

表 11-2　2016 年全年索丁诺比率

类别 指标	公募派	券商派	媒体派	民间派	其他金融 机构派
最大值	78.7368	18.8494	−0.0020	64.1760	113.1826
最小值	−2.5439	−1.0000	−0.3748	−1.0000	−1.0000
平均值	0.0652	−0.0128	−0.1902	0.2176	0.2974
正比率	252.00	268.00	0.00	320.00	185.00
占比	27.21%	29.74%	0.00	45.91%	34.32%
零比率	0.00	0.00	0.00	1.00	0.00
占比	0.00	0.00	0.00	0.15%	0.00
负比率	674.00	633.00	3.00	376.00	354.00
占比	72.79%	70.26%	100.00%	53.94%	65.68%

　　由表 11-2 中的数据可以看出,若对比各类别产品的平均值和极值,其他金融机构派的产品盈利最为稳健;若根据正比率占比,民间派私募基金产品大约 46% 产品的索丁诺比率为正值,说明该类别有较多产品的盈利相对稳健。因此,若进行为期一年的投资,可以选择其他金融机构派或者民间派的私募基金产品。

3. 基于最大回撤率的收益比较

　　最大回撤率指在选定周期内的任一历史时点往后推,基金净值最低点时收益率回撤幅度的最大值,它用来衡量一段时期内基金净值的最大损失,是下行风险的最大值。当基金的收益率很低时,即使最大回撤率非常小,也不能被评价为优秀基金。因此,可通过计算私募基金收益率与最大回撤率来解决这一问题。收益-最大回撤比率高,说明私募基金在承受较大下行风险的同时,可以获得较高的回报。表 11-3 对 2016 年的收益数据进行了统计。

　　由表 11-3 中的数据可知,从各类别产品的平均值和极值来看,公募派私募基金产品在较大下行风险下可以获得较高收益,平均值为 0.0511,最大值为 19.4012,极值差较大,说明其收益-最大回撤比的差距比较大。若对比正值占比情况,券商派私募基金产品有大约 65% 的产品为优秀基金。因此,可以选择公募派或券商派私募基金产品作为一年期的投资对象。

表 11 - 3　2016 年全年收益-最大回撤比率

指标＼类别	公募派	券商派	媒体派	民间派	其他金融机构派
最大值	19.4012	6.7541	0.0911	1.4871	1.1782
最小值	−0.8897	−3.7400	−0.0022	−2.3341	−24.7900
平均值	0.0511	0.0241	0.0388	−0.0254	−0.1158
正比率	492.00	580.00	2.00	295.00	226.00
占比	53.65％	65.39％	66.67％	45.38％	52.8％
零比率	0.00	0.00	0.00	0.00	0.00
占比	0.00	0.00	0.00	0.00	0.00
负比率	425.00	307.00	1.00	355.00	202.00
占比	46.35％	34.61％	33.33％	54.62％	47.2％

4. 基于信息比率的收益比较

信息比率以马克维茨的资产组合理论为基础，用来衡量某一投资组合优于一个特定指数的风险调整超额报酬。它是用单一数值揭示基金投资组合的均值和方差特性的方法。它表示单位主动风险所带来的超额收益，从主动管理的角度描述风险调整后的收益。信息比率越大，说明基金经理从单位跟踪误差所获得的超额收益越高，因此，信息比率较大的基金优于信息比率较低的基金。表11 - 4 对 2016 年收益的数据进行了统计。

表 11 - 4　不同基金信息比率的比较

指标＼类别	公募派	券商派	媒体派	民间派	其他金融机构派
最大值	23.9805	26.1342	3.4048	54.2007	20.4818
最小值	−13.3909	−14.3043	−8.0973	−11.4547	−10.9723
平均值	3.4665	2.2257	−1.7014	3.8350	2.2271
正比率	710.00	648.00	0.00	533.00	383.00
占比	76.43％	71.44％	0.00	70.03％	71.06％
零比率	0.00	4.00	0.00	1.00	0.00
占比	0.00	0.45％	0.00	0.15％	0.00
负比率	219.00	255.00	3.00	167.00	156.00
占比	23.57％	28.11％	100％	23.82％	28.94％

由表 11 - 4 中数据可以看到，民间派私募基金产品的表现比其他类别产品优异。因此，如果仅以信息比率作为投资依据，无论投资期限的长短，投资者都应该选择民间派私募基金产品。

11.1.3 投资经理背景类私募基金投资经理的能力比较

由以上分析可以看出，不同类型投资背景类私募基金的收益有所不同，一个重要原因是基金经理的投资能力有所差异。因此，在分析基金绩效时，有必要比较基金经理的能力。基金经理的能力通常体现为选股能力和择时能力，以下分别比较不同基金在这两方面的能力。

1. 投资经理选股能力的比较

基金经理的选股能力，就是基金投资经理识别价格被低估的证券，且构造最优证券组合的能力。根据 Wind 数据库的资料，我们统计了投资经理的选股能力数据，如表 11 - 5 所示。

表 11 - 5   投资经理选股能力统计

指标\类别	公募派	券商派	媒体派	民间派	其他金融机构派
最大值	0.0282	0.1627	0.0006	0.1280	0.2206
最小值	−0.0493	−0.3811	−0.0041	−0.1469	−0.0622
平均值	0.0013	0.0017	−0.0015	0.0019	0.0019
正比率	690.00	547.00	1.00	425.00	381.00
占比	74.59%	60.85%	33.33%	61.15%	71.21%
零比率	7.00	80.00	0.00	10.00	9.00
占比	0.76%	8.89%	0.00	1.44%	1.69%
负比率	228.00	272.00	2.00	260.00	145.00
占比	24.65%	30.26%	66.67%	37.41%	27.10%

由表 11 - 5 中的数据可以看出，各类别投资经理的选股能力相差不大。从平均值角度看，民间派和其他金融机构派的投资经理的选股能力最高，但仅高出公募派 0.0006，高出媒体派 0.0002，说明各类别投资经理的选股能力平均水平相差不大。如果从最大值角度看，其他金融机构派经理的选股能力最强，选股能力最差的为券商派基金经理。从具有显著正向选股能力的投资经理人数占比来看，公募派和其他金融机构派的占比都在 70% 以上，券商派和民间派的占比大约为 60%，说明公募派和其他金融机构派基金有望吸引较多的社会资

金，具有较强选股能力的投资经理。因此，不同的基金持有人可以根据自己的偏好选择不同投资背景的私募基金。

2. 投资经理择时能力的比较

择时能力是指能够正确预测市场行情的发展趋势，调节基金组合中股票、债券和现金的比重，或者调节各行业股票的比重，以获得最大收益的能力。利用 Wind 数据库中的数据，我们统计了投资经理的择时能力，见表 11 - 6。

表 11 - 6　投资经理择时能力统计

类别 指标	公募派	券商派	媒体派	民间派	其他金融 机构派
最大值	64.0000	512.0000	−0.7614	773.0567	316.8299
最小值	−478.3650	−507.3140	−2.9227	−65.6068	−6144.0000
平均值	−1.8077	−2.0028	−1.5202	0.8930	−11.8630
正比率	383.00	262.00	0.00	258.00	189.00
占比	41.41%	29.14%	0.00	37.12%	35.33%
零比率	2.00	6.00	0.00	39.00	12.00
占比	0.21%	0.67%	0.00	5.619%	2.24%
负比率	540.00	631.00	3.00	398.00	334.00
占比	58.38%	70.19%	100%	52.27%	62.43%

由表 11 - 6 中的数据可以发现，各派系投资经理择时能力的相差较大。从平均值来看，仅有民间派投资经理的择时能力为正值，表明民间派投资经理的择时能力平均水平高于其他类别的投资经理。从极值的对比可以看出，择时能力最好的投资经理仍然属于民间派，而其他金融机构派某投资经理的选择时力最差。从具有显著正向择时能力的投资经理人数占比来看，公募派最高，民间派占比第二，与公募派相差不大。因此，综合来看，民间派投资经理的择时能力好于其他类别的投资经理。

11.1.4　投资经理背景类私募基金投资经理的人文特征比较

如上所述，投资背景类私募基金的投资经理的能力不同，一个可能原因是其人文特征不同，限于篇幅，本节只对体现人文特征的经理人员知识水平和年龄进行比较分析。

1. 学历结构

由于学历在一定程度上反映了基金经理的投资能力，我们对其进行了现实考察。基于 Wind 数据库，我们分别从投资经理背景基金中的公募派、券商派、民间派和其他金融机构派基金子类中各抽取了 200 个样本，其中，公募派样本数量占其自身总体的 47.39%，券商派样本数量占其总体的 8.68%，民间派样本数量占其总体的 89.69%，其他金融机构派基金主要以保险背景为主，其数量占其总体的 24.66%。相对来说，媒体派基金的数量少，我们只抽取了 33 个样本，样本数量占其总体的 94.29%。这样，我们共得到了 833 位投资经理的相关数据。在收集 2017 年 4 月数据的基础上，我们对各子类样本基金的投资经理的学历进行了分析，结果见表 11-7。

表 11-7　投资经理学历

类别 变量	公募派	券商派	媒体派	民间派	其他金融 机构派
样本总数	200	200	33	200	200
硕士以上 学历人数	131	155	15	32	79
人数占比	65.50%	77.50%	45.45%	16.00%	39.50%
高管人数	32	45	5	56	45
人数占比	16.00%	22.50%	15.15%	28.00%	25.50%
10 年以上 人数	85	85	13	108	68
人数占比	42.50%	42.50%	39.39%	54.00%	34.00%
MBA 人数	8	5	1	2	6
EMBA 人数	3	9	2	2	6
CFA 人数	11	13	0	2	7
FRM 人数	4	4	0	0	1

数据来源：根据私募基金网中的数据整理而得。

根据表 11-7 中的数据可知，在券商派基金投资经理中，硕士以上学历（含硕士）的人数最多，为 155 人，占比达到 77.50%，且主要以金融学、经济学、工商管理和金融工程等专业为主；公募派基金的经理也有类似特征。通过比较不难发现，券商派和公募派投资经理的学历优势比其他类别基金投资经理明显。这种知识水平上的优势也体现为良好的投资收益，尤其体现在夏普比率和收益-最大回撤比率这两个指标上，但在其他指标上并没有显现出来，这是需要进一步考虑的问题。

2. 年龄结构

投资经理的年龄体现了其拥有的证券投资经验，因此有必要对其年龄进行比较。表 11-8 是相应的统计结果。

表 11-8　投资经理年龄统计

类别 指标	公募派	券商派	媒体派	民间派	其他金融 机构派
统计人数	444	64	2	78	33
平均年龄	44	41	46	49	40
最大年龄	62	53	46	54	54
最小年龄	26	29	46	33	28

由表 11-8 中的数据可以看出，投资背景各类私募基金的投资经理的年龄较大，平均值在 40 岁以上。从平均值来看，民间派私募基金投资经理的平均年龄最大，表明民间派私募基金的经理具有丰富的投资经验和投资能力，主要表现为择时能力（见表 11-6）上。从极值来看，最大年龄和最小年龄的投资经理都出现在公募派私募基金中，这可能与基金的经营传统有关。

11.2　投资顾问类私募基金的收益分析

11.2.1　投资顾问类私募基金的含义及其发展

投资顾问类私募基金是指由私募基金投资顾问所管理和备案的私募基金。从类型上看，根据基金经理的来源可分为投资公司类、证券公司类和基金公司类基金。

从其发展历史看，投资顾问类私募基金早期出现在 2001 年的《私募基金报告》中，它对私募基金行业进行了第一次整体调查和定量分析，完整地统计了京、沪、深包括私募基金投资顾问在内的代客理财企业的基本数据。2004 年 2 月 20 日成立的"深国投·赤子之心（中国）集合资金信托计划"以私募基金投资顾问的形式开启了私募基金阳光化的模式。同年，出现了私募基金"通道＋投顾"的业务模式，即私募基金借助第三方通道发行产品。其中"通道"为私募基金发行基金产品的第三方渠道，包括信托、期货、券商、基金管理公司（公募)及其子公司等其他持牌机构,是整个私募基金产品的主体,与投资者签订产品合同后履行资金募集职能;"投顾"即私募基金的投资顾问,其主要职能是为整个产品的操作提供建议,行使投资决策和下单的权利。在"通道＋投顾"的业务模式下,基金业协会在登记备案时将两者均登记为私募基金管理人,导致缺少专门针对投资顾问的标准和法律规范,募集和管理职能责权也难以划分清楚。

2014年1月7号,中国证券投资基金业协会发布了《私募投资基金管理人登记和基金备案办法(试行)》,开启了私募基金备案制度,赋予了私募合法身份,同时作为私募管理人可以独立自主发行产品,私募基金的投资顾问开始转变为资产管理人。2016年7月14日,中国证监会公布了《证券期货经营机构私募资产管理业务运作管理暂行规定》,对私募基金的投资顾问业务进行了严格规范。首先,资管新规对私募基金投顾提出了"3＋3"从业规定,基本把中小私募和刚开始阳光化的民间人士创办的私募基金公司排除在资管产品之外,而自主发行产品难度同样很大,这就使得大量中小私募基金经营困难。其次,资管新规的另一核心是降杠杆,权益类与期货类私募基金杠杆比例受到限制,很多结构化产品的发行因此终止,中小投资顾问类私募被迫转型。这些监督措施在客观上造成投顾业务向大私募公司和老私募公司集中,提高了行业的集中度和规模化程度。

11.2.2 投资顾问类私募基金的收益增长率

作为一种投资品,私募基金需要获取收益以满足投资人的投资目标以及基金管理人的利润要求,这就需要对其收益、收益增长率进行度量,并在此基础上考察其现实投资绩效。

1. 基金收益度量

投资顾问类基金的收益可以用净值增长率度量,以表示投资顾问类私募基金的收益变动。单位净值是指每份基金单位的净资产价值,等于基金的总资产减去总债务后的余额再除以基金全部发行的单位份额总数,这里所说的净值为投资人的资产净额,是已经减去托管费和通道费的最终所得,计算公式为

$$单位净值 = \frac{总资产 - 总负债}{基金份额单位总数}$$

单位净值增长率是指基金单位净值在指定区间的净增长,计算公式为

$$单位净值增长率 = \frac{区间尾日单位净值 - 区间首日的上一交易单位净值}{区间首日上一交易单位净值}$$

由于投资顾问类私募基金基础单位净值不尽相同,利用单位净值变动率的

大小来反映收益增长率会更加合理，因此以下的分析主要采用此方法。

2. 投资顾问类基金的收益增长率

为了分析投资顾问类基金的收益增长率，本节以 2016 年 10 月 27 日为时间节点（不考虑在此之前已经不再发行的私募基金），共选取 84 家投资顾类私募基金公司的 26 057 支私募基金的数据，其中包括基金公司类 76 支基金，投资公司类 25 930 支基金，证券公司类 51 支基金；私募基金的投资期限共八个：一周、一月、一季、半年、一年、两年、三年、五年。所有数据均来源于 Wind 数据库。

由于样本的数据量大，我们根据单位净值增长率的大小进行分级，共分为 7 个等级，单位净值增长率的区间分别为小于 0、0、0～0.01、0.01～0.1、0.1～1、1～10 和大于 10。我们发现，当投资期限在 1 年以内时，各私募基金收益增长率绝大多数小于 10%；随着投资期限的增加，介于 1%～10%增长率的私募基金数量不断增加；而在投资期限超过 2 年时，收益增长率在 10%以上的基金占比达到 70%。这说明投资期限越长，收益越好。

3. 投资顾问类不同子基金的收益增长率

如前所述，投资顾问类私募基金也有投资公司类、证券公司类和基金公司类不同的子类，而它们的收益可能呈现不同的趋势。图 11－1、图 11－2 和图 11－3 显示了三类子基金的单位净值增长率，即收益增长率。

从图 11－1 可以看出，投资公司类的基金收益增长率的最大值随着投资期限的增大逐渐增加；尤其在投资期限超过一年以后，增长率上升趋势明显。而最低的增长率随着投资期限增加有稍微下降的趋势，且总体表现平稳。据此可以认为，在投资顾问类私募基金中，投资公司类私募基金的投资期限越长，单位净值增长率也越高，基金收益越大。

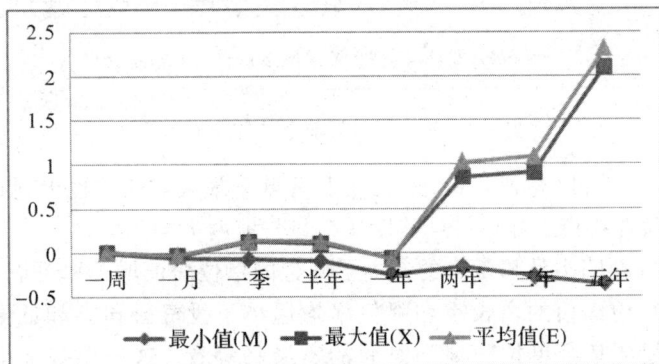

图 11－1　投资公司类私募基金的收益增长率

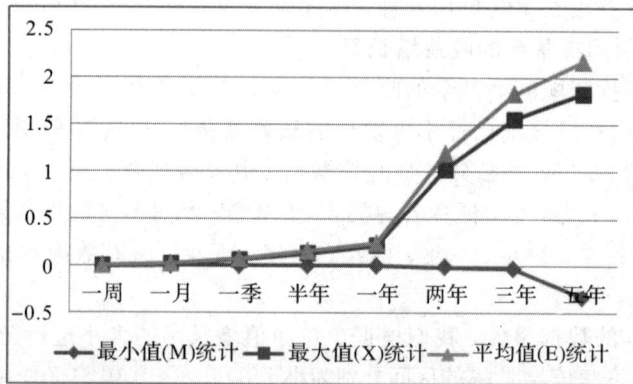

图 11-2　证券公司类基金单位净值增长率

　　由图 11-2 可以看到，证券公司类私募基金收益变动率均值的走势与投资公司类私募基金基本一致，即随着投资期限的逐渐增加，单位净值增长率也有明显增加，尤其在一年后。从最小值看，与投资公司类基金单位净值随投资期限增加也逐渐增加的趋势不同，证券公司类基金单位净值增长率基本为 0，只在五年期投资时才出现较为明显的负增长。

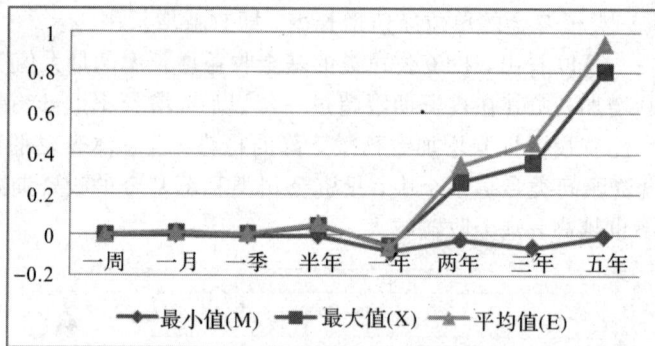

图 11-3　基金公司类基金单位净值增长率

　　由图 11-3 可以看到，基金公司类私募基金最大增长率也出现在投资 5 年期，而最小值在投资一年时，且其发展趋势与前两大类类似。

　　比较投资顾问类私募基金的三类子基金的单位净值增长率可以发现，基金公司类基金单位净值的增长率和降低率均远小于投资公司类和证券公司类类私募基金。但从基金单位净值随时间的发展趋势看，这三类基金呈现出基本一致的特点。

11.2.3　基金公司特征对投资顾问类私募基金的收益影响

投资者最关心基金能否产生收益，这是最基本的问题，对于私募基金来说尤其如此。为分析私募基金能否获得收益，本节定义因变量为类型变量，利用二元 logistic 的逻辑回归模型进行分析。如前所述，衡量基金收益的指标是单位净值增长率，根据逻辑回归的形式要求，在此定义：0 表示没有获得收益，即单位净值增长率为负或者零；1 为获得收益，即单位净值增长率为正。

1. 研究样本与变量

为研究基金公司对基金收益增长率的影响，本节仍然使用以分析投资收益增长率时的 84 家基金公司的基金为样本。根据 84 家基金公司查找其公司特征数据。综合现有的私募基金网站(私募排排网、好买私募基金网、中国财富网、格上财富、金斧子财富等)，尽量提取绝大多数网站着重描述的基金公司的特征数据，经过对样本数据的进一步筛选，最终得到 75 家基金公司的数据。反映基金公司的特征值有 10 个指标，分别为注册资本、成立年限、投研团队人数、经营基金数量、基金经理人数、业绩稳定性、产品深度、投研团队实力和基金风控能力。变量汇总见表 11-9。

表 11-9　私募基金公司特征指标

公司指标	单位	代表符号
注册资本	千万元	X_1
成立时间	年	X_2
投研团队人数	个	X_3
基金数量	支	X_4
基金经理人数	个	X_5
业绩稳定性	—	X_6
产品深度	—	X_7
基金创收值	—	X_8
投研团队实力	—	X_9
基金风控能力	—	X_{10}

其中，业绩稳定性、产品深度、基金创收值、基金风控功能、投研团队实力是由私募基金网站对于基金公司的评价等级，主要分为 0~10 共 11 个等级，能力值从 0 到 10 逐渐增大。

为了研究投资顾问类基金的绩效，本节使用不同投资期限的收益率进行度量(见表 11-10),数据直接来自于 Wind 数据库。

表 11-10　投资收益指标

投资期限	代表符号
一周	Y_1
一月	Y_2
一季	Y_3
半年	Y_4
一年	Y_5
两年	Y_6
三年	Y_7
五年	Y_8

2. 分析思路

为分析基金公司特征对收益增长率的影响,先利用因子分析方法对多种影响因素进行降维处理,得到主要影响因素;然后利用二元 logistic 回归分析投资顾问类私募基金的公司特征对收益的影响。

3. 因子分析

由于反映基金公司特征的变量较多,因此有必要对变量提取公因子。通过相关系数矩阵表和 KMO 检验可知样本适合进行因子分析,并得到公因子方差表(表 11-11)以及旋转成分矩阵(表 11-12)。

表 11-11　公因子方差表

公司特征	初始值	提取值
注册资本	1.000	0.795
成立年限	1.000	0.756
投研团队	1.000	0.819
基金数量	1.000	0.347
基金经理	1.000	0.722
业绩稳定性	1.000	0.743
产品深度	1.000	0.439
基金创收值	1.000	0.534
投研团队实力	1.000	0.590
基金风控能力	1.000	0.787

表 11－12　旋转矩阵

	因子 F_1	因子 F_2	因子 F_3
投研团队	.899		
基金经理	.831		
投研团队实力	.736		
基金数量	.535		
产品深度	.441		
业绩稳定性		.849	
基金风控能力		.830	
基金创收值		.683	
注册资本			.878
成立年限			.869

根据表 11－11 和表 11－12，我们提取了三个因子：F_1 体现了公司人才数量和基金产品特性，定义为人才与产品因子；F_2 体现了基金收益的稳定和风控能力，定义为基金稳定性因子；F_3 反映了公司成立年限和注册资本，定义为公司规模因子。

据此，三个因子的构成为

$$F_1 = 0.006X_1 - 0.023X_2 + 0.390X_3 + 0.195X_4$$
$$+ 0.358X_5 - 0.097X_6 + 0.118X_7 - 0.125X_8$$
$$+ 0.295X_9 - 0.021X_{10}$$

$$F_2 = -0.025X_1 - 0.069X_2 - 0.132X_3 + 0.013X_4$$
$$- 0.142X_5 + 0.455X_6 + 0.112X_7 + 0.360X_8$$
$$- 0.290X_9 + 0.416X_{10}$$

$$F_3 = 0.506X_1 + 0.513X_2 - 0.066X_3 + 0.040X_4$$
$$+ 0.086X_4 + 0.086X_5 - 0.098X_5 - 0.098X_6$$
$$+ 0.135X_7 + 0.089X_8 - 0.1X_9 - 0.0113X_{10}$$

根据以上函数，可以得到体现基金公司特征的三个因子数值。

4．回归分析

利用以上因子数值和其他数据，得到回归结果（见表 11－13）。

表 11 - 13   基金公司特征对不同投资期限基金收益的影响

模型	因子	B	S. E.	Wald	显著性
Y_1	F1	0.015	0.032	0.225	0.635
	F2	0.26	0.104	6.32	0.012
	F3	0.01	0.006	3.142	0.076
	常量	−2.139	0.566	14.264	0.000
Y_2	F1	0.071	0.059	1.461	0.227
	F2	0.42	0.107	15.37	0.000
	F3	0.011	0.006	3.314	0.069
	常量	−1.685	0.544	9.576	0.002
Y_3	F1	0.032	0.042	0.565	0.452
	F2	0.346	0.099	12.143	0.000
	F3	0.01	0.006	3.11	0.078
	常量	−1.396	0.485	8.294	0.004
Y_4	F1	0.068	0.06	1.276	0.259
	F2	0.406	0.105	14.822	0.000
	F3	0.01	0.006	3.034	0.082
	常量	−1.299	0.508	6.53	0.011
Y_5	F1	−0.061	0.039	2.399	0.121
	F2	0.283	0.098	8.356	0.004
	F3	0.009	0.006	2.539	0.111
	常量	−1.258	0.494	6.481	0.011
Y_6	F1	0.077	0.063	1.502	0.22
	F2	0.194	0.097	3.952	0.047
	F3	0.004	0.005	0.434	0.51
	常量	0.081	0.461	0.031	0.861
Y_7	F1	0.034	0.047	0.527	0.468
	F2	0.188	0.094	4.006	0.045
	F3	0.003	0.005	0.27	0.604
	常量	0.16	0.425	0.142	0.707

模型	因子	B	S. E.	Wald	显著性
Y_8	F1	0.076	0.054	1.947	0.163
	F2	0.113	0.085	1.757	0.185
	F3	0.005	0.005	0.942	0.332
	常量	−0.33	0.441	0.559	0.455

注：B 是回归系数；S. E 是标准误差；Wald 是卡方检验中的指标值。

在表 11 - 13 中数据可以看出，体现基金管理公司的特征因子 F_2 除了在五年期外，其对基金绩效有显著性正向影响，这表明基金收益的稳定性和基金管理公司的风险控制能力对基金绩效有提高作用。

结合以上分析可以看到，投资顾问类私募基金公司的特征对基金收益具有一定的影响，且基金收益的稳定性和基金管理公司的风险控制能力在五年内对基金绩效有显著性促进作用，这种影响在半年投资期内的影响相对较高，但在半年后，其影响逐渐下降。这些结果对于投资顾问类私募基金持有人有参考价值。

11.3　通道类私募基金的收益分析

11.3.1　通道类私募基金概述

通道业务是指商业银行或其附属机构作为委托人，利用其自有资金，将券商、信托公司、基金公司等第三方受托人作为通道，设立资产管理计划或信托等产品，为需要资金的企业进行融资。通道类私募基金是指由基金管理者作为发行主体，以第三方机构作为投资顾问，以其他金融机构作为发行借助平台的产品通道，以非公开方式募集资金对非上市企业进行的权益性投资。通道不直接参与私募基金的实际投资管理，仅收取部分管理费用。

通道类私募基金是伴随着通道业务的产生而产生的，而通道业务的产生原因是我国现行金融体系出现了部分僵化状况，传统的商业银行经营业务无法满足新兴的中小企业的融资需求。例如，在 2010 年前后，银行对房地产行业的信贷要求提高，导致其无法从银行获得融资。因此，由信托公司发行资产管理产品成为银行资金流向房地产商的"通道"。

由于通道类私募基金的发行有规避监管的动机，可能引发金融风险，因此监管部门加强了对此类基金的监管。2014 年 1 月，国务院下发了《关于加强影子银行监管有关问题的通知》，首次提出对通道业务的总体监管要求。其中明确规定信托公司不得开展游离于银行监管体系之外的、可能引发监管风险的业务；通道业务必须以合同的形式存在，并明确风险承担的主体；通道类私募基金不得开展债券类的融资业务。2016 年 7 月，证监会发布《证券期货经营机构私募资产管理业务运作管理暂行规定》，旨在通过降低资产管理产品的杠杆风险，规范结构化产品开发及销售，以此来提高加入通道类资产管理计划的难度。2017 年 5 月，证监会在通报对新沃基金专户业务风控缺失导致重大风险事件的处理情况时强调，不得从事让渡管理责任的所谓"通道业务"，主要的目的就是进一步规范证券基金经营机构的资产管理业务，严格防范投资风险和监管套利。

11.3.2　投资通道类私募基金的产品类型

按照不同的标准，通道类私募基金的类型也不同。如果按照通道类型分，它可分为信托通道类私募基金、私募自发产品通道类私募基金、基金公司通道类私募基金、基金子公司通道类私募基金以及其他通道类私募基金。如果按照投资者收益权分，通道类私募基金可分为管理型和结构化产品。其中，管理型产品以投资者出资金额直接投资，不设杠杆，相对来说风险控制能力较低；结构化产品以投资者出资作为劣后资金，银行出资作为优先资金。因为产品中有银行资金，产品风险控制要求更加严格，会设立股票投资限制、警戒线、平仓线等。

除以上类型外，随着金融产品的不断创新，市场上出现了更多通道类私募基金。2015 年，市场上出现了伞形信托和私募 PB 产品。其中，伞形信托是一种创新的结构化证券投资信托。与其他产品不同，这种产品结构中包含股票组合、债券组合和货币组合等至少三种不同的基金形式。投资者在购买了伞形信托后，可以自由地根据自身的风险偏好，在其结构下的各基金之间进行转换。私募 PB 产品是指私募公司在基金业协会备案后，抛开通道自己作为管理者，选择一家主券商（Prime Broker）成立产品，并在基金业协会备案。理论上主券商可以外包除了投资决策以外的所有事务（销售、托管、登记、结算、交易），可以给私募提供自己开发的资产管理系统进行投资管理。

11.3.3　投资通道类私募基金的投资收益

为了分析投资通道类私募基金的收益，我们选取了通道类私募基金的净值变化数据，数据期间是 2011 年 10 月 28 日至 2016 年 10 月 28 日，数据来源主要是 Wind 数据库。数据包括最新净值、上期净值、近一日净值、年初至今净值、近一周净值、近一月净值、近一季净值、近半年净值、近一年净值、近两年净值、近三年净值、近五年净值、成立以来数据和年化回报数据等。其中，"近一日净值"数据是最新净值和上期净值相减得到的,其余类推。由于每种基金的成立时间不尽相同,所以我们剔除了"成立以来"的列数据,并剔除了"年初至今净值"和"年化回报数据"这两列数据,最终得到了 359 组有效数据。

在数据整理的基础上,我们选取通道类私募基金近一月到近五年净值和净值变化量为研究对象,着重比较通道类私募基金的投资收益(用净值变化量的均值表示)和风险水平(用净值变化量的标准差表示)。通过对样本数据的分析,我们得到了通道类私募基金的投资收益和风险水平(见图 11-4)及其变异数(图 11-5)。

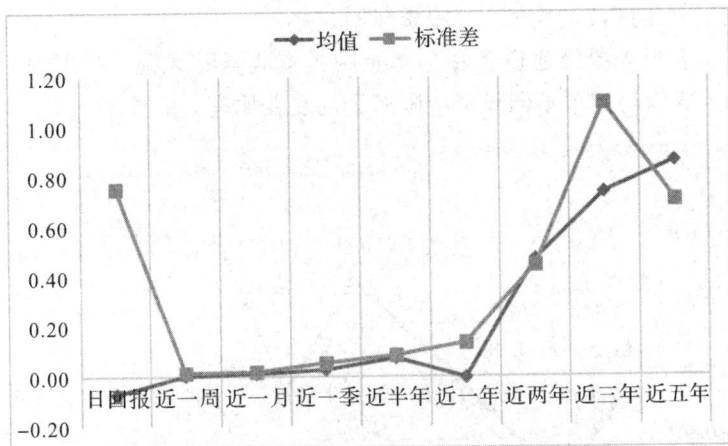

图 11-4　通道类私募基金投资收益和风险水平

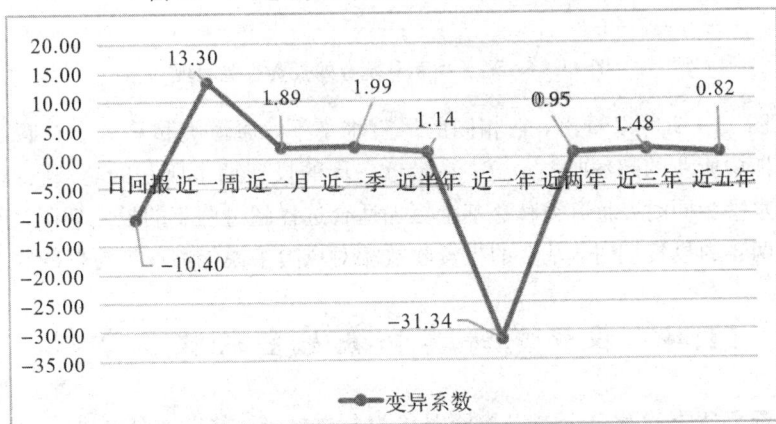

图 11-5　通道类私募基金投资收益的变异系数

从图 11-4 中近一周前的图形看,在近一周更短的时间内,其均值为负,但其标准差为正,造成这种现象的原因可能是期限过短,不能较好地反映投资收益与风险水平的关系。同时可以看出，近一年基金的净值变化量均值为负，标准差为正，这可能与资本市场的表现有关。从总体来看，通道类私募基金的投资收益和风险水平都在不断增长，说明投资期限越长，通道类私募基金的投资收益和风险水平也越高，这符合高收益隐含高风险的投资规律。

由图 11-5 可以看出，通道类私募基金在近一年时变异系数最大，这可能是由于近一年时其标准差突然降低即投资收益波动性加大所致；近一周和近半年的标准差相差无几，而近一周的变异程度较大是因为这时通道类私募基金的投资收益均值较小。总体来说，通道类私募基金投资收益在近一月到近半年、近两年到近五年的波动性较低，投资风险较小。

为了综合反映投资通道类私募基金的投资收益和风险，利用 WIND 数据库的资料，我们得到了不同投资期限基金的夏普比率，见图 11-6。

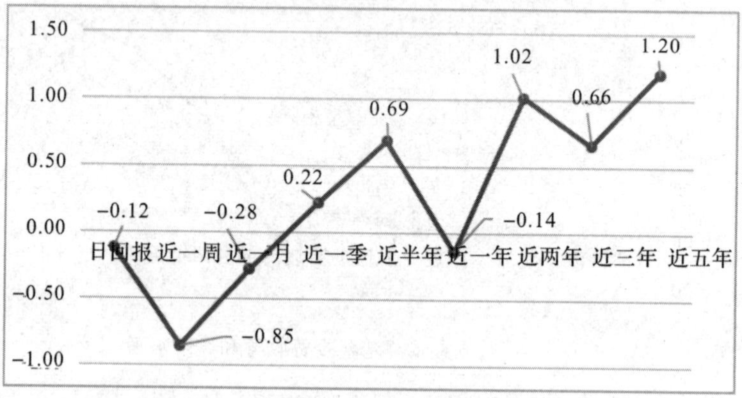

图 11-6　通道类私募基金的投资收益表现

从图 11-7 可以看出，在相同的风险水平下，通道类私募基金在长达五年的投资期中所获的超额收益最高；在最近一周的投资期中所获的超额收益最低。在风险水平相同时，通道类私募基金更加适合选择超过两年的投资期限，因为投资超过两年的投资期时，基金的投资收益相对风险来说能够取得更好的收益。

11.4　投资范畴类私募基金的收益分析

投资范畴类私募基金是以投资对象为分类标准，并以非公开方式向特定投资者募集资金而形成的基金。根据投资对象的不同，投资范畴类私募基金包括股票型基金、混合型基金、货币市场型基金和债券型基金，其含义明确，在此不再阐述。为分析投资范畴类私募基金的收益，我们采用实证分析的方法，分析内容包括研究样本和数据处理、描述性统计、不同子基金净值和标准差的比较以及不同子基金的夏普指数业绩比较。

1. 研究样本和数据处理

在确定研究样本和数据时，我们发现 Wind 数据库提供的数据比较杂乱，这就需要对数据进行预处理。首先，我们提取了投资范畴类私募基金的所有数据，数据截止到 2016 年 11 月，共 36 086 个数据。投资期限分为 8 类，配合投资期限的收益数据包括近一周净值、近一月净值、近一季净值、近半年净值、近一年净值、近三年净值和近五年净值。其次，对于每一投资期限的收益（即净值），由于在总数据中有的基金净值会出现 0 的现象，如果净值为 0 的数据太多，就不利于以后的分析，因此需要进行数据筛选。筛选原则如下：如果投资期限内净值为 0 的基金个数少于这一投资期限内的基金总数，那么可以保存 0；反之，把净值数据为 0 的数据全部删除。通过以上筛选，我们得到了最终数据，其中 90% 的数据为股票型私募基金。

2. 不同投资期限的基金净值描述性统计

对样本数据进行处理后，我们得到了样本的描述性统计，见表 11-14。

表 11-14　数据描述性统计

期限 指标	近一周 净值	近一月 净值	近一季 净值	近半年 净值	近一年 净值	近两年 净值	近三年 净值	近五年 净值
均值	0.0012	0.0095	0.0254	0.0796	−0.0032	0.4480	0.6710	0.9041
标准差	0.0161	0.0249	0.0615	0.1250	0.1421	0.4403	0.5823	0.6897
方差	0.0003	0.0006	0.0038	0.0157	0.0202	0.1939	0.3388	0.4747
峰度	151.093	44.9112	38.7797	72.7892	10.3433	29.1203	26.6809	9.0918
偏度	10.5191	−3.8077	−3.8574	7.1116	2.0308	3.5409	3.5414	2.0080
变异系数	13.1452	2.6303	2.4228	1.5693	−44.358	0.9828	0.8678	0.7629

由表 11-14 中数据可以看出，随着投资期限的延长，基金净值即平均投资收益呈现出增加的趋势，变异系数总体上不断降低，说明投资范畴类私募基金的收益有较好的收敛性。这表明长期投资优于短期投资。

为进一步分析基金绩效，我们对样本数据进行了图形处理。图 11-7 直观地显示了平均收益的趋势。

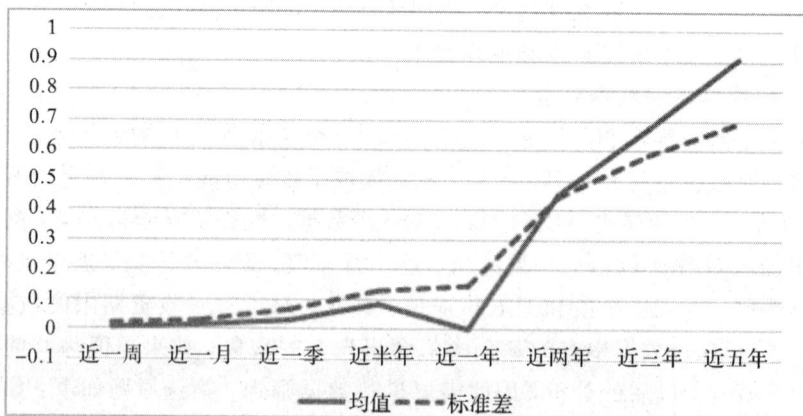

图 11-7 不同投资期限的基金均值和标准差

从图 11-7 中基金净值的均值和标准差折线图看，平均值和标准差二者都呈现上升趋势。其中，净值的均值上升说明持有时间越长，收益越好，但随之上升的标准差表明，随着投资期限越来越长，净值波动程度越大，投资风险也越来越高。

3. 不同子基金净值和标准差的比较

如前所述，投资范畴类私募基金可分为股票型、债券型、混合型和货币型。一般认为，股票型基金的风险最大，而货币型基金的风险最小，因此，我们只比较这两类子基金的净值和标准差，见图 11-8 和图 11-9。

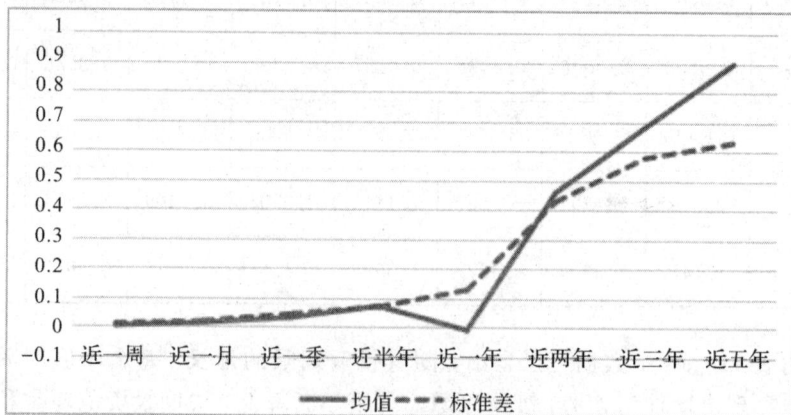

图 11-8 股票型基金的净值均值和标准差

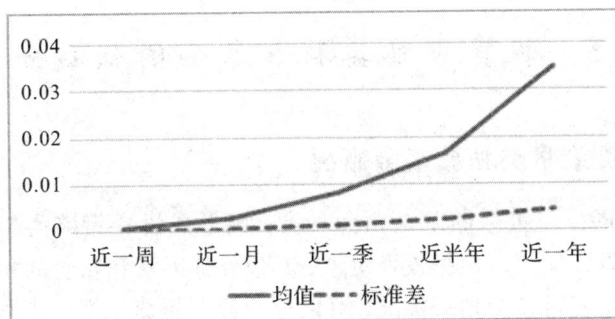

图 11 - 9　货币型基金的净值均值和标准差

比较图 11 - 8 和图 11 - 9 可以看出，在不超过一年的投资期内，股票型基金的净值变化较大，显示投资风险相对较大；但货币型基金表现稳健，投资风险也较小。因此，对于风险厌恶型投资者来说，货币型基金是较好的投资对象。

4. 不同子基金的夏普指数业绩比较

为进一步比较不同类投资范畴类私募基金的收益，我们计算了股票型、债券型、混合型和货币型基金的夏普指数，见图 11 - 10。

由图 11 - 10 可以看出，随着时间的推进，在一年期内，货币型基金的夏普比率呈现递增趋势，而股票型和债券型基金的夏普指数呈现出轻微的下降趋势，虽然混合型基金的夏普指数也有轻微的下降趋势，但总体上看其业绩的稳健性好，投资风险低。

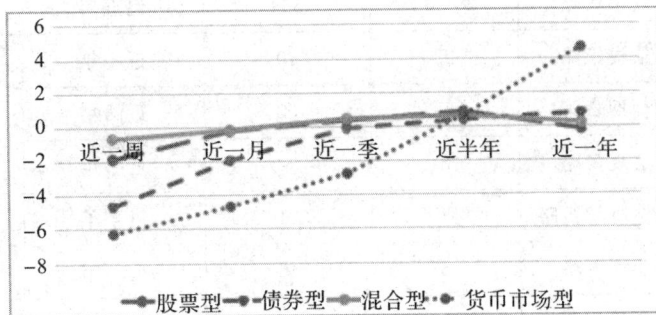

图 11 - 10　不同类型不同期限基金的净值均值和标准差

综合而言，不同类型基金的净值均值在不同投资期限内呈现出随着时间的延长而增加的趋势，这符合期限越长、风险和收益越大的投资规律。从风险角度分析，短期投资的风险较低，说明短期投资相对较好；如果要进行长期投资，货币市场型私募基金较好。

11.5　投资策略类私募基金的收益分析

11.5.1　投资策略类私募基金概况

　　如果将相同投资策略的基金归为一类，则形成投资策略类基金。在实践中，这类基金具体又可以根据投资对象、其他外部因素和基金的相互组合进行细分。如果以投资对象为划分标准，可以分为股票策略基金、债券策略基金和管理期货策略基金，我们把它们统称为投资对象类基金；如果以其他外部影响因素为划分标准，可分为宏观策略基金和事件驱动策略基金，我们将它们统称为其他因素影响类基金；如果以基金组合关系为划分标准，可分为套利策略基金、组合策略基金和复合策略基金，我们把它们统称为组合关系类基金。其中，套利策略基金是通过寻求资本市场上被错误定价的基金，通过低买高卖的手段获得无风险利率的基金；组合策略基金是通过专业机构构造出的组合基金；复合策略基金是使用多种投资策略进行操作的基金。

　　为了解投资策略类私募基金的概况，我们将 Wind 截至 2016 年 10 月 28 日的原始数据进行了处理，结果见表 11－15。

表 11－15　数据整理结果

私募基金的投资策略		原始数据	有效数据	数据最远期限至	剔除个数
投资对象类	股票策略	29 033	331	近五年	28 702
	债券策略	2286	40	近一年	2246
	管理期货策略	1852	63	近两年	1789
其他影响因素类	宏观策略	184	22	近半年	162
	事件驱动策略	423	21	近半年	402
组合关系类	套利策略	163	46	近一年	117
	组合基金策略	516	46	近一年	470
	复合策略	786	31	近一年	755
合计		35 243	600		34 643

　　由表 11－15 可以看出，股票策略类基金产品的占比最大，而其他基金所占的比重较小，说明股票策略基金是投资策略类私募基金中的主导力量。

11.5.2　不同期限投资策略类私募基金的收益分析

在以上对各投资策略基金规模分析的基础上，我们进一步对投资策略基金在不同期限的投资收益进行分析。利用 Wind 截至 2016 年 10 月 28 日的数据，我们对每一期限内基金的净值变化量测定收益率，在删除无效数据后收集到了投资策略类私募基金的有效数据 345 个。数据的描述性统计如表 11-16 所示。

表 11-16　投资策略类私募基金收益的描述性统计

指标＼期限	日回报	近一周净值	近一月净值	近一季净值	近半年净值	近一年净值	近两年净值	近三年净值	近五年净值
峰度	27.322	150.904	44.929	38.750	72.837	10.356	29.164	26.772	9.117
偏度	2.796	10.510	−3.809	−3.855	7.114	2.034	3.540	3.547	2.007
均值	−0.068	0.001	0.010	0.025	0.080	−0.003	0.450	0.673	0.907
标准差	0.777	0.016	0.025	0.062	0.125	0.142	0.440	0.581	0.688
变异系数	−11.432	13.418	2.631	2.429	1.566	−43.016	0.979	0.864	0.759
夏普比率	−0.107	−0.859	−0.222	0.168	0.519	−0.129	0.988	1.131	1.295

数据来源：Wind 资讯。

表 11-16 列出了不同投资期限内的基金收益即基金净值变化量的峰度、偏度、均值、标准差、变异系数和夏普比率。下面根据描述性数据的结果对每类投资期限内基金的收益数据进行分析。

1. 峰度与偏度

峰度的大小反映概率密度分布曲线在平均值处的峰值高低，而偏度是衡量分布函数偏斜程度的一种指标。从统计学上看，当峰度为 3、偏度为 0 时，说明该分布服从正态分布。由表 11-16 的数据可以发现，不同期限的峰度均大于 3，表明各投资期限内基金收益的分布较正态分布更为陡峭，近一月和近一季净值的偏度小于 0，呈左偏态；其余期限均呈右偏态，说明每一投资期限的收益均不服从正态分布。

2. 均值与标准差

为直观起见，我们根据表 11-16 中的数据，把各投资期限内投资策略类私募基金的均值和标准差变化情况绘制成折线图，见图 11-11。

从图 11-11 可以看出，除日回报和近一年的数据外，随着投资期限的延长，基金收益率的均值和标准差同时在增大，但两者增大的幅度不同。从折线图的倾斜程度可以看出，投资期限较长时（近两年、近三年、近五年），均值和标准差有相同发展趋势，说明随着投资期限的增加，投资策略类私募基金的收益在逐渐增大，但其风险也随之增大。当投资期限从近一周变到一年时，投资收益和风险相对稳定。

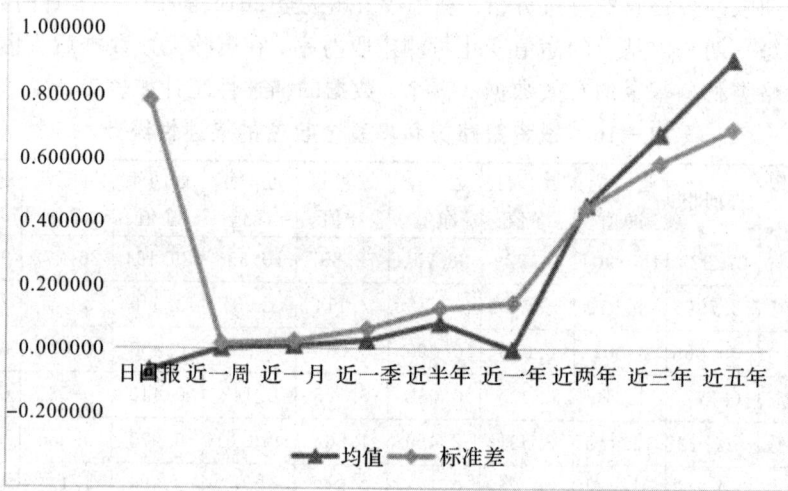

图 11-11　投资策略类私募基金收益率的均值与标准差

数据来源：Wind 资讯。

3. 夏普比率

如前所述，夏普比率综合考虑了基金的风险和收益，因此是一个较好的业绩指标。图 11-12 显示了不同期限投资策略类私募基金的夏普比率。

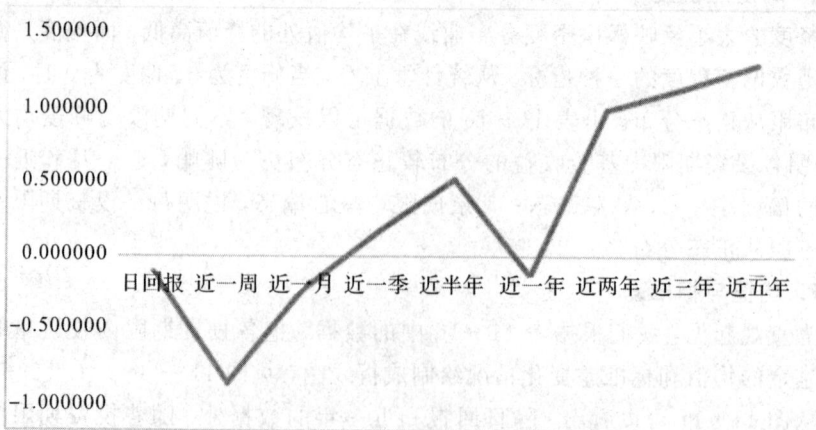

图 11-12　投资策略类私募基金的夏普比率

数据来源：Wind 资讯。

从图 11-12 中可以看出，近一周的夏普比率为负值，这可能是在近一周和近一月的均值大致相同的情况下，风险增大所致。总体而言，随着投资期限的延长，夏普指标也呈现上升趋势。

11.5.3 不同类型投资策略类私募基金的收益分析

11.5.2 小节分析了不同期限投资策略类私募基金的投资收益，由于投资策略类私募基金又可按照投资对象、其他影响因素和组合方式细分为子类，因此有必要分析其不同类型的收益。在研究方法上，本节只进行描述性分析。

1. 投资对象类私募基金的收益分析

投资对象类私募基金包括股票型、债券型和管理期货型基金。由于中期和长期的债券策略与管理期货策略基金的数据较少无法比较，因此，图 11-13只提供了它们短期收益的比较。

由图 11-13 可以看出，债券策略类基金在一年内（不包括近一年）的收益最差，股票策略类基金的收益变化较大，而管理期货策略类基金的收益相对来说较为稳定，故短期内股票策略类基金的风险大于管理期货基金的风险。但当债券策略类基金的投资期限增大时，其一年期的收益优于股票策略基金和管理期货策略基金。

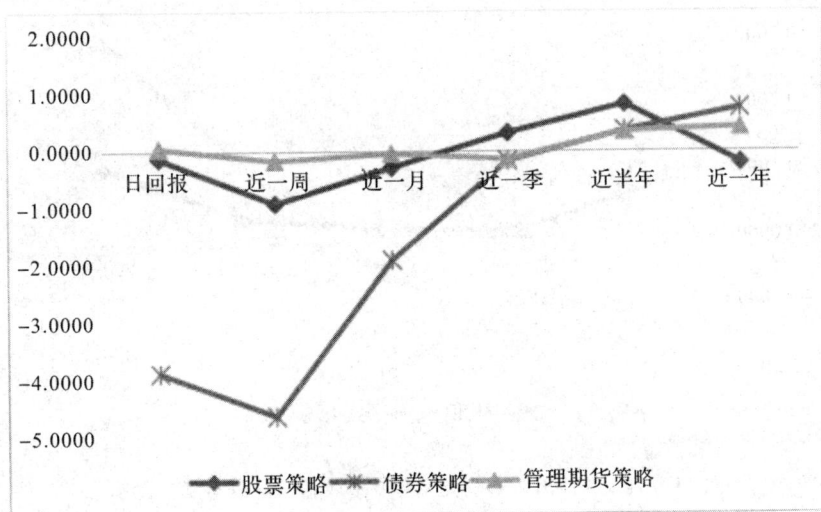

图 11-13 投资策略类子类基金的收益比较

2. 其他影响因素类私募基金的收益分析

基于 Wind 数据库中的数据，其他因素影响类私募基金收益的峰度、偏度、均值、标准差、变异系数、夏普比率等数据见表 11-17，而图 11-14 则显示了收益均值与夏普比率。

表 11-17   其他影响因素类私募基金收益的描述性结果

期限 / 指标	日回报	近一周净值	近一月净值	近一季净值	近半年净值
峰度	37.0447	28.7645	6.6948	20.2389	13.7048
偏度	5.9755	4.9867	1.4809	3.9234	3.5734
均值	0.0818	0.0091	0.0122	0.0264	0.1035
标准差	0.4008	0.0344	0.0528	0.1072	0.2983
变异系数	4.8991	3.7657	4.3268	4.0678	2.8827
夏普比率	0.1667	-0.1706	-0.0529	0.1059	0.2966

数据来源：根据 Wind 数据计算得出。

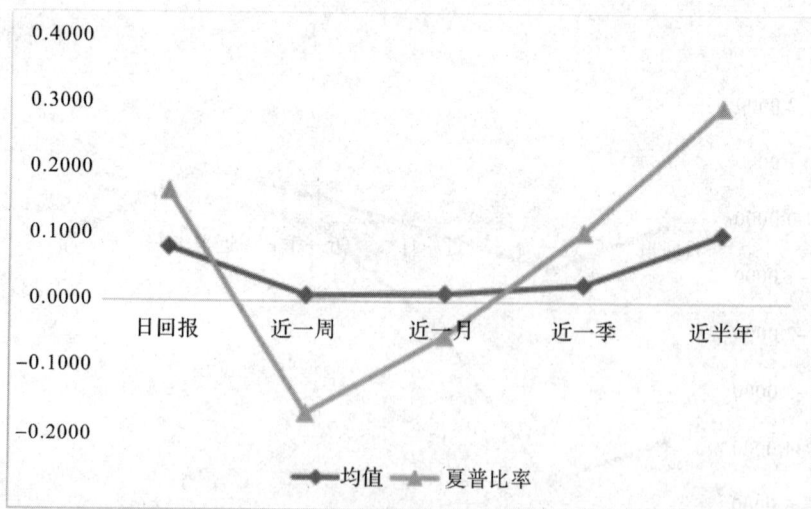

图 11-14   其他因素影响类私募基金收益的均值与夏普比率

由图 11-14 可以看出，近一周与近一月的夏普比率为负值，说明超额回报为负数，即收益均值小于无风险利率，不适合投资。日回报的夏普比率虽

大,但变异系数也较大,风险较高,不适合风险厌恶型投资者的投资。近一季
到近半年的数据显示,半年期的该策略基金具有很高的超额收益。

3. 组合关系类私募基金的收益分析

组合策略分为套利策略、组合基金策略和复合策略,但这三类策略基金的
数据偏少,故仅对该大类进行描述性分析。根据 Wind 数据库中相互组合类私
募基金的收益数据得到不同投资期限下收益的峰度、偏度、均值、标准差、变
异系数、夏普比率等数据见表 11-18,而收益均值和夏普比率由图11-15
所示。

表 11-18　组合关系类私募基金各期限收益的描述性结果

期限　指标	近一周净值	近一月净值	近一季净值	近半年净值	近一年净值
峰度	10.7818	12.1333	13.4459	13.7954	7.6886
偏度	−1.9316	−0.2798	−0.2114	−1.6449	0.1052
均值	−0.0001	0.0031	0.0068	0.0157	−0.0102
标准差	0.0145	0.0185	0.0525	0.0922	0.1203
变异系数	−241.2923	5.8763	7.7687	5.8801	−11.7525
夏普比率	−1.0374	−0.6424	−0.1568	0.0073	−0.2098

数据来源:根据 Wind 数据整理。

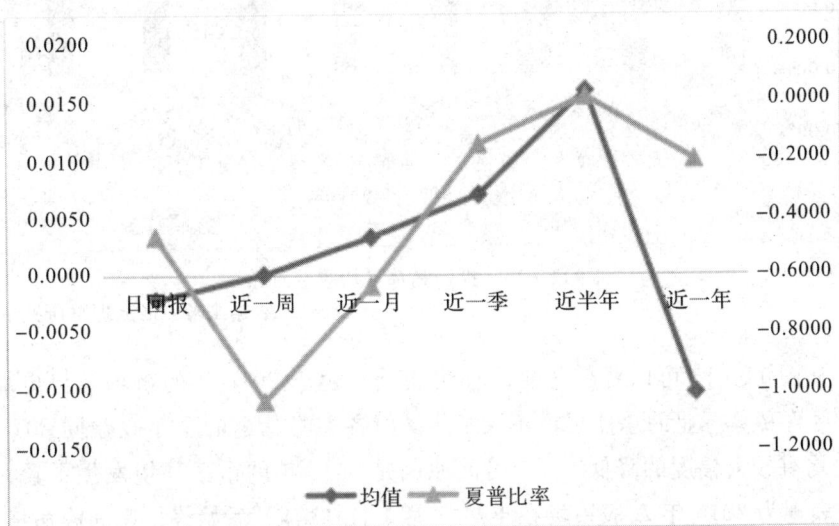

图 11-15　组合关系类私募基金收益的均值与标准差

图 11-15 显示组合关系类基金的收益在短期(一年)内并不是随着投资期限的增大而增大。以均值的折线图来看,日回报到近半年的收益是在逐渐增大,但是夏普比率却非如此,这是因为近一周的风险太大导致该类基金不能获得超额回报。而近一年的均值与夏普比率相对近半年有所下降,但均值下降得更为迅速,综合近一年的变异系数较小和风险较低的特点,夏普比率的下降不如均值迅速。总体来看,近一月、近一季、近半年的收益有逐渐上涨趋势,但其后则会下降。

以上是基于不同类型投资策略私募基金的收益分析。为更为全面地分析,我们进一步对各策略基金在 2015 年以及 2016 年的平均收益进行对比,见图 11-16。

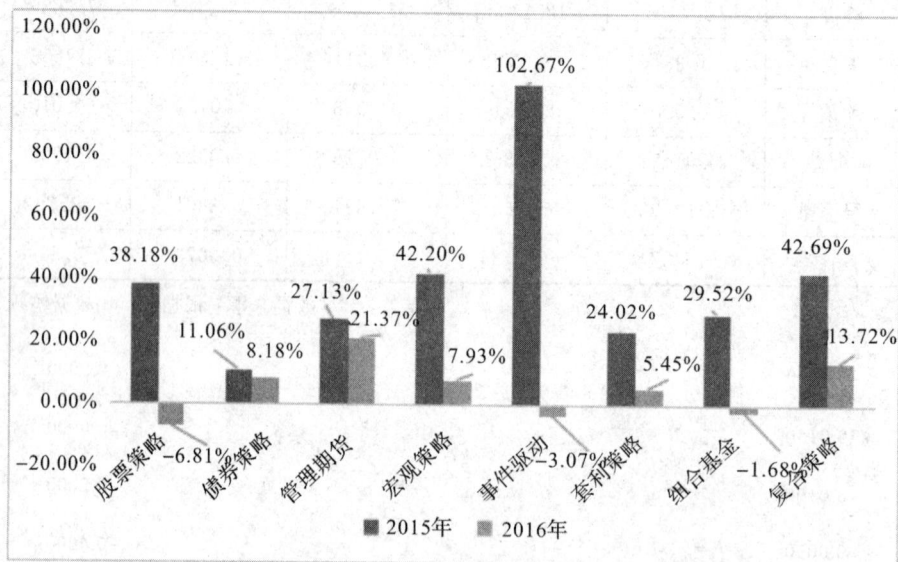

图 11-16　投资私募平均收益对比

数据来源:格上理财研究中心。

从图 11-16 可以看出,与 2015 年相比,由于 2016 年的市场局势更加复杂,尽管私募行业的总体规模不断扩大,但各策略基金的全年收益同 2015 年相比均有较大幅度的降低。一个可能原因是 2016 年的市场环境发生了较大变化,表现为 2016 年 A 股市场在年初(1 月 1 日)"熔断"后始终呈区间震荡格局,再未出现明显趋势性行情,导致 2016 年股票型基金的平均收益仅为-6.81%。

本章小结

　　我国资本市场有不同类型的机构投资者，既包括公开发行的公募基金，也包括非公开发行的私募基金。业界对公募基金有大量研究，但对私募基金的分析相对不足。私募基金的类型繁多，具体包括投资背景类、投资通道类、投资顾问类等五类，而这五类又包含不同的子类，其收益和风险表现有所不同。本章分别对这五类私募基金的收益进行了分析，以较为全面地描述其对证券投资类机构投资者的影响。

第十二章　经济全球化背景下的机构投资

12.1　投资机构化和国际化

在经济全球化背景下，投资呈现出机构化和国际化趋势。据东京证交所统计，20 世纪 90 年代初，股票持有人结构的分布状况为：金融机构投资者占48％，事业法人投资者(主要是企业法人)占 24.8％(前两者就占了投资主体的七成多)，而个人投资者仅占 22.6％。进入 21 世纪以来，机构投资的规模越来越大，证券投资基金、风险投资基金、国外投资基金、产业投资基金以及国家主权基金都得到了快速发展，呈现出投资机构化和国际化的趋势。

关于投资机构化的原因，主要有两个方面：一方面，机构投资者具有信息优势、信息处理的技术优势以及投资经验，对个人投资者有较强的吸引力。第二，在经济全球化的背景下，资本市场不断受到国际资本的冲击，股价波动幅度不断增大，资本市场的不稳定性促使监管部门大力发展机构投资者，以代表中小投资者的利益制约大股东对其他股东利益的侵害。

投资的另一趋势是国际化。根据陈峥嵘(2000)的研究，现代组合投资理论的一个著名经验标准就是：一个投资者最佳多样化的投资组合应当使国家权重与该国资本在世界资本市场中的占比相对应。根据国际金融公司的计算，在投资组合中，在美国的投资占 37％，日本占 21％，英国占 8％，其他发达国家占22％，新兴市场国家的占比不到 12％。据统计，虽然某些机构投资者的组合投资比例低于标准水平，但是其持有的外国证券的比例却相当高。如在 1993 年美国 2306 亿美元的养老基金中，有 5.7％的外国资产为外国证券。总体上看，美国的养老基金、美国共同基金和保险公司共同控制了大约 4000 亿美元的外国证券。

随着我国对外开放政策的实施和在全球经济地位的提高，我国在国际市场中的作用不断扩大。根据 2014 年 2 月 19 日《中国发展观察》中"金融危机后世界经济格局调整与变化趋势"的分析，全球经济增长的重心由发达国家向新兴经济体转移、发展中国家相对力量上升的趋势没有改变，如在危机爆发前的2004—2008 年，发达国家对全球经济增长的贡献率低于发展中国家(44％：

56％）；而在危机爆发后的 2008—2012 年，二者的差距扩大至 13％∶87％。在新兴经济体当中，中国的表现尤为突出，2008 年以来，中国已超过美国和欧盟，成为拉动世界经济增长的第一大引擎；2012 年中国的 GDP 占全球11.5％。在这样的世界经济背景下，我国的投资国际化趋势更加明显。根据国家外汇管理局发布的统计数据，2013 年，境外投资者对我国境内金融机构直接投资流入382.47 亿元人民币（折合 61.91 亿美元），流出 117.55 亿元人民币（折合19.17 亿美元），净流入 264.86 亿元人民币（折合 42.73 亿美元）；我国境内金融机构对境外直接投资流出 975.65 亿元人民币（折合 157.75 亿美元），流入259.42 亿元人民币（折合 41.91 亿美元），净流出 716.23 亿元人民币（折合115.84 亿美元）。这种境内和境外的双向投资不仅能够使资金流出国分享世界经济发展的成果，也能够扩大资金流入，促进国民经济的发展。

如果从机构投资角度看，投资国际化不仅体现为我国机构投资者（如QDII）的对外投资，也体现为国（区）境外投资者（如 QFII 和 RQFII）对我国境内经济主体的投资。随着改革开放的不断推进和人民币国际化进程的加快，"沪港通"、"深港通"政策已经实施，而"沪伦通"也在积极推进之中，这些都显示了机构投资在国际化进程中的作用在不断加强。从现有文献看，关于合格境内外机构投资者的研究非常多，在此不再讨论，以下重点对"沪港通"和"深港通"的影响进行分析。

12.2　沪港通与深港通发展现状

为促进投资国际化进程，我国不断加快境内外资本市场的合作，而加强境内与香港资本市场的合作则是最简洁的途径。

2014 年 4 月 10 日，中国证券监督管理委员会和香港证券及期货事务监察委员会发布《中国证券监督管理委员会 香港证券及期货事务监察委员会 联合公告》，决定原则批准上海证券交易所（以下简称上交所）、香港联合交易所有限公司（以下简称联交所）、中国证券登记结算有限责任公司（以下简称中国结算）、香港中央结算有限公司（以下简称香港结算）开展沪港股票市场交易互联互通机制试点（以下简称沪港通）。

沪港通即沪港股票市场交易互联互通机制，指两地投资者委托上交所会员或者联交所参与者，通过上交所或者联交所在对方所在地设立的证券交易服务公司，买卖规定范围内的对方交易所上市股票。沪港通包括沪股通和港股通两部分，其中沪股通是指投资者委托联交所参与者通过联交所证券交易服务公司，向上交所进行申报，买卖规定范围内的上交所上市股票；港股通是指投资者委托上交所会员通过上交所证券交易服务公司，向联交所进行申报，买卖规定范围内的联交所上市股票。中国结算、香港结算相互成为对方的结算参与人，为沪港通提供相应的结算服务。从交易对象看，截止 2015 年 8 月 17 日，沪股通股票共有 568 只，而港股通有 273 只。

沪港通政策下的股票交易于 2014 年 11 月 17 日开始。沪港通的资金流随着交易的进行不断变化，总体成交额较大。例如，2018 年第 49 周，北上资金净买入 97.42 亿元（人民币，下同），日均 19.48 亿元，买入卖出平均值为 1.38 亿元。截至 2018 年 3 月 30 日，沪港通交易总金额达 7.8 万亿元。其中，北向沪股通累计有交易的股票 795 只，交易金额 4.3 万亿元；南向港股通累计有交易的股票 385 只，交易金额 3.5 万亿元。

在沪港通平衡运行后，深港通也加速推进。2015 年 3 月，国务院总理李克强在第十二届全国人民代表大会三次会议上作政府工作报告时首次提到深港通。深港通是深港股票市场交易互联互通机制的简称，指深圳证券交易所和香港联合交易所有限公司建立技术连接，使内地和香港投资者可以通过当地证券公司或经纪商买卖规定范围内的对方交易所上市的股票。2016 年 12 月 5 日，深港通正式启动。深港通共有 881 只标的股票。根据深交所的披露信息，深港通 2018 年 12 月的交易金额为 1530.78 亿元，其中买入交易金额 778.54 亿元，卖出交易金额 752.24 亿元，估算净买入金额约 26.3 亿元。

作为联系境内与境外资本市场的两类投资者，沪港通和深港通为境内和境外资本市场提供了资金支持，促进了资本市场的繁荣和发展。据统计，沪港通、深港通分别于 2014 年和 2016 年开通以来，双向累计交易额超 14 万亿元人民币，2018 年累计净流入 2254 亿元人民币。

12.3 境外投资者对媒体报道和股价波动的影响分析

12.3.1 引言

随着中国资本市场国际化进程的加快，境外机构投资者已成为我国资本市场的重要力量。早在 2003 年，我国就已引入了合格境外机构投资者（QFII），允许其投资境内资本市场。2014 年 11 月 17 日，我国又开通了沪港通，使境外个人投资者也可以在上海证券交易所进行投资，为沪市的持续发展注入了新的活力，进一步完善了沪市投资者结构，有利于巩固上海的金融中心地位。目前，上海证券交易所存在 QFII 制度下的境外机构投资者（QFII）和沪港通政策下投资上交所上市公司股票的境外投资者（下文简称沪港通投资者）两类境外投资者。

上交所引入这两类境外投资者不仅引起了传统媒体《中国证券报》、《上海证券报》等的报导，也引起了互联网背景下社交媒体的广泛关注。从资本市场的角度看，媒体关注不仅会影响投资者的情绪，也会影响股票价格的波动。然而，传统的资产定价模型认为投资者之间仅仅通过市场机制来相互影响，而忽视了媒体报道、特别是网络环境下社交媒体对于股价波动的影响。事实上，媒体报道会通过信息的传递影响资产价格（易志高等，2013）。因此，分析两类境外机构投资者的引入对媒体报道和股价波动的影响是值得研究的课题。

近年来，国内外学者们对两类境外投资者与媒体报道分别进行了研究。关于两类境外投资者的研究，由于 QFII 政策实施时间早，研究内容很多，在此不再详述。相对而言，沪港通政策的实施时间较短，现有研究分别从宏观层面和微观层面进行了分析。从宏观层面看，研究探讨了沪港通政策实施的优势与劣势（戴瑾，2015）等内容。从微观层面看，沪港通政策实施后所带来的沪港两市联动性是研究的重点。例如，冯永琦和段晓航（2016）、徐晓光和余博文等（2015）的研究表明，沪港通实施之后，沪港两市之间的联动性加强，两地的融合程度进一步加深。关于沪港通政策实施对股价波动的影响，学者认为，大陆股票市场的连续波动和香港股票市场的连续波动产生了双向溢出现象，但由于沪港通推出时间较短，这种波动的传递程度不高（杨瑞杰，张向丽，2015）。如果单从沪市的表现看，在政策实施初期，沪港通标的股票的价格波动加剧，但随着时间的推移，沪港通政策开始发挥了稳定价格的作用（许从宝等，2015）。

关于媒体报道的研究，国内外学者主要以媒体报道与公司治理的关系为研究切入点，重点关注媒体报道的影响。从国外文献看，Mitcheu 和 Mulherinl（1994）的研究发现媒体报道对股价具有正向影响；Nguyen（2015）的分析也发现媒体正面报道与公司的托宾 Q 值（公司在资本市场上的价值与其账面价值的比率）正相关，这说明正面媒体报道积极监督着上市公司，使其更加注重公司治理。从国内文献看，黄雷和张瑛等人（2016）证实了负面媒体报道对公司社会责任信息披露的正向影响。关于媒体报道和股价波动的关系，国内学者有两种不同的观点。一种观点认为媒体关注加剧了股价波动（谭松涛等，2014；张峰和谢靖，2016）；另一种观点则认为媒体的频繁报道会降低股价崩盘风险，对股价波动起积极监督作用（罗进辉和杜兴强，2014），这意味着媒体报道会减少股价波动。

　　由以上研究可以看出，学者们对于媒体报道对股价波动的影响没有一致结论，并且忽视了两类境外投资者持股对媒体关注和相关股票价格的影响。基于这些原因，本节将同时讨论两类境外机构投资者，并比较他们对媒体报道和股价波动率的影响，以考察两类境外投资者对我国股票市场的稳定作用。与现有研究不同，本节不仅对比分析了沪港通投资者和 QFII 对于媒体报道对股价波动率影响的异同，比较研究了正面媒体报道和负面媒体报道对股价波动率的影响，而且探讨了媒体报道对股价波动率影响的时效性。

12.3.2　理论分析与研究假设

　　在互联网时代和经济全球化的背景下，上交所引入两类境外投资者（QFII 和沪港通投资者）会优化上交所上市公司的投资者结构，而且有可能对上市公司治理结构以及信息披露水平起到正面影响，而这些影响会进一步通过媒体报道对上市公司的股票价格波动产生影响。

　　与境内投资者相比，境外投资者拥有更多的国际投资经验和技术以及更多的信息，有可能做出更为科学的投资决策，因而会受到社交媒体的更多关注。从持股比例上看，境外投资者持股越多，表明他们可能拥有更多的上市公司信息，越有可能获得更多的媒体报道。

　　媒体报道指传统媒体和互联网背景下的网络媒体所进行的信息披露活动。从上市公司的角度看，相对于企业的自愿性信息披露，媒体报道体现了企业在法律允许的前提下被迫接受的来自社会舆论的监督。这种监督不仅会传递企业的正面和负面信息，而且也会引起企业的利益相关者（如投资者、消费者、供应者等）和政府监督部门的重视。因此，媒体报道会对企业的生产经营以及股票价格产生重要的影响。从投资者的角度看，投资者是资本市场上不可或缺的组成部分，但其投资行为是基于社会发展的投资，所以资本市场依赖于社会环境而存在（Peda，2003）。媒体作为互联网社会环境中主要的信息传播途径，不仅会影响投资者的情绪，而且可能引起投资者的羊群行为，从而对上市公司的绩效产生一定预期，并进而影响到股票价格的波动。不同于传统的资产定价理论，媒体报道会对股票价格产生一定的影响。借鉴已有研究，本节将这一影响称为"媒体关注价值"。

　　作为我国资本市场的新生力量，沪港通政策的实施，使两类境外投资者及其投资标的股票成为社交媒体关注的对象，而两类境外投资者的相同投资标的是入选沪港通政策的沪市上市公司。根据沪港通政策规则，被选入的投资标的的有 568 只股票，它们是从 1286 只上证 A 股（Wind 数据库）上市公司中选出的。这些被选中的上市公司不仅要接受证券监督委员会强制性信息披露的政府监督，而且在互联网背景下也必然要接受社交媒体的社会监督。根据 Wind 数据库的统计，目前，沪港通标的股中有 268 只股票包含 QFII 持股，表明这些上市公司同时拥有两类境外投资者持股。作为国际化的机构投资者，QFII 和沪港通投资者持有上交所上市公司的股份越多，越容易受到媒体报道的影响，进而形成对上市公司管理层的舆论压力，并引导资本市场上投资者的投资活动。据此，有如下假设：

假设 H1：沪港通投资者的持股比例越大，上市公司受到的媒体报道越多。

假设 H2：QFII 的持股比例越大，上市公司受到的媒体报道越多。

从内容上看，媒体的报道可以被分为正面报道、负面报道和中性报道。研究发现，投资者对于正面媒体报道和负面媒体报道的反应具有不对称性（张成思和芦哲，2016）。具体来说，正面媒体报道会使投资者反应过度，而负面媒体报道不会引起投资者过多的反应。现有文献（Bonner 等，2007；Galai 和 Sade，2003）将这种现象归因于"鸵鸟效应"：当市场上释放出积极信号时，投资者尤其是个人投资者会对这种积极信息产生积极反映，更加关注相应的投资组合；与此相反，当市场释放出消极信号时，投资者会选择像鸵鸟一样回避。基于以上研究，我们认为，负面媒体报道向投资者释放了消极信息，虽然一部分投资者会立即减持股票，但当消极信息不断出现时，投资者更可能会表现出失望状态，回避接触不利信息，而不是以"用脚投票"的方式减持股票。为减少损失，部分投资者更可能低价补仓，买进股票。因此，当媒体不断传递不利信息时，投资者的这种回避行为可能不会引起股价的大幅度波动，即负面媒体报道可能不会过多影响股市的稳定性。与此不同，正面媒体报道会向投资者传递积极的投资信号，此时为最大化投资收益，投资者可能会继续持有或购买股票，这种理性投资会使股市逐渐趋于稳定。

上述分析都是基于行为金融视角来研究投资者对不同媒体报道的反应。事实上，媒体报道在影响投资者行为的同时，还可能对上市公司的治理产生影响。媒体报道的作用体现为监督管理层的舞弊行为（杨德明等，2012）、提高上市公司信息披露质量（黄雷等，2016）等方面，这种媒体监督可以迫使上市公司不断提高公司治理水平（李培功和沈艺峰，2013）。由此可见，媒体报道不仅会直接影响上市公司的股票价格及其波动，而且会通过影响上市公司的治理水平而对股票价格及其波动产生影响。进一步看，正面媒体报道是对上市公司治理效果的肯定，这有助于公司股票价格的稳定；负面媒体报道体现了媒体对上市公司管理层舞弊等不良行为的监督，可能有利于强化公司治理。所以，负面媒体报道也可能会通过监督上市公司治理来达到稳定股价的目的。

媒体报道的影响在一定时期内是有效的，可称为媒体报道的时效性。从短期看，媒体报道会对上市公司治理水平和股票价格产生影响；但从长期看，股票价格会体现公司价值，受到媒体报道的影响有限。有研究表明，个体投资者很少关心新闻的发布时间，不管是新消息还是旧消息，只要出现在新闻媒体上，就会导致投资者产生过度反应，进而导致股价的暂时性波动（Huberman和Regev，2001；Tetlock，2011）。

综合以上观点可以看出，媒体报道对上市公司的影响是短期的。具体来说，正面报道会激励公司管理者不断提高公司治理水平，并引导投资者理性投资，从而在短期内降低股价波动。与此类似，负面报道也会起到监督上市公司的作用，从而通过提高公司治理水平降低股票价格的波动。据此，有如下假设：

假设H3：正面媒体报道与短期股票价格的波动负相关。

假设H4：负面媒体报道与短期股票价格的波动负相关。

现有研究表明，在股市波动剧烈的时候，境外投资者增持股票可以降低波动，而当股市交易不活跃的时候，境外投资又可以起到活跃市场的作用（杨竹清，2014），这说明境外投资者持股对股价波动率的影响是不明确的。如前所述，境外投资者可能拥有更多的国际投资经验和信息，因此我们认为，境外投资者的持股有助于降低市场的信息不对称性，并降低股票价格的波动。因此，假设如下：

假设H5：沪港通投资者持股比例与股价波动负相关。

假设H6：QFII持股比例与股价波动负相关。

12.3.3　变量与模型选择

1. 样本选取与数据来源

为了对比分析QFII和沪港通投资者通过媒体报道对股票价格波动的影响，我们选择同时包含沪港通投资者和QFII这两类境外投资者的268家上交所的上市公司为研究样本。为消除较长时期内宏观经济不确定性因素的影响，选择沪港通实施后两年之内（2014年第四季度至2016年第三季度）的相关数据进行研究。为分析社交媒体的影响，我们不考虑传统媒体，而只选择网络媒体。目前我国网络媒体多，但比较而言，百度网站的成立时间较早，影响面广，在我国网络媒体中具有代表性，所以我们选择百度社交媒体上的信息。样本公司报道的相关数据由手工整理而成。

2. 变量选择与度量

为检验研究假设，引入的变量包括被解释变量、解释变量、中间变量和控制变量四类。

(1) 被解释变量。被解释变量为股票价格的波动率(V)，它反映了股票价格的波动情况。我们借鉴 Sias(1996)的方法，用季度期间内股票每日普通收益率的标准差作为衡量上市公司股价波动性的指标，并按公式(12-1)进行计算：

$$V_{i,t} = \sqrt{\frac{\sum_{i=1}^{n}(r_i - \bar{r})^2}{n}}, \ r_i = \frac{p_i - p_{i-1}}{p_{i-1}} \qquad (12-1)$$

其中 p、r 分别为股票每日收盘价及股票日普通收益率；n 表示季度内股票交易天数；V 表示股票季度日收益率的标准差，以衡量波动性，V 越大，表示股市的波动性越大，越不利于股市稳定。

(2) 解释变量。解释变量为沪港通投资者的持股比例(SH)和 QFII 的持股比例(QFII)。沪港通投资者的持股比例反映了沪港通政策下香港中央结算公司所持有的上交所上市公司股份的比例，QFII 持股比例则表示合格境外机构投资者持有上交所上市公司股份的比例。这两类境外投资者通过持有上市公司股票参与上市公司治理活动，同时也在一定程度上为上市公司吸引了更多的媒体和投资者的报道。

(3) 中间变量。从逻辑上看，两类境外投资者持股会吸引媒体的报道，而媒体报道会影响投资者的情绪和投资决策，从而会影响股票价格波动。因此，我们将媒体报道(MEDIA)作为中间变量。考察相关文献发现，媒体报道数据主要有三个主要来源：CNKI 重要报纸全文数据库、微博、百度搜索引擎。我们借鉴孙蕾(2015)和杨浩(2016)等人的做法，通过百度新闻搜索引擎手工搜集媒体报道数据，并根据报道内容(语气、正面或负面词汇等)整理出正面媒体报道次数和负面媒体报道次数。在数据处理时，用媒体报道次数加 1 并取其自然对数度量社交媒体的报道变量，即 MEDIA=LN(1+报道次数)。

(4) 控制变量。为研究一定经济环境下境外投资者持股的影响，选取的控制变量包括公司规模(SIZE，用总资产的自然对数度量)、财务杠杆(LEV，用资产负债率测定)、公司绩效(ROA，用资产收益率度量)等反映公司基本经济现状的指标作为控制变量。丁重和邓可斌(2012)的研究发现流动性因素对股价波动具有重要影响，所以我们用换手率(TR)来衡量股票流动性，以保证控制变量更加有效地揭示资本市场的投资环境。

以上变量概况如表 12-1 所示。

表 12－1　变量定义

变量符合	变量定义
V	波动率。反映股票价格的波动情况
QFII	QFII 持股比例，单位：%
SH	沪港通投资者持股比例，单位：%
MEDIA	媒体报道。MEDIA＝LN(1＋媒体报道次数)。MEDIA 可以分为正面媒体报道(PMEDIA)和负面媒体报道(NMEDIA)。
SIZE	公司规模。用总资产的自然对数表示
LEV	财务杠杆。用资产负债率表示
ROA	公司绩效。用资产收益率表示，反映公司的盈利状况
TR	换手率。反映了股票的流动性

3. 模型构建

为研究媒体报道对股价波动的影响情况，构建如下模型：

$$PMEDIA_{it} = a * SH_{it} + \beta * SIEZ_{it} + \beta_1 * LEV_{it} + \beta_3 * TR_{it} + \beta_4 ROA_{it} + \varepsilon_1$$

$$(12-2)$$

$$V_{it} = b * P_{MEDIA} + \chi_1 * SIEZ_{it} + \chi_2 * LEV_{it} + \chi_3 * TR_{it} + \chi_4 * ROA_{it} + \varepsilon_2$$

$$(12-3)$$

$$V_{it} = c * SH_{it} + \alpha_1 * SIEZ_{it} + \alpha_2 * LEV_{it} + \alpha_3 * TR_{it} + \alpha_4 * ROA_{it} + \varepsilon_0$$

$$(12-4)$$

其中，MEDIA 表示 i 公司在季度 t 内的媒体报道次数；PMEDIA 为正面媒体报道次数。

在以上变量设定及模型构建基础上，本节的研究框架如图 12－1 所示。

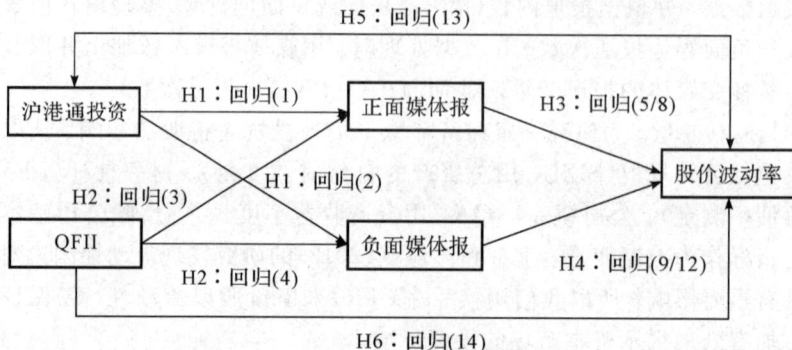

图 12－1　研究框架

12.3.4　实证分析

对沪港通持股和 QFII 持股对媒体报道和股价波动的影响的研究分两步进行。首先，明确境外投资者持股比例对媒体报道是否有影响；其次，对比研究不同类型媒体报道对股价波动率的影响，具体分析如下：

1. 变量描述性统计与相关性分析

在收集数据的基础上，我们对样本数据进行了描述性统计，见表 12 - 2。

表 12 - 2　变量的描述性统计

变量	最小值	最大值	均值	标准差
V	0.013	0.07798	0.031	0.015
PMEDIA	0.00	4.53	0.4728	0.699
NMEDIA	0.00	3.5264	0.111	0.339
QFII	0.00	18.86	0.5203	1.878
SH	0.00	16.11	0.4099	1.353
TR	1.3706	482.57	44.5701	40.724
SIZE	20.5867	30.79	23.76	1.92
ROA	−11.74	37.39	4.4803	4.4733
LEV	0.2009	98.70	51.33	20.758

由表 12 - 2 中的数据可以看出，正面媒体报道和负面媒体报道的值都比较小，说明每个季度关于样本股票的新闻报道总体比较少。从搜集的资料看，媒体主要关注银行、中医药、基础设施等几个重要板块的上市公司，而对其他行业公司的报道比较少。进一步看，正面媒体报道（PMEDIA）的平均值（0.4728）大于负面媒体报道（NMEDIA）的平均值（0.111），说明在关于公司的媒体报道中，以正面媒体报道居多。从持股比例方面看，沪港通投资者持股（SH）的比例最大值为 16.11%，但平均值仅为 0.40% 左右；QFII 的持股比例平均值为 18%，表明 QFII 是上交所上市公司的主要境外投资者，而沪港通投资者的持股比例有待扩大。

为明确研究变量之间的相关性，我们对数据进行了 Pearson 相关性检验，结果发现沪港通投资者的持股比例和 QFII 的持股比例与 MEDIA 分别显著正向相关，说明两类境外投资者持股能够吸引更多的媒体报道，假设 H1 和 H2 得到验证。进一步看，正面报道（PMEDIA）与股价波动率（V）显著负向相关，说明正面媒体报道能够显著减弱股价波动，从而支持假设 H3；负面媒体报道

（NMEDIA）与波动率（V）有不显著的负向相关关系，这在一定程度上反映了投资者对负面媒体报道采取回避策略，媒体的负面报道没有影响股价的大幅波动，假设 H4 得到验证。

2. 境外投资者持股对媒体报道次数的影响

利用 STATA 软件对面板数据进行多重回归和单位根检验，通过后进行如下研究。首先进行 Hausman 检验，以确定选择固定效应模型还是随机效应模型。检验结果显示所有模型的卡方统计量对应的伴随概率为 0.000，拒绝随机效应和固定效应的系数无系统差异，所以选择固定效应模型。事实上，利用面板数据的固定效应模型具有解决时间带来的内生性问题的优势，这使我们的分析更加可靠。

为探究沪港通环境下的境外投资者（QFII 和沪港通投资者）持股对媒体报道的影响，构建面板数据固定效应模型，结果如表 12-3 所示。

表 12-3　境外投资者持股对正负面媒体报道的影响

模型相关性解释变量	沪港通持股对正面报道的影响模型（1）PMEDIA	沪港通持股对负面报道的影响模型（2）NMEDIA	QFII 持股对正面报道的影响模型（3）PMEDIA	QFII 持股对负面报道的影响模型（4）NMEDIA
SH	-0.051^* (-2.52)	-0.0146 (-1.42)		
QFII			0.1123^{***} (6.06)	0.0204^* (2.16)
LEV	0.0052^* (2.04)	0.0016 (1.26)	0.0054^* (2.14)	0.0017 (1.30)
SIZE	-0.025 (-1.27)	-0.0030 (-0.30)	-0.0263 (-1.34)	-0.0034 (-0.34)
TR	0.0018^{***} (4.34)	0.00015 (0.72)	0.0017^{***} (4.32)	0.00015 (0.72)
ROA	0.213^{***} (4.90)	0.0052^{**} (2.38)	0.0215^{***} (4.99)	0.0053^{**} (2.42)
常数项	0.65 (1.52)	0.0745 (0.34)	0.5881 (1.39)	0.064 (0.30)
模型指标	调整后的 $R^2=0.020$ $F=11.92^{***}$	调整后的 $R^2=0.005$ $F=2.1$	调整后的 $R^2=0.093$ $F=18.16^{***}$	调整后的 $R^2=0.022$ $F=2.63^{**}$

注：*** 指在 1% 的置信水平下显著，** 指在 3% 的置信水平下显著，* 指在 5% 的置信水平下显著。括号内的数据为 t 值。表中四种影响（四种模型）对应图 12-1 中的回归（1）、（2）、（3）、（4）。

表 12-3 给出了两类境外投资者持股对正反面媒体报道的影响。表中数据表明，QFII 持股比例与正面媒体报道（PMEDIA）和负面媒体报道（NMEDIA）均显著正相关，而进一步支持了假设 H2。与此不同，沪港通投资者持股比例（SH）与负面媒体报道的关系模型没有通过 F 检验，而沪港通投资者持股比例（SH）与正面媒体报道的次数负相关，与假设 H1 相反。结合表 12-2 的分析，这可能和沪港通实施时间较短，投资者持股比例较小有关。

3. 不同类型媒体报道对股价波动率的影响

根据以上的分析，本节需要构建面板数据的固定效应模型，以分别探究正面媒体报道和负面媒体报道对股价波动率的影响。为了较为全面地了解媒体报道的影响，我们分别考察了媒体报道对当期、滞后一期、滞后二期和滞后三期股票价格波动率的影响，表 12-4 和表 12-5 分别是正面报道和负面报道影响的回归结果。

表 12-4　正面媒体报道对股价波动的影响

模型	模型(5)	模型(6)	模型(7)	模型(8)
时期	当期	滞后一期	滞后二期	滞后三期
PMEDIA	-0.0035^{***} (-7.91)	-0.0015^{*} (-2.09)	0.0006 (0.69)	0.0006 (0.61)
TR	0.00025^{***} (32.16)	0.00002 (1.89)	-0.0009^{***} (-7.68)	-0.002^{***} (-10.13)
ROA	-0.00003^{***} (-3.11)	0.0016^{***} (12.99)	-0.0006^{***} (-3.80)	-0.0006^{***} (-12.72)
SIZE	-0.0002 (-0.60)	-0.0006 (-1.15)	0.001 (1.53)	0.0004 (0.50)
LEV	0.0001 (2.22)	0.000106 (1.49)	-0.00009 (-1.04)	0.00011 (1.09)
常数项	0.023^{***} (2.77)	0.0341^{***} (3.25)	0.02 (1.26)	0.035^{**} (2.21)
模型指标	调整后的 $R^2=0.2915$ $F=214.10^{***}$	调整后的 $R^2=0.0508$ $F=37.45^{***}$	调整后的 $R^2=0.0224$ $F=16.88^{***}$	调整后的 $R^2=0.0762$ $F=68.06^{***}$

注：*** 指在 1% 的置信水平下显著，** 指在 3% 的置信水平下显著，* 指在 5% 的置信水平下显著。括号内的数据为 t 值。模型(5)、(6)、(7)、(8)分别对应图 12-1 中的回归(5)、(6)、(7)、(8)。

表12-4给出了正面媒体报道对股价波动影响的面板回归结果。可以看到，四个模型均通过了F检验，模型可信。从表12-4中的数据可以看出，模型(5)和模型(6)这两个固定效应模型中的正面报道(PMEDIA)对股价波动率(V)有显著性负面影响，从而支持了假设H3。但模型(7)和模型(8)中正面报道(PMEDIA)对股价波动率(V)有不显著的正影响。这些结果表明，正面报道对股价波动率短期内能显著降低股票波动率，从而进一步支持了本节假设H3。

表 12-5 负面媒体报道对股价波动的影响

模型	模型(9)	模型(10)	模型(11)	模型(12)
时期	当期	滞后一期	滞后二期	滞后三期
NMEDIA	−0.0014 (−1.56)	−0.0014 (−1.14)	−0.0025 (−1.72)	0.0004171 (0.26)
TR	0.0002*** (21.05)	0.00002 (1.74)	−0.00009*** (−7.68)	−0.0002*** (−10.09)
ROA	−0.0003*** (−3.89)	0.0017*** (13.20)	−0.0005*** (−3.74)	−0.002*** (−12.71)
SIZE	−0.00014 (−0.36)	−0.0006 (−1.16)	0.001 (1.53)	0.0004 (0.50)
LEV	0.0000875 (1.75)	0.0001 (1.46)	−0.0025 (−1.72)	0.00012 (1.13)
常数项	0.02** (2.46)	0.034*** (3.23)	0.02 (1.27)	0.034* (2.20)
模型指标	调整后的 $R^2=0.2804$ $F=195.80***$	调整后的 $R^2=0.0489$ $F=36.77***$	调整后的 $R^2=0.0235$ $F=17.41***$	调整后的 $R^2=0.757$ $F=67.98***$

注：***指在1%的置信水平下显著，**指在3%的置信水平下显著，*指在5%的置信水平下显著。括号内的数据为t值。表中模型(9)、(10)、(11)、(12)分别对应图12-1中的回归(9)、(10)、(11)、(12)。

表12-5给出了负面媒体报道(NMEDIA)对股价波动率(V)的影响。四个模型虽然通过了F检验，但负面媒体报道对当期、滞后一期、滞后二期和滞后三期的股票价格波动率的影响经历了从负面影响到正面影响的过程，但均无显著性，这不支持假设H4。表中数据同时表明，模型(9)显示了当期负面媒体报道对股价波动率的影响，表明当期负面媒体报道每增加1个单位，股价波动率

就下降 0.0014，但和正面媒体报道相比，负面媒体报道的这种稳定股价的现象并不显著，这在一定程度上说明了投资者在面对负面消息时存在"鸵鸟效应"。

4. 境外投资者持股对股价波动率的影响

境外投资者可能会通过持股比例的变化来影响股价的波动率。为了探究这一影响，我们构建了面板数据的固定效应模型，结果如表 12 - 6 所示。

表 12 - 6　两类境外投资者持股对股价波动率的影响

模型	模型(13)	模型(14)
QFII		0.00013 (0.35)
SH	−0.0003 (−0.79)	
TR	0.00024*** (30.95)	0.00024*** (30.99)
ROA	−0.00034*** (−4.01)	−0.00034*** (−3.99)
SIZE	−0.000125 (−0.32)	−0.00013 (−0.34)
LEV	0.00008 (1.69)	0.000085 (1.71)
常数项	0.0204** (2.44)	0.02037** (2.44)
模型指标	调整后的 $R^2 = 0.2808$ $F = 195.26$***	调整后的 $R^2 = 0.2787$ $F = 195.11$***

注：***指在1%的置信水平下显著，**指在3%的置信水平下显著，*指在5%的置信水平下显著。括号内的数据为 t 值。表中模型(13)、(14)分别对应图 12 - 1 中的回归(13)、(14)。

由表 12 - 6 中数据可以看出，两个模型均通过了 F 检验。表中数据同时表明，沪港通投资者持股比例增加会降低股价波动率，而 QFII 持股比例的增加却增加了股价波动率，但影响不显著，从而部分地支持了假设 H5，但不支持假设 H6。

结合表 12 - 3、表 12 - 4 和表 12 - 5 的分析，在两类境外投资者中，沪港通投资者通过吸引新闻媒体的关注（即媒体报道次数）降低了股价波动率，而 QFII 通过吸引媒体报道对股价波动率产生的影响并不明显。为了进一步验证这一结论的正确性，借鉴温忠麟等人（2005）的中介效应检验方法，利用 STATA软件来探究媒体报道的中介效应是否显著，结果如表 12 - 7 所示。

表 12 - 7　中介效应检验结果

自变量	因变量	中介变量	c 是否显著	a、b 是否至少有一个显著	Sobel 检验中的显著性	中介效果是否显著
SH	V	PMEDIA	是	是	0.000	是
SH	V	NMEDIA	是	是	0.33	否
QFII	V	PMEDIA	是	是	0.232	否
QFII	V	NMEDIA	是	是	0.350	否

注：表中 a、b、c 分别指公式(12 - 2)、公式(12 - 3)和公式(12 - 4)中对应的值，由于 STATA 中介效应检验并未指定回归模型的类型，所以此处为线性回归。

由表 12 - 7 中的中介效应检验结果可以看出，媒体报道，尤其是正面媒体报道是沪港通投资者影响股价波动率的显著中介变量，被影响的总效果中有36%能够用正面媒体报道来解释，表明沪港通投资者通过媒体报道影响股价波动。

5. 简要结论

随着我国经济的快速发展，国际化经营已经成为常态，投资国际化的程度也在不断提高，而沪港通投资者和 QFII 是上海股票市场中的两类境外投资者，研究这两类境外投资者受互联网的影响有重要现实和理论意义。

通过构建面板数据固定效应回归模型，本节实证研究了两类境外投资者对媒体报道和股价波动的影响情况。结果发现两类境外投资者对媒体的吸引力和股票价格波动的影响是不同的：QFII 持股比例与媒体报道显著相关，表明QFII 持股能显著吸引媒体的关注；沪港通投资者能够通过吸引新闻媒体的关注降低股价波动率。结果同时表明，与 QFII 不同，正面报道是沪港通投资者影响股价波动率的显著中介变量，且在短期内能显著降低股票波动率。

为提高沪港通政策对上市公司治理的促进作用，建议如下：第一，由于沪港通政策能够通过媒体监督上市公司，降低股价波动率，从而起到稳定股市的作用，因此应扩大沪港通政策标的股票的范围，加快开通深港通的步伐；第二，在互联网背景下，上市公司应重视媒体特别是网络媒体报道对公司经营活动和股票价格的影响，自觉接受社会的监督；第三，投资者应慎重对待媒体报道，理性投资。

12.4　国家主权基金发展现状及趋势

主权基金(英文缩写为 SWF)，又称主权财富基金，主要指掌握在一国政府手中用于对外进行市场化投资的资金。一般认为，SWF 具有两个显著的特征：一是由政府拥有、控制与支配，二是追求风险调整后的回报最大化目标。从资金来源看，它既可能来源于一国政府通过特定税收与预算按可能的风险移动路径分配的资金，也可以来自其贸易顺差的积累。主权财富基金虽然与官方外汇储备同为国家所拥有，同属广义的国家主权财富，来源也颇相似，但它们有本质区别：一是所处位置不同。官方外汇储备反映在央行资产负债平衡表中，后者则在央行资产负债平衡表以外；二是前者与国际收支和汇率有关，而后者无直接关系；三是前者的变化会引起货币供应量的变化，具有货币效应，而主权基金的变化通常没有货币效应。

根据 360 百科的资料，据估计，1990 年全球 SWF 的规模只有约 5 亿美元，在最近 10～15 年间，由于油价上涨和新兴市场经济体国际收支大幅盈余，SWF 获得了快速增长，目前总量已经达到 2 万～3 万亿美元。普遍认为最为成功的 SWF 是成立于 1974 年的新加坡淡马锡。2007 年 8 月发布的《淡马锡 2007 年度回顾》显示，该公司管理的投资组合净值已经从成立之初的 3.54 亿新加坡元增加到 1640 亿新加坡元，公司净值增加 460 多倍，其中有 38% 的资产组合为金融类股权。

虽然主权基金能够获取经济利益，但获取政治利益也是其重要的目的，因此，各国的态度不同。例如，根据 360 百科，从美国情况看，它既希望 SWF 投资到美国的金融市场，又担心 SWF 规模壮大后可能会导致其美元霸权的衰落，从而呈现出矛盾的心态。再如，德国出于金融保护主义的态度，对其进行抵制，而英国和意大利则坚持自由主义的立场，支持主权基金投资。

在经济全球化背景下，投资国际金融市场以获取投资收益是理性的选择，我国也进行了尝试。2007 年 9 月 29 日，中国投资有限责任公司（China Investment Corporation，简称中投公司）在北京成立，它是经国务院批准设立的、从事外汇资金投资管理业务的国有独资公司。该公司的注册资本金为 2000 亿美元，资金来源于中国财政部通过发行特别国债的方式筹集的 15500 亿元人民币，是全球最大主权财富基金之一。公司实行政企分开、自主经营、商业化运作的模式；业务以境外金融组合产品的投资为主，并在可接受的风险范围内争取长期投资收益最大化。作为成长中的主权财富基金，中投公司虽然经历了一些曲折历程，但我们相信，它会在国际金融市场中不断发展和壮大。

由于主权基金属于国家层面的投资，因此没有受到广泛关注，研究也很少。在仅有的研究中，李锋的《主权财富基金的兴起：经济效应与中国的战略选择》具有代表性。他在深入分析 21 世纪初主权财富基金迅速崛起的宏观背景的基础上，探索了主权财富基金的新型"国家资本主义"性质，整理了全球主权财富基金的发展现状，从三种情景估计了主权财富基金未来的资产规模及其对全球各类资产价格可能产生的宏观经济效应；利用事件研究法实证研究了主权财富基金投资行为对目标公司股票价格的影响，并将事件研究法扩展到中国主权财富基金的经济效应和投资绩效；最后构建了比较完整的中国主权财富基金发展战略。可以预见，随着投资机构化和国际化进程的加快，对主权基金的研究也会不断涌现。

12.5　研究展望

随着经济全球化进程的加快和信息技术的发展，机构投资者的信息收集和处理能力会进一步加强，商业银行、保险公司、公募基金、私募基金以及国际性的机构投资者不仅在我国资本市场中的作用日益重要，而且会成为提高我国上市公司治理水平的必不可少的监督力量。与此同时，随着我国资本市场的发展、资本项目扩大开放政策的实施以及人民币国际化进程的推进，投资机构化和机构投资的国际化可能是未来资本市场的发展方向。

本章小结

在经济全球化背景下，投资机构化和国际化已经成为一种必然趋势，因此有必要研究国际化环境下的机构投资者影响等相关问题。随着我国经济对外开放程度的不断提高和人民币国际化的推进，境内和境外资本的双向流通也在不断发展，QFII、QDII、"沪港通"、"深港通"政策的实施不仅为开展投资国际化投资提供了政策保证，也为提高我国上市公司治理水平提供了契机。因此，分析国际化背景下的机构投资者影响有现实价值。本章介绍了投资机构化和国际化的宏观背景，分析了"沪港通"、"深港通"政策的实施现状，研究了 QFII 和"沪港通"两类境外机构投资者对我国上市公司治理的影响，并对国家主权基金的发展进行了简介，期望能对大家有所启示。

附录　机构投资者参与上市公司治理情况调查问题

一、机构投资者参与公司治理的方式

（一）按照次数的多少，您认为机构投资者参与公司治理的方式依次是：

[1] 现场参与公司治理活动

[2] 通过网络方式参与公司治理活动

（二）在现场参与时，按照次数的多少，您认为机构投资者参与公司治理的方式依次是：

[1] 现场参与公司股东大会

[2] 现场与上市公司人员进行信息沟通

[3] 现场参观上市公司

[4] 现场为上市公司提出经营建议

[5] 现场要求更换经理人员或推荐人才

[6] 现场要求召开临时股东大会

[7] 现场为上市公司提供研究报告

（三）在网络方式下，按照次数的多少，您认为机构投资者参与公司治理的方式依次是：

[1] 以网络方式参与公司股东大会

[2] 以网络方式与上市公司人员进行信息沟通

[3] 以网络方式为上市公司提出经营建议

[4] 以网络方式要求更换经理人员或推荐人才

[5] 以网络方式要求召开临时股东大会

[6] 以网络方式为上市公司提供研究报告

二、机构投资者对上市公司的影响调查

（一）机构投资者对股东大会的影响（打分标准：按照程度的高低，可打分1分、2分、3分、4分或5分）

[1] 机构投资者现场对股东大会投票的参与情况如何？

[2] 机构投资者对股东大会进行网络投票的参与情况如何？

[3] 机构投资者对股东大会议程和议题的影响情况如何？

［4］通过征集投票权影响股东大会决议，机构投资者的参与情况如何？

［5］机构投资者之间的博弈行为在多大程度上影响了股东大会决议？

［6］机构投资者对上市公司的评级报告在多大程度上影响了股东大会决议？

在以下五项调查中，请按照以下标准对问题打分：

很大负面影响	较小负面影响	无影响	较大正面影响	很大正面影响
1	2	3	4	5

（二）机构投资者对董事会决策的影响

［1］机构投资者与公司的沟通行为在多大程度上影响了董事会决议？

［2］机构投资者对上市公司的现场考察行为在多大程度上影响了董事会决议？

［3］机构投资者之间的博弈行为在多大程度上影响了董事会决议？

［4］机构投资者对上市公司的评级报告在多大程度上影响了董事会决议？

（三）机构投资者对信息披露的影响

［1］机构投资者与公司的沟通行为在多大程度上影响了公司的信息披露质量？

［2］机构投资者对上市公司的现场考察行为在多大程度上影响了公司的信息披露质量？

［3］机构投资者之间的博弈行为在多大程度上影响了公司的信息披露质量？

［4］机构投资者对上市公司的评级报告在多大程度上影响了公司的信息披露质量？

（四）机构投资者对股价的影响

［1］机构投资者与公司的沟通行为在多大程度上影响了公司的股权价格？

［2］机构投资者对上市公司的现场考察行为在多大程度上影响了公司的股权价格？

［3］机构投资者之间的博弈行为在多大程度上影响了公司的股权价格？

［4］机构投资者对上市公司的评级报告在多大程度上影响了公司的股权价格？

（五）机构投资者对公司绩效的影响

［1］机构投资者与公司的沟通行为在多大程度上影响了公司的公司绩效？

［2］机构投资者对上市公司的现场考察行为在多大程度上影响了公司的公

司绩效？

［3］机构投资者之间的博弈行为在多大程度上影响了公司的公司绩效？

［4］机构投资者对上市公司的评级报告在多大程度上影响了公司的公司绩效？

（六）机构投资者对经理人员更替的影响

［1］机构投资者与公司的沟通行为在多大程度上影响了公司的经理人员更替？

［2］机构投资者对上市公司的现场考察行为在多大程度上影响了公司的经理人员更替？

［3］机构投资者之间的博弈行为在多大程度上影响了公司的经理人员更替？

［4］机构投资者对上市公司的评级报告在多大程度上影响了公司的经理人员更替？

参 考 文 献

[1]　李维安,李滨.机构投资者介入公司治理效果的实证研究:基于 CCGINK 的经验研究[J].南开管理评论,2008,11(1):4-14.

[2]　朱形,叶静稚.投资评级发布日的机构投资者行为与证券的异常收益:来自上海证券市场的证据[J].金融研究,2009(3):154-170.

[3]　杨墨竹.证券市场机构投资者投资行为分析[J].金融研究,2008(8):133-144.

[4]　余佩佩,李志文,王玉涛.机构投资者能跑赢个人投资者吗?[J].金融研究,2009(8):147-157.

[5]　徐龙炳.中国股市机构投资者多账户交易行为研究[J].经济研究,2005,(2):72-80.

[6]　奥利弗·哈特.公司治理理论与启示[J].经济学动态,1996(2):7-11.

[7]　冯根福.双重委托代理理论:上市公司治理的另一种分析框架[J].经济研究,2004(12):16-25.

[8]　李维安,武立东.公司治理教程[M].上海:上海人民出版社,2002.

[9]　张亦春,郑振龙,林海.金融市场学[M].北京:高等教育出版社,2008.

[10]　Wermers R. Mutual fund herding and impact on stock prices[J]. Journal of Finance, 1999, 54 (2):518-622.

[11]　Ferreira M A., Matos P. The colors of investors money: The role of institutional investors around the world [J]. Journal of Financial Economics, 2008(88):499-533.

[12]　Banerjee A. A simple model of herd behavior [J]. American Economic Review, 1992(88):724-748.

[13]　Scharfstein D S, Stein J C. Herd behavior and investment [J]. American Economic Review, 1990(80):465-479.

[14]　Jayne W B. Who is minding your business? preliminary observations on data and anecdotes collected on the role of institutional investors in corporate governance[J]. Hofstra Labor & Employment Law Journal. 1992(23):31-32.

[15]　Tan L, Chiang T C, Mason J R, et al. Herding behavior in Chinese stock markets: An examination of A and B shares[J]. Pacific-Basin Finance Journal, 2008(16):61-77.

[16]　Wermers R. Mutual fund herding and the impact on stock price [J]. Journal of finance, 1999(54):581-622.

[17]　Ghon R S, Wang J X. Foreign institutional ownership and stock market liquidity: Evidence from Indonesia[J]. Journal of Banking & Finance, 2009(33):1312-1324.

[18] Easterbrook F. Two agency cost explanations of dividends [J]. American Economic
      Review, 1984(74): 650 - 659.

[19] Faccio, M, Lang L H P, Yong L. Dividend and expropriation [J]. American Economic
      Review, 2001(91): 54 - 78.

[20] Rafael La P L. F S A, Vishny R W. Agency problems and dividend policies around
      the world [J]. Journal of Finance, 2000(55): 1 - 33.

[21] Short H, Zhao H Keasey K. The link between dividend policy and institutional ownership
      [J]. Journal of Corporate Finance, 2002(8): 105 - 122.

[22] Grinstein Y, Michaely R. Institutional holdings and payout policy [J]. Journal of
      Finance, 2005(60): 1389 - 1426.

[23] Chen A, Hong B. Institutional ownership changes and returns around analysis' earnings
      forecast release events: evidence from Taiwan [J]. Journal of Banking and Finance, 2006(30):
      2471 - 2488.

[24] Christiane G, Martin T B, Bartosz G. Together we invest? Individual and institutional
      investors' trading behaviour in Poland [J]. International Review of Financial Analysis,
      2009(18): 12 - 221.

[25] Hao J. Institutional investors, intangible information, and the book - to - market
      effect[J]. Journal of Financial Economics, 2010(96): 98 - 126.

[26] Daniel K, Titman S. Market reactions to tangible and intangible information[J].
      Journal of Finance, 2006(61): 1605 - 1643.

[27] Frazzini A, Lamont O. Dumb money: mutual fund flows and the cross section of stock
      returns[J]. Journal of Financial Economics, 2008(88): 299 - 322.

[28] Sharma V, Hur J, LeeH W. Glamour versus value: trading behavior of institutions
      and individual investors [J]. Journal of Financial Research, 2008(31): 65 - 84.

[29] Ali A, Hwang L S, Trombley M A. Arbitrage risk and the book - to - market mispricing
      [J]. Journal of Financial Economics, 2003(69): 355 - 373.

[30] Nagel S. Short sales、institutional investors、and the cross section of stock returns
      [J]. Journal of Financial Economics, 2005(78): 277 - 309.

[31] Michael S, Martin T B. Do foreign institutional investors destabilize China's A-share
      markets? [J]. Journal of International Financial Markets, Institutions & Money,
      2010(20): 36 - 50.

[32] Monks R, Minow N. Corporate Governance[M]. Cambridge: Blackwell Business, 1995.

[33] Shen Z. , Long J C. The impacts of internal investment on performance: Based on the
      information technology listed company in China[J]. Advances in Information Sciences
      and Service Sciences, 2013(10): 313 - 322.

[34] Davis E P, Steil B. Institutional Investors[M]. Cambridge: Mass MIT Press. 2001.

[35] Robert A G, Nell M. Corporate Governance [M]. Cambridge: Blackwell Publishers, 1995.

[36] Jone C C. Liquidity versus control: The institutional investor as corporate monitor [J]. Columbia Law Review, 1991(91): 1277 - 1368.

[37] Robert W, Matthias B, Roddy M. Problems and limitations of institutional investor participation in corporate governance [J]. Corporate Governance, 2003, 11(1): 65 - 70.

[38] Marianne B, Sendhil M. Are CEOs rewarded for luck? The ones without principals are [J]. Quarterly Journal of Economics, 2001(116): 901 - 932.

[39] Pound J. Proxy contest and the efficiency of shareholder oversight [J]. Journal of Financial Economics, 1988(20): 237 - 265.

[40] Sunil W. Public pension fund activism and firm Performance [J]. Journal of Financial and Quantitative Analysis, 1996(31): 1 - 23.

[41] Karpoff J M, Malatesta P H, Walkling R A. Corporate governance and shareholder initiatives: Empirical evidence [J]. Journal of Financial Economics, 1996(42): 365 - 395.

[42] Clifford G H. A survey of the block holders and corporate control [J]. Economic and Policy Review, 2003(4): 51 - 64.

[43] James S A, Rebel A C, James W L. Agency costs and ownership structure [J]. The Journal of Finance, 2000(55): 81 - 106.

[44] Chang E C, Cheng J W, & Khorana, A. An examination of herd behavior in equity markets: An international perspective [J]. Journal of Banking & Finance, 2000(24): 1651 - 1679.

[45] Bushee, B. The influence of institutional investors on myopic R&D investment behavior [J]. The Accounting Review, 1998(73): 305 - 333.

[46] Porter M E. Capital choices: Changing the way America invests in industry [J]. Journal of Applied Corporate Finance, 1992(5): 4 - 16.

[47] Bushee B. Do institutional investors prefer near-term earnings over long-run value? [J]. Contemporary Accounting Research, 2001(18): 207 - 246.

[48] Matsunaga S R, Park C W. The effect of missing a quarterly earnings benchmark on the CEO's annual bonus [J]. The Accounting Review, 2001(76): 313 - 332.

[49] Petko S K, Anh H N, Natalie Y O. Foreign versus local investors: Who knows more? Who makes more? [J]. Journal of Banking & Finance, 2008(32): 2376 - 2389.

[50] Brennan M J, Cao H H. International portfolio investment flows [J]. Journal of Finance, 1997(52): 1851 - 1880.

[51] Karolyi G A. Did the Asian financial crisis scare foreign investors out of Japan? [J]. Pacific - Basin Finance Journal, 2002(10): 411 - 442.

[52] Bailey W, Karolyi A G, Salva C. The economic consequences of increased disclosure: Evidence from international cross-listings [J]. Journal of Financial Economics, 2006 (81): 175 - 213.

[53] Grullon G, Kanatas G, Weston J P. Advertising, breadth of ownership, and liquidity [J]. Review of Financial Studies, 2004(17): 439 - 461.

[54] Levine R, Zervos S. Capital control liberalization and stock market development [J]. World Development , 1998(26): 1169 - 1183.

[55] Bekaert G, Harvey C R, Lundblad, C. Dating the integration of world equity markets [J]. Journal of Financial Economics, 2002(65): 203 - 247.

[56] Miller M H, Rock K. Dividend policy under asymmetric information [J]. Journal of Finance, 1985(40): 1031 - 1051.

[57] Kim W, Wei S J. Foreign portfolio investors before and during a crisis [J]. Journal of International Economics, 2002(56): 77 - 96.

[58] Bushee B J, Goodman T H. Which institutional investors trade based on private information about earnings and returns? [J]. Journal of Accounting Research, 2007(45): 289 - 321.

[59] Odean T. All that glitters: The effect of attention and news on the buying behavior of individual and institutional investors [J]. Review of Financial Studies, 2008 (21): 785 -818.

[60] Ekholm A, Pasternack D. Overconfidence and investor size [J]. European Financial Management, 2008, 14(1): 82 - 98.

[61] Grinblatt M, Titman S, Wermers R. Momentum investment strategies, portfolio performance, and herding: A study of mutual fund behavior [J]. American Economic Review, 1995, 85(5): 1088 - 1105.

[62] Dennis P J, Strickland, D. Who blinks in volatile markets, individuals or institutions? [J]. Journal of Finance, 2002, 57(5): 1923 - 1949.

[63] Graves S B. Waddock S A. Institutional ownership and control: implications for long-term corporate strategy [J]. Academy of Management Executive, 1990(4): 75 - 83.

[64] Porter M E. Capital disadvantage: America's failing capital investment system [J]. Harvard Business Review, 1992(70): 65 - 82.

[65] Allen F, Bernardo A, Welch I. A theory of dividends based on tax clienteles [J]. Journal of Finance, 2000(55): 2499 - 2536.

[66] Brickley J, Lease R, Smith C. Ownership structure and voting on anti takeover amendments [J]. Journal of Financial Economics, 1988(20): 267 - 292.

[67] Chen X, Harford J, Li K. Monitoring: which institutions matter? [J]. Journal of Financial Economics, 2007(86): 279 - 305.

[68] Chung R, Firth M. , Kim J. Institutional monitoring and opportunistic earnings management [J]. Journal of Corporate Finance, 2002(8): 29 – 48.

[69] Koh P S. On the association between institutional ownership and aggressive corporate earnings management in Australia [J]. British Accounting Review, 2003, (35): 105 – 128.

[70] Mitra, S. and M. Cready. Institutional stock ownership, accrual management and information enforce [J]. Accounting, Auditing, and Finance, 2005(20): 257 – 286.

[71] Koh P S. Institutional investor type, earnings management and benchmark beaters [J]. Journal of Accounting and Public Policy, 2007(26): 267 – 299.

[72] Shleifer A, Vishny R. A survey of corporate governance [J]. Journal of Finance, 1997(52): 737 – 783.

[73] Carleton W, Nelson J, Weisbach M. The influence of institutions on corporate governance through private negotiations: evidence from Tiaa-Cref [J]. Journal of Finance, 1998(53): 1335 – 1362 .

[74] Gillan S, Starks L. Corporate governance proposals and share-holder activism: the role of institutional investors [J]. Journal of Financial Economics, 2000(57): 275 – 305.

[75] Chakravarty S. Stealth trading: which traders' trades move stock prices? [J]. Journal of Financial Economics, 2001, (61): 289 – 307.

[76] Healy P M, Wahlen J M. A review of the earnings management literature and its implications for standards setting [J]. Accounting Horizons, 1999(13): 365 – 383.

[77] Shleifer A, vishny R. Agency problems and divided polices around the world [J]. Journal of Finance, 2000(55): 1 – 33.

[78] Brickley J L, Smith C. Ownership structure and voting on anti takeover amendments [J]. Journal of Finance Economics. 1988(20): 267 – 292.

[79] John E C, Catherine M S. The effect of accounting – based debt covenants on equity valuation [J]. Journal of Accounting and Economics, 1999, 27(1): 1 – 34.

[80] 多尔蒂. 综合风险管理: 控制公司风险的技术与策略[M]. 北京: 经济科学出版社, 2005.

[81] Rajan R, Servaes H. Analyst Following of Initial Public Offerings [J]. Journal of Finance, 1997, 52(2): 507 – 529.

[82] Piotroski J, Roulstone D. The Influence of analysts, institutional investors, and insiders on the incorporation of market, industry and firm-specific information into stock prices [J]. Accounting Review, 2004(7): 1119 – 1151.

[83] Smith M. Shareholder activism by institutional investors: evidence from CALPERS [J]. Journal of Finance, 1996(51): 227 – 252.

[84] Brav A, Jiang W, Partnoy F, et al. Hedge fund activism, corporate government, and firm performance [J]. Journal of Finance, 2008, (63), 1729 – 1775.

[85] Scharfstein D, Stein J. Herd Behavior and Investment [J]. American Economic Review, 1990(80): 365 – 379.

[86] 肖欣荣. 证券投资基金对中国股市的稳定作用研究[J]. 经济问题探索, 2009(8): 137 –140.

[87] 盛军锋, 李善民, 汤大杰. 中国证券投资基金羊群行为: 基于 LSV 模型的实证研究 [J]. 金融发展研究, 2008(5): 62 – 66.

[88] Gillan S. Corporate governance corporate ownership, and the role of institutional investors: A global perspective [J]. Journal of Applied Finance, 2003(10): 4 – 22.

[89] Fama F, Jensen M. Agency problems and residual claims [J]. Journal of Law and Economics, 1983(59): 537 – 600.

[90] Jensen M C, Mecking WH. Theory of firm: managerial behavior, agency cost and ownership structure [J]. Journal of Financial Economics. 1976(4): 305 – 306.

[91] Rafael La P, Florencio L S, Andrei S. Corporate ownership around the world [J]. Journal of Finance, 1999, 54(2): 471 – 517.

[92] La Portal R, F. L S, Vishny R W. Legal determinants of external finance [J]. Journal of Finance [J]. 1997(52): 1131 – 1150.

[93] Coffee J C, Jr. Liquidity versus control: The institutional investor as corporate Monitor [J]. Columber Law Review, 1991, 91(6): 1277 – 1368.

[94] Bernard S B, John C C, Jr. Hail Britannia?: Institutional investor behavior under limited regulation [J]. Michigan Law Review, 1994(92): 1997 – 2087.

[95] Ke B, Petroni K. How informed are actively trading institutional investors? Evidence from their trading behavior before a break in a string of consecutive earning increases [J]. Journal of Accounting Research, 2004(42): 895 – 927.

[96] Bushee B J, Goodman T H. Which institutional investor's trade based on private information about earnings and returns? [J]. Journal of Accounting Research, 2007 (45): 289 – 321.

[97] Kim J B, Krinsky l. Institutional holdings and trading volume reactions to quarterly earnings announcements [J]. Journal of Accounting, Auditing and Finance, 1997, 12 (1): 1 – 14.

[98] Bartov E, Suresh R. Investor sophistication andpPatterns in stock returns after earnings announcements [J]. Accounting Review, 2000, 75(1): 43 – 45.

[99] West K. Dividend innovations and stock price volatility [J]. Econometric, 1998(56): 37 – 61.

[100] Amir R, Daniel R S. Institutional ownership, volatility and dividends [J]. Journal of Banking & Finance, 2009(33): 627 - 639.

[101] Rubin A. Ownership level, ownership concentration and liquidity [J]. Journal of Financial Markets, 2007, 10 (3): 219 - 248.

[102] Brockman P, Yan X. Block ownership and firm-specific information. Journal of Banking and Finance, 2009(33): 208 - 316.

[103] 李刚, 张海燕. 解析机构投资者的红利甄别能力[J]. 金融研究, 2009(1): 165 -178.

[104] 宋玉. 最终控制人性质、两权分离度与机构投资者持股: 兼论不同类型机构投资者的差异[J]. 南开管理评论, 2009, 12(5): 55 - 64.

[105] OBrien P C, Bhushan R. Analyst following and institutional ownership [J]. Journal of Accounting Research, 1990, 28(3): 55 - 82.

[106] Womack K L. Do brokerage analysts' recommendations have investment value? [J]. Journal of Finance, 1996, 51(1): 137 - 167.

[107] Hand J R M. A test of the extended functional fixation hypothesis [J]. Accounting Review, 1990, 65(4): 740 - 763.

[108] 江向才. 公司治理与机构投资人持股之研究[J]. 南开管理评论, 2004(1): 17 - 25.

[109] 丁方飞, 范丽. 我国机构投资者持股与上市公司信息披露质量: 来自深市上市公司的数据[J]. 软科学, 2009, 23(5): 18 - 23.

[110] 岳意定, 周可峰. 机构投资者对证券市场价格波动性的影响: 基于 Topview 数据的实证研究[J]. 中国工业经济, 2009(3): 140 - 148.

[111] 孔东民, 魏诗琪. 信息不对称、机构持股与价格稳定性[J]. 证券市场导报, 2009(1): 63 - 69.

[112] Lakonishok, Josef, Andrei Shleifer, and Robert Vishny. The impact of institutional trading on stock price [J]. Journal of Financial Economics, 1992(32): 23 - 43.

[113] Chidambaran N K, John K. Institutional shareholders and corporate governance [J]. Journal of Finance, 1998, 53 (2): 806 - 808.

[114] 白晓宇. 上市公司信息披露政策对分析师预测的多重影响研究[J]. 金融研究, 2009(4): 92 - 112.

[115] Hossain M, Tan L M, Adams M. Voluntary disclosure in an emerging capital market [J]. International Journal of Accounting, 1994(3): 334 - 351.

[116] Botosan C A, Plumleem A. A re-examination of disclosure level and the expected cost of equity capital [J]. Journal of Accounting Research, 2002, 40(1): 21 - 40.

[117] Allen F, Bernardo A, Welch I. A theory of dividends based on tax clienteles [J]. Journal of Finance, 2000(55): 2499 - 2536.

[118] Brickley J, Lease R, Smith C. Ownership structure and voting on anti takeover

Amendments [J]. Journal of Financial Economics，1998(20)，267 - 292.

[119] Chen X，Harford J，Li K. Monitoring: which institutions matter? [J]. Journal of Financial Economics，2007(86): 279 - 305.

[120] Mitra S，Cready M. Institutional stock ownership，accrual management and information environment [J]. Journal of Accounting，Auditing and Finance，2005 (20): 257 - 286.

[121] Shleifer A，Vishny R. A survey of corporate governance [J]. Journal of Finance，1997(52): 737 - 783.

[122] Stuart L G，Laura T S. Corporate governance proposals and shareholder activism: the role of institutional investors[J]. Journal of Financial Economics，2000(57) : 275 - 305.

[123] Chakravarty S. Stealth trading: Which traders' trades move stock prices? [J]. Journal of Financial Economics，2001(61): 289 - 307.

[124] Lakonishok J，Andrei S，Robert V. The impact of institutional trading on stock price [J]. Journal of Financial Economics，1992(32): 71 - 75.

[125] Chidambaran N K，John K. Institutional shareholders and corporate governance [J]. Journal of Finance，1998，53(2): 806 - 808.

[126] 汤大杰. 中国证券投资基金行为及其市场影响研究[M]. 北京: 经济科学出版社，2008.

[127] Miguel A F，Pedro M. The colors of investors' money: The role of institutional investors around the wold [J]. Journal of Financial Economics，2008(88): 499 - 533.

[128] Bushee B. The influence of institutional investors on myopic R&D investment behavior [J]. Accounting Review，1998(73): 305 - 333.

[129] Almazan A，Hartzell J，Starks L. Active institutional shareholders and cost of monitoring: evidence from executive compensation [J]. Financial Management，2005(34): 5 - 34.

[130] Gaspar J M，Massa M，Matos P. Shareholder investment horizons and the market for corporate control [J]. Journal of Financial Economics，2005(76): 135 - 165.

[131] Lin J，Lee Y，Liu Y. IPO auctions and private information [J]. Journal of Banking and Finance，2007(31): 1483 - 1500.

[132] Chidambaran N K，John K. Institutional shareholders and corporate governance [J]. Journal of Finance，1998，53(2): 806 - 808.

[133] Lakonishok J，Andrei S，Robert V. The impact of institutional trading on stock price [J]. Journal of Financial Economics，1992(32): 367 - 403.

[134] Prowse S D. The structure of corporate ownership in Japan [J]. Journal of Finance，1992，47(3): 1121 - 1140.

[135] Bjerring J H, Lakonishok J. Stock prices and financial analysts' recommendations [J]. Journal of Finance, 1983, 38(1): 187 – 204.

[136] Allen F, Bernardo A, Welch I. A theory of dividends based on tax clienteles [J]. Journal of Finance, 2000(55): 2499 – 2536.

[137] Brickley J, Lease R, Smith C. Ownership structure and voting on anti-takeover amendments [J]. Journal of Financial Economics , 1988(20): 267 – 292.

[138] Chen X, Harford J, Li K. Monitoring: which institutions matter? [J]. Journal of Financial Economics, 2007(86): 279 – 305.

[139] Chung R, Firth M, Kim J. Institutional monitoring and opportunistic earnings management [J]. Journal of Corporate Finance, 2002(8): 29 – 48.

[140] Stuart L G, Laura T. Starks. Corporate governance proposals and shareholder activism: the role of institutional investors [J]. Journal of Financial Economics, 2000 (57): 275 – 305

[141] Amir R, Daniel R S. Institutional ownership, volatility and dividends [J]. Journal of Banking & Finance, 2009(33): 627 – 639.

[142] Malloy C. The Geography of equity analysis [J]. Journal of Finance, 2005(60): 719 – 755.

[143] Dvorak T. Do domestic investors have an information advantage? Evidence from Indonesia [J]. Journal of Finance, 2005(60): 817 – 839.

[144] Kalev P, Nguyen A, Oh N. Foreign versus local investors: Who knows more? Who makes more? [J]. Journal of Banking and Finance, 2008(32): 2376 – 2389.

[145] Agarwal S, Faircloth S, Liu C, et al. Why do foreign investors under perform domestic investors in trading activities? Evidence from Indonesia [J]. Journal of Financial Markets, 2009(12): 32 – 53.

[146] Sung C B, Jae H M, Sunbong J. Trading behavior, performance, and stock preference of foreigners, local institutions, and individual investors: Evidence from the Korean Stock Market [J]. Asia-Pacific Journal of Financial Studies, 2011(40): 199 – 239.

[147] 易志高, 龚辉锋, 茅宁, 等. 媒体报道与股市波动: 一个理论综述[J]. 经济问题探索, 2013(1): 152 – 158.

[148] 戴瑾. 沪港通带来的市场影响及金融风险[J]. 中国市场, 2015(39): 12 – 13.

[149] 冯永琦, 段晓航. "沪港通"对沪港股市联动效应的影响[J]. 经济体制改革, 2016 (02): 143 – 147.

[150] 许从宝, 刘晓星, 石广平. 沪港通会降低上证 A 股价格波动性吗?: 基于自然实验的证据[J]. 金融经济学研究, 2016(6): 28 – 39.

[151] Nguyen B D. Is more News good News? Media coverage of CEO's, firm value, and rent extraction[J]. Quarterly Journal of Finance, 2015, 5(4): 115 – 153.

[152] 黄雷，张瑛，叶勇等. 媒体报道、法律环境与社会责任信息披露[J]. 贵州财经大学学报，2016(5)：71 - 79.

[153] 谭松涛，崔小勇，孙艳梅. 媒体报道、机构交易与股价的波动性[J]. 金融研究，2014(03)：180 - 193.

[154] 张峰，谢靖. 媒体关注对股价波动影响的实证分析[J]. 统计与决策，2016(16)：157 -159.

[155] 罗进辉，杜兴强. 媒体报道、制度环境与股价崩盘风险[J]. 会计研究，2014(9)：53 - 59.

[156] 张成思，芦哲. 不对称的螺旋：媒体情绪与通胀预期传染[J]. 财贸经济，2016，37(6)：51 - 66.

[157] 杨德明，赵璨. 媒体监督、媒体治理与高管薪酬[J]. 经济研究，2012(6)：116 - 126.

[158] 李培功，沈艺峰. 经理薪酬、轰动报道与媒体的公司治理作用[J]. 管理科学学报，2013，16(10)：63 - 80.

[159] Huberman G, Regev T. Contagious speculation and a cure for cancer：A non-event that made stock prices soar [J]. The Journal of Finance，2001，56(1)：387 - 396.

后　记

随着改革开放的不断推进和国际化进程的加快，私募基金、公募基金以及基于互联互通的"沪港通"和"深港通"等机构投资者在资本市场中的作用日益重要。因此，全面分析机构投资者对上市公司的治理作用及其趋势，对于完善投资理论、提高上市公司治理水平并降低金融风险，都有重要意义。

本书是我们在承担教育部项目《机构投资者治理的理论分析与实证检验》(09XJA790008)的基础上，经过团队的紧密协作，对研究内容进行不断扩展而形成的。其中，申尊焕编写了第一章、第二章、第三章、第六章和第十二章(12.1节、12.2节、12.3节、12.4节)的内容以及5.1节、5.3节和5.4节，并指导西安电子科技大学经济与管理学院的程翔编写了第四章，付杰编写了5.2节，闫紫璇编写了10.1节和11.3节，杨明编写了10.2、10.3、10.4、10.5以及11.1节，贾林青编写了11.2节，靳璐编写了11.4节，仲娇编写了11.5节，寇艳娥编写了12.5节；第七章、第八章和第九章由西安电子科技大学经济与管理学院的惠调艳编写。

本书得到了教育部研究项目的支持和西安电子科技大学经济与管理学院学科发展基金的资助，作者在此表示诚挚的感谢！在本书的出版过程中，西安电子科技大学出版社的李惠萍老师给予了大力支持和帮助，唐小玉老师严谨的工作态度和认真细致的工作使本书的出版得到顺利进行，作者在此对她们的热心帮助和辛勤工作表示衷心的感谢！

本书对机构投资者的治理作用进行了较多分析，做了诸多尝试性工作。如果能够对提高机构投资者在公司治理中的作用有所帮助，将是对我们的极大鼓励。本书的内容较多，涉及面较广，纰漏甚至错误难以避免，希望广大读者批评指正。

申尊焕

2019 年 6 月于西安